Pour servir à la Tabellégie.

CARTON RÉGULATEUR ou TABLEAU A JOURS,

SORTE D'HÔTEL-DE-VILLE
OÙ SE FONT LES MARIAGES DES CONSONNES AVEC LES VOYELLES.

x ill

h

vr	r	v	f / ph	t	l	fl
fr						phl
phr						
tr						

pr	m	d	p / q	b	n	pl
dr						bl
br						

gr	j / g	g / g / gh	q / k / c	s / c / ç	z / s	gl
kr						kl
cr						cl
chr	gn		ch	ch		chl

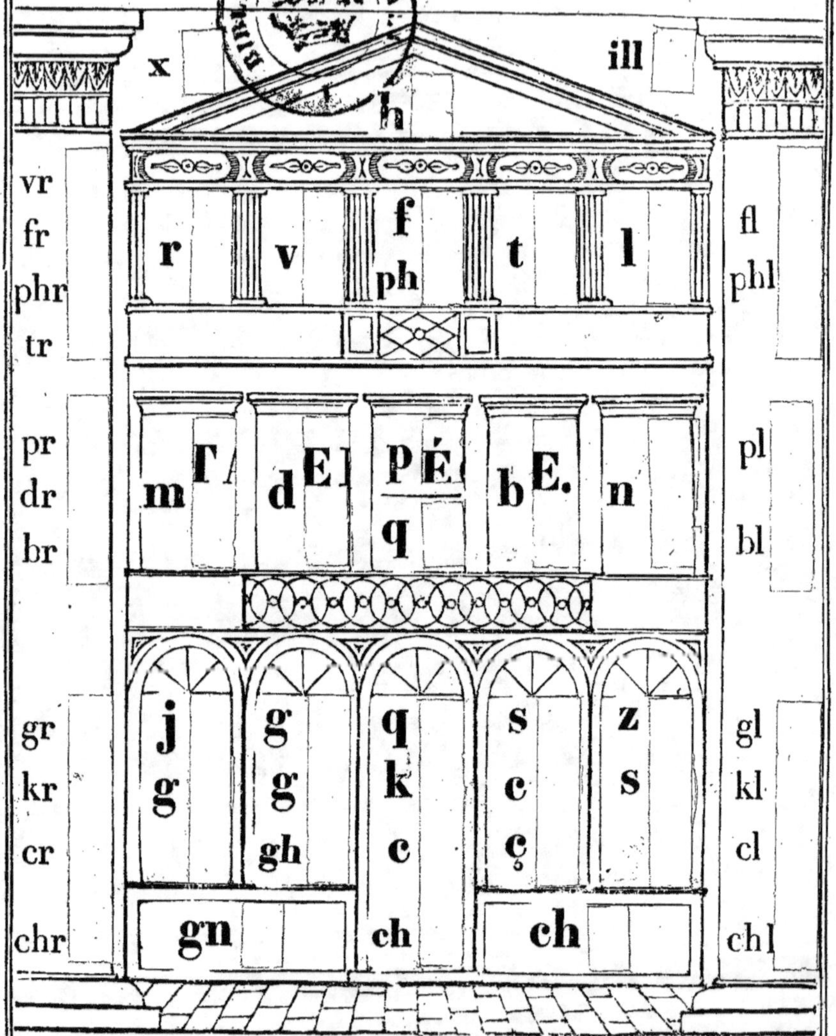

Il faut bien se garder de donner aucun nom aux Lettres de ce Tableau, avant de l'avoir appliqué aux pages de Voyelles Nos 3 à 17 inclusivement. On doit même n'enseigner d'abord que les Syllabes formées à l'aide des Consonnes de l'Édifice du milieu : les autres auront leur tour.

Ce Tableau ne servant de ce côté qu'aux Nos 196 et suivants, on n'a point à s'en occuper dans les commencements.

x

h

r   f   t   l
     ph

m)   d   p   b   n)
         q

         s   z
     g   k
         c
         ch

TABELLÉGIE.

Tout Exemplaire non revêtu de ma Signature sera réputé contrefait.

Carpentras. — Imprimerie de DEVILLARIO-QUENIN. 1837.

TABELLÉGIE,

Méthode de Lecture

EN TABLEAUX,

A l'aide desquels on peut conduire rapidement les plus jeunes intelligences des premiers et vrais Éléments de l'art aux difficultés les plus sérieuses.

PAR M. ÉD. COLOMB-MÉNARD, AV.

A PARIS,
chez L. HACHETTE, Libraire de l'Université royale de France,
Rue Pierre-Sarrasin, 12.

1837.

EXPOSITION.

Pourquoi parlons-nous ? Pour faire comprendre aux autres nos pensées.

Mais quels sont les éléments de nos pensées ? Les idées que nous avons des choses. Celui qui, en effet, n'aurait aucune idée de rien, ne penserait à rien.

Or, remarquons :

1° Que chaque pensée, dès qu'elle est parlée en entier, c'est-à-dire, de manière à la faire bien saisir, prend le nom de *Phrase* ;

2° Que chaque idée, dont la Phrase ou pensée parlée se compose, dès qu'on l'exprime, s'appelle un *Mot* ;

3° Que chaque Mot ou idée parlée, c'est-à-dire, toute parole rappelant quelque chose à l'esprit, se compose d'une ou de plusieurs émissions de voix, et que chaque son de voix émis s'appelle une *Syllabe*.

4° Que, si on ne veut pas se contenter de parler ses pensées, et qu'on veuille les écrire, les Syllabes ou sons de voix doivent être indiqués sur le papier par certains signes connus, de manière à ce que la personne qui regarde ce papier, puisse savoir quels Sons de voix elle a à émettre.

5° Enfin, que savoir quels sons de voix il faut émettre en voyant ces signes nommés *Lettres*, c'est ce qu'on appelle savoir *Lire*.

Si donc Lire n'est autre chose que parler ce qui est écrit ;

si d'ailleurs nos paroles ne peuvent se détacher en parties plus menues que des Syllabes, nous ne saurions conséquemment, n'est-il pas vrai, lire autrement que par Syllabes. Qu'à chaque Syllabe il faille une ou plusieurs Lettres, et que chacune de ces Lettres ait un nom différent, peu importe; la chose à dire en lisant ce n'est pas le nom des Lettres, mais leur valeur, autrement dit, ce qu'elles indiquent dans telle circonstance donnée.

Que l'on ne s'y trompe donc pas : apprendre à nommer les Lettres, ce n'est pas apprendre à Lire. Bien plus, les savoir nommer avant d'apprendre à Lire, c'est reculer au lieu d'avancer.

Posons un exemple : (*p*) *pé*, (*r*) *ère*, (*o*) *o*, (*m*) *ème*, (*e*) *é*, (*s*) *esse*, (*s*) *esse*, (*e*) *é*; ou bien : (*p*) *pe*, (*r*) *re*, (*o*) *o*, (*m*) *me*, (*e*) *e*, (*s*) *se*, (*s*) *se*, (*e*) *e*.

L'enfant à qui l'on dirait cela, ou qui, au prix de beaucoup d'ennui, aurait appris à déchiffrer de la sorte le mot que ces Lettres forment, que saurait-il ? le nom des Lettres, et voilà tout. Qu'y comprendrait-il ? *pé-ère-o*, ou bien *pe-re-o*, etc, c'est-à-dire rien, absolument rien. Son Instituteur cependant lui avait promis quelque chose d'intéressant, ou tout au moins, d'intelligible. Eh bien ! pas du tout ; l'enfant voit des signes qu'il nomme sans que cela rappelle rien à son esprit. Le but auquel tend son Instituteur, comment lui enfant pourrait-il l'apercevoir alors que l'on prend soin de le lui cacher ? alors que l'on efface même jusqu'aux traces qui pourraient guider son petit jugement ; qu'on le déroute enfin ?

Mais poursuivons ; et, de l'Appellation, c'est-à-dire de l'action de nommer les Lettres, passons, par conséquence forcée, à l'Epellation, qui n'est que l'action de les assembler pour en faire des Syllabes, et, nous adressant à l'enfant, disons lui, si nous voulons être francs : Nous vous avons enseigné jusqu'ici qu'en voyant cette Lettre (*p*) vous deviez dire *pé* ou *pe* ; qu'en voyant celle-ci (*r*) vous deviez dire *erre* ou *re*, etc. Eh bien ! nous vous avons induit en une erreur manifeste : *pé* ou *pe*, *erre* ou *re* et *o* ne font ni *pé-erre-o*, ni *pe-re-o*, mais *pro*. Souvenez-vous en bien, et oubliez, si vous pouvez, ce que nous vous avons déjà appris, et qu'avec quelque raison vous ne compreniez guères.

Oui, mon ami :
Pé. *erre* et *o* font *pro* ;
Ème, et *é* font *mè* ;
Esse, *esse* et *é* font *se*.
Ou bien :
Pe, *re* et *o* font *pro* ;
Me, et *e* font *mè* ;
Se, *se* et *e* font *se*.

Et tout ce travail, à quoi aboutit-il, s'il vous plait ? à persuader à l'enfant qu'il y a, ce dont on ne lui a pas encore parlé, ces trois syllabes ou sons de voix : *pro-mè-sse*. Mais il ne finit par le savoir que parce qu'on finit par le lui dire. Disons le lui donc tout d'abord ; et au lieu de huit ou douze sons inutiles, plus trois essentiels, ne lui enseignons que ces trois derniers, dont la réunion, d'ailleurs plus facile à se fixer dans la mémoire, sera d'autant mieux retenue par lui, qu'elle offrira pâture à son intelligence.

Mais, dira-t-on, aucune nouvelle méthode ne fait procéder comme vous le prétendez. Après avoir fait connaître à l'enfant l'Appellation, c'est-à-dire le nom des Lettres, car il faut bien que les Lettres aient un nom, nous le fesons de suite syllaber, et nous lui enseignons à dire sans épellation : *de*, *be*, *pe*, *que*, *etc.*

Cette objection n'est que subtile. Il n'est pas exact de dire que vous fassiez ainsi disparaître l'épellation. Vous en cachez le vice, que vous voyez fort bien ; mais vous ne l'extirpez pas ; car, encore une fois, l'Epellation est la conséquence forcée de l'Appellation. N'avez vous pas dit avant toute chose à votre élève que cette Lettre (*r*) s'appelait *re*? Il lui rattachera donc l'idée du son *re*. Cette Lettre aura pour lui une valeur absolue, positive; et cependant il n'en est rien. Vous lui montrez ensuite *r* et *a*. Conséquent dans ses souvenirs, qu'y verra-t-il? *re - a*. Mais vous lui dites que cela fait *ra*. Il n'y a donc pas *re - a*. Pourquoi le lui avoir dit? Pourquoi débuter par une contradiction qui bouleverse ses premières réflexions? Voulez-vous donc en faire une machine, une mécanique qui ne me montrera les Lettres ou les Syllabes que comme une pendule me montre l'heure sans savoir ce qu'elle fait? La mémoire de l'élève triomphera sans doute des erreurs et des contradictions. Il apprendra à lire; car on en vient toujours là, de quelque méthode que l'on se serve. Seulement, comment lira-t-il? Comme ma cuisinière quand elle lit bien dévotement sa messe en latin.

Mais, ajoutez-vous, nous n'avons entendu dire à l'enfant autre chose, si ce n'est que cette consonne (*r*) a une valeur purement relative, qu'elle ne sonne que quand il y a une voyelle, un *e* par exemple. A merveille, vous le lui dites, j'en conviens; mais quand? Alors que déjà l'enfant a appris le nom des Lettres, alors qu'il a commencé, pour ainsi dire, par quoi il doit finir. Vous lui avez dit: voici un *a* ; voici un *b* (*bé* ou *be*). Pour lui *a* est le son à prononcer, et cela est vrai ; *bé* ou *be* est encore pour lui le son à prononcer, et ceci est faux : le voilà donc dans l'erreur. Mais vous dites qu'il sous-entend la Voyelle *e* ; détrompez-vous : l'enfant ne peut sous-entendre à côté de la Consonne, ce qu'il n'y a jamais vu. C'est vous qui sous-entendez une Voyelle ; mais non pas lui. Si donc vous voulez qu'il la sous-entende lui-même, montrez la lui d'abord accolée à la Consonne ; et, l'enlevant ensuite, si vous voulez, vous pourrez alors, mais seulement alors, lui dire: voici la Consonne (*r*) qui avec *e* fait *re*, qui avec *a* fait *ra*, qui avec *o* fait *ro*, etc. ; vous vous en souvenez probablement ; et il vous répondra oui, sans hésiter. Car alors il fera la même opération d'esprit que vous. Que dès ce moment donc il appelle cette Consonne (*r*) *re*, celle-ci (*j*) *ji*, celle-là (*k*) *ka*, cette autre (*b*) *bé*, il n'y a plus d'inconvénient, puisqu'il sous-entend réellement une Voyelle. Il ne voudrait même pas la sous-entendre, qu'il ne le pourrait pas. La Consonne ne saurait être à ses yeux qu'une espèce de marteau destiné à frapper les Voyelles, insonore par lui-même, comme une touche de piano qui ne fait entendre un son que lorsqu'elle trouve une corde à faire vibrer.

Tout système de Lecture doit donc avoir pour point de départ un Alphabet de Syllabes, et non de Lettres, à l'aide duquel un jeune enfant puisse être guidé, sans effort, d'une difficulté vaincue vers une difficulté à vaincre ; de manière à lui bien faire comprendre où il pose le pied et où il va ; à lui sauver l'ennui de la route, grâce à quelques fleurs répandues sur ses pas, et à soutenir chez lui le courage de marcher en avant par la conscience du chemin déjà parcouru ; de manière enfin à ce qu'il ne dévie jamais de la ligne tracée, hors de laquelle d'ailleurs il ne trouverait plus que des sentiers inconnus et arides, vrai labyrinthe où il s'épuiserait vainement à chercher sa route perdue.

Ainsi, après avoir remarqué, en causant avec l'enfant, que le discours, ou parler, se compose de *Phrases*, les Phrases de *Mots*, les Mots de *Syllabes* ; après lui avoir fait observer que certains hommes ont pu convenir de certains signes à tracer sur le papier pour indiquer, en cas de besoin, les choses à exprimer ; et que, les plus petites parties de nos expressions étant les Syllabes, les signes ont pu et dû être inventés pour indiquer les Syllabes, il est nécessaire de lui montrer ces signes, en confiant à sa mémoire les sons qu'ils indiquent, sans s'occuper du nom qu'ils peuvent d'ailleurs avoir.

Mais le besoin de faire des classifications se fait sentir dès le principe ; soit pour ne pas montrer à la fois (la chose serait plus que difficile) toutes les Syllabes qui entrent dans la composition des Mots ; soit pour marcher de conséquence en conséquence et par ordre de difficultés. Non pas que l'on ne puisse et ne doive même commencer par montrer tous les signes, pour en faire connaître la forme et le petit nombre ; mais parce que l'on ne saurait signaler, dès l'abord, toutes les combinaisons auxquelles on a été obligé de les soumettre, pour pouvoir, malgré ce petit nombre, indiquer par leur moyen autant de Syllabes que ce dont peuvent avoir besoin les Mots et les Phrases à rappeler.

En premier lieu, les signes principaux de la Lecture, c'est-à-dire, les Lettres, se divisent en Lettres dont une seule peut indiquer une Syllabe, et en Lettres dont une seule ne peut point indiquer une Syllabe si elle n'est accolée à une des premières. Voilà pour la distinction des Lettres en Voyelles et *en* consonnes.

Mais ces Lettres, Voyelles et Consonnes, se combinent diversement entr'elles. Ici, il n'y a point de Consonne dans la Syllabe; là, au contraire, il y en a une, et quelquefois plusieurs; enfin, ces Consonnes, soit isolées, soit prises par groupes de deux ou trois, s'unissent ou à une Voyelle seule, ou à plusieurs Voyelles groupées ensemble, ou même à des Voyelles unies déjà à d'autres Consonnes placées à droite. Dans ces divers cas, des lois règlent les rapports de voisinage entre une Syllabe et l'autre, entre un Mot en et un autre Mot.

Delà, les quatres grandes divisions adoptées par la Tabellégie:

1° Syllabes à Voyelles simples;
2° Syllabes à Voyelles - voyelles;
3° Syllabes à Voyelles - consonnes;
4° Contact des Mots, etc.;

Divisions qui comprennent, savoir:

La première: tant les Syllabes d'une seule Lettre Voyelle, que celles formées d'une ou de plusieurs Lettres Consonnes unies à chacune des Voyelles unilittères; Consonnes se divisant en Consonnes ordinaires (*unilittères*), et en Consonnes-consonnes (*plurilittères*); *mariées*, si par suite de leur union elles changent de nom, ou pour mieux dire, de son; *liées*, si elles conservent leur signification première, quoique ne comptant que pour une; *mixtes*, si elles participent tant des Consonnes unilittères que des plurilittères; *sœurs*, si elles sont semblables et ne comptent que pour une, etc.

La deuxième : toutes les Syllabes formées à l'aide de plusieurs Lettres Voyelles ; tantôt *conjointes* et *mariées*, c'est-à-dire, ne comptant que pour une et n'indiquant ensemble qu'un seul et nouveau son de voix à émettre ; tantôt *longues* ou *paresseuses*, qu'elles soient mariées ou non ; tantôt *disjointes* et *comptant* pour deux, quoique formées des mêmes Lettres que les Voyelles conjointes, mais surmontées d'un signe prohibitif du mariage, ou placées différemment à l'égard l'une de l'autre ; tantôt *liées* et ne comptant non plus en ce cas que pour une, mais fesant entendre dans la même émission de voix le son primitivement assigné par l'Alphabet à chacune des Voyelles qui les composent ; enfin, et successivement le frappement des Consonnes sur chacune de ces sortes de Voyelles-voyelles.

La troisième : les Syllabes formées à l'aide des Voyelles (simples, mariées ou liées, peu importe) avec lesquelles les Consonnes dont elles sont suivies viennent s'incorporer faute de trouver elles-mêmes à leur droite une autre Voyelle à laquelle elles puissent s'unir ; ce qui offre les trois distinctions suivantes : Voyelles-consonnes nazales, Voyelles-consonnes ordinaires, et Voyelles à consonnes semblables désunies ; toutes ces Voyelles-consonnes considérées d'abord isolément, et ensuite comme finales des Mots ; enfin les exceptions qui s'y rapportent, et le frappement successif des Consonnes initiales sur chaque sorte de Voyelles-consonnes.

La quatrième : les Syllabes finales d'un Mot en contact avec les Syllabes initiales d'un autre mot, donnant les quatre combinaisons : Voyelle contre Voyelle, Voyelle contre Consonne, Consonne contre Consonne ; Consonne contre Voyelle ; plus quelques règles sur les repos à observer entre les Mots, ainsi que sur la respiration et les inflexions de la voix ; comme encore quelque notions supplémentaires, telles que la Lecture des abréviations, et celle des nombres en Chiffres sans le secours de la numération.

Cet ordre une fois tracé, il est facile de concevoir jusqu'à quelles subdivisions on pouvait aller. L'auteur de la Tabellégie n'a reculé devant aucune ; mais il a pensé que ce n'était pas assez de classer dans l'ordre le plus méthodique les nombreuses règles de l'art de la Lecture élémentaire, et que la forme dans laquelle il fallait les présenter était d'une haute importance en présence de l'âge tendre et de l'organisation faible encore des Élèves que son Ouvrage pouvait être destiné à former. Préoccupé de cette pensée qu'il fallait d'abord beaucoup parler aux yeux de l'enfant, et ne chercher à développer en lui sa raison que d'une manière presque insensible bien que toujours progressive, il s'est décidé pour la forme en Tableaux, ainsi que l'indique le titre (*).

Ce projet arrêté, il restait à combiner les cases des Tableaux plus ou moins nombreux que la Méthode devait contenir, de telle sorte que l'enfant pût se retrouver au premier coup d'œil. L'Auteur ayant donc appelé à son aide le dessin linéaire, les Tableaux contenant les règles les plus saillantes ont pris dans ses essais la forme de quasi-monuments, qui, s'ils ne sont pas (parce qu'ils ne pouvaient pas l'être) selon les règles rigoureuses de l'architecture, ont du moins le mérite d'être autant de jalons mnémoniques placés de distance en distance, pour que l'enfant non-seulement se reconnaisse, mais trouve

(*) De deux mots latins, *Tabella*, tableau, et *legere*, lire : Art de lire mis en Tableaux.

quelque agrément à la place où l'ennui se serait infailliblement glissé. Tel le voyageur, qui, obligé de traverser un vaste désert avant de toucher le sol fertile vers lequel il a dirigé ses pas, aime à retrouver de temps en temps une fontaine d'eau vive, ou un arbre hospitalier sous les rameaux duquel il puisse ranimer ses forces abattues par l'ardeur d'un soleil brûlant.

Ces Casiers ont encore un autre objet; c'est d'enseigner à l'Elève ce qu'il eût été, sans cela, bien difficile de lui faire comprendre et même de lui expliquer d'une manière aussi nette, aussi récréative, aussi instructive, on ose le dire.

Voilà comment, dès le premier Tableau, l'enfant sera peu surpris d'apprendre que l'*y* grec et l'*i* simple aient un même son, quoiqu'ayant une forme différente, parce que ces deux Lettres occupent une même chambre ainsi que feraient deux sœurs; que *a*, *o* et *u* puissent être l'objet de règles différentes de celles des *e* qui occupent le côté opposé du Monument; et encore que l'*e* non accentué ait quatre sons : tantôt *eu*, tantôt *é*, tantôt *è*, tantôt *a*, suivant la place occupée par cette Voyelle.

Voilà encore comment il apprendra à reconnaître et à élaguer, sans difficulté, les Voyelles nulles ou muettes qui peuvent se trouver dans les pages de Voyelles du commencement; et comment il aimera surtout à voir appliquer successivement sur chacune de ces pages le Carton régulateur, Tableau à jours, qui, tout en captivant agréablement son attention, lui fera comprendre instantanément que les Consonnes ne signifient en effet rien que lorsqu'une Voyelle vient prendre place à côté d'elles. Aussi retiendra-t-il sans la moindre peine le nom ou son indiqué en ce cas par la réunion des Consonnes aux Voyelles, surtout quand on lui fera comprendre que ce son peut être un morceau de mot ; et ne sera-t-il nullement embarrassé, soit que dans une case il y ait une seule Consonne, soit qu'il y en ait plusieurs, (à articulation fixe ou variable, peu importe) ; sachant fort bien qu'il n'y a qu'à remarquer la case où les Consonnes se trouvent pour savoir ce qu'elles expriment, c'est-à-dire, pour se rappeler quelle sorte de frappement elles opèrent sur les Voyelles.

Comment y a-t-il ici (*c*) ? — Rien.

Pourquoi rien ? — Parce qu'il n'y a point de Voyelle.

Et ici (*phe*) ? — Comme s'il y avait *fe*.

Pourquoi ? — Parce que c'est dans la case de *fe*.

Et ici (*gue* et *que*) ? — Comme s'il y avait *ghe* et *ke*.

Pourquoi pas *gu* et *qu* ? — Parce que ce n'est pas la page des *u* mais celle des *e* (*eu*).

Mais ici (n° 15), comment prononcez-vous cette Syllabe (*geu*) ? — Comme *ju*.

Pourquoi ? — Parce que c'est la page des *u*, et non plus celle des *e*.

C'est par des questions aussi simples que l'on prélude, sans fatigue ni déplaisir, à la saine explication des vrais principes ; c'est en cachant par fois sous une image ou une comparaison puérile, des règles trop difficiles pour être jetées sèchement à l'enfance, qu'on l'amène graduellement et sans le moindre ennui à donner bientôt la raison des choses en apparence les plus inexplicables.

Mais ce n'eût pas été assez de présenter les règles à l'enfant sous une première face plus ou moins attrayante, il fallait encore l'habituer à distinguer la Syllabe, de la case dans laquelle il l'avait déjà vue. Il fallait l'habituer à la lire, abstraction faite et en dehors de celle-ci. Des Tableaux synoptiques, dans le genre de la table arithmétique de Pythagore, ont paru à l'Auteur devoir atteindre le but désiré. Combinés de manière à ce que l'Élève puisse composer ou décomposer à son gré la Syllabe, et se rendre compte tant de la nouvelle place qu'elle occupe que de son absence dans certains cas, ils sont un parfait milieu entre les Tableaux à monuments et les Exercices pratiques qui suivent les préceptes, vus sous l'une et l'autre face théorique, l'une servant de récapitulation à l'autre.

Des exemples étayent donc successivement chaque règle, afin que l'enfant n'ait pas le temps de s'ennuyer à émettre des sons pris isolément, par conséquent vides de sens, et qu'il comprenne comment on peut réunir les Syllabes pour former des Mots, et comment avec ceux-ci on forme des Phrases; ce à quoi il portera une attention toute particulière.

Chaque Exemple devait donc offrir :

1° Les Syllabes déjà vues dans les Tableaux précédents, mais placées ici sans aucun ordre pour éprouver la mémoire de l'enfant ;

2° Un certain nombre de Mots contenant les Syllabes fesant l'objet de la règle expliquée.

3° Quelques Phrases contenant chacune l'application de la même règle, et écrites de deux manières ; d'abord selon l'orthographe reçue, et ensuite, seulement coupées par Syllabes dans les commencements, mais offrant bientôt tant les Syllabes détachées, que la prononciation figurée.

Ces Exemples, pour être réellement utiles, présentaient une grande difficulté à vaincre, celle de ne devoir être composés que de Syllabes déjà expliquées dans les leçons précédentes. L'ordre des matières adopté par la Tabellégie ajoutait singulièrement à cette difficulté. Dans la deuxième grande division, par exemple, il n'était pas possible de placer une seule Voyelle-consonne. Dans la première, ni Voyelle-consonne, ni Voyelle-voyelle. Dans les leçons du commencement enfin, ne pouvaient entrer ni Voyelle-consonne, ni Voyelle-voyelle, ni Voyelle à accent circonflexe, ni Consonne double, ni Consonne mouillée, ni Consonne mixte, ni Consonne muette, ni Consonne-consonne, ni Consonne suivie d'une Voyelle nulle ou muette, ni enfin aucune Consonne ordinaire à articulation variable, telle que c, s, g. Cet obstacle réel n'a point arrêté l'auteur. Et si, malgré la peine qu'il s'est donnée, il n'a pu parvenir dans les commencements à rendre aussi naturelle qu'il l'aurait désiré la construction de certaines phrases, et à faire de celles-ci un choix sévère, on pourra remarquer que le choix devient meilleur en avançant vers la fin, surtout dès qu'il a été possible de se servir de Voyelles-consonnes. L'auteur espère donc grâce pour tout ce qui tient à la rédaction; et s'il est vrai, comme l'a dit Buffon, que le style soit l'homme, on daignera ne pas chercher là le style du livre, mais bien dans son idée mère, dans ses divisions, dans sa forme, dans son application, dans le positif enfin de ses résultats.

 Quoi qu'il en soit sur ce point, l'Elève de la Tabellégie voit chaque règle, en premier lieu, dans un Monument ou casier mnénonique; ensuite dans un Tableau pythagorique; et il en fait enfin l'application dans des Exemples ou Exercices pratiques, toujours composés par Syllabes, Mots et Phrases. De quelque peu d'intelligence et de mémoire que l'élève soit doué, il est donc impossible que chaque règle, ainsi présentée, ne soit pas retenue par lui d'une manière imperturbable.

Il est essentiel, il est vrai, si l'on tient plus à la solidité qu'à la rapidité des progrés, comme cela doit-être, de ne pas passer une règle, une difficulté quelconque sans l'avoir expliquée et coulée à fond. Non pas qu'il faille faire lire à l'élève tout le volume jusqu'à la moindre Syllabe, mais parce qu'il faut que l'enfant ait au moins compris la règle et se soit un peu familiarisé avec elle. C'est d'ailleurs à l'instituteur à voir, dans son intelligence, ce qu'il a à faire à cet égard. Mais, quelque temps qu'il juge à propos de s'arrêter sur chaque règle, il ne devra sous aucun prétexte changer l'ordre dans lequel elles doivent être enseignées. Il est aussi prié de considérer que chez un enfant de quatre à cinq et même six ans, ce n'est pas un, deux ou trois mois qu'il faut chercher à économiser; car ce n'est pas tout de lire, il faut savoir lire. Le temps qu'on mettra là d'ailleurs sera loin d'être perdu pour les études ultérieures. Souvenons-nous seulement que nous nous adressons à l'enfance qui n'a pas besoin d'être fatiguée. Souvenons-nous que nous lui enseignons un art nécessaire, il est vrai, mais difficile et soumis à des règles nombreuses, abstraites et sujettes encore à bien des exceptions. Souvenons-nous enfin qu'il faut le temps à tout, et qu'une Méthode de Lecture qui afficherait la prétention d'enseigner à *bien* Lire en quelques jours ne serait et ne pourrait être que l'œuvre du charlatanisme cherchant à exploiter la crédulité publique.

Au reste, la Tabellégie, plus que toute autre méthode, pousse l'élève avec rapidité. Deux jeunes filles, n'ayant aucune teinture de la Lecture, ont dans trois leçons (d'une heure chacune, à la vérité, ce qui serait beaucoup trop long pour des enfants) compris toutes les règles de la huitième classe et lu plusieurs pages d'exemples. Si elles eussent continué, elles auraient su lire passablement au bout de douze à quinze jours, et ce qui mieux est, su expliquer beaucoup de règles.

Mais qu'on se defie de trop de précipitation. La Tabellégie contient beaucoup : il faut donc le temps d'apprendre et celui de retenir. Qui va lentement va bien, dit un proverbe italien ; et c'est vrai pour bien des choses. Si l'on veut se hâter que ce soit, sinon avec lenteur, du moins avec réserve. L'on ne saurait trop même conseiller à l'Instituteur, au Père ou à la Mère de famille, de ne pas se contenter de suivre exactement l'ordre de la Méthode, sans changer aucune règle de place, sans en retrancher aucune, quelque difficile qu'elle paraisse ; mais de faire reporter souvent en arrière les regards de leurs élèves, pour qu'ils considèrent avec satisfaction le chemin déjà par eux parcouru, et puissent, au lieu de le perdre de vue, indiquer, au premier coup d'œil rétrospectif, les choses les plus remarquables qu'ils y ont vues et la place qu'elles y occupent.

On doit insister sur ce point ; car une fois l'ordre des matières bien saisi par l'élève, outre qu'il saura lire ou à peu près, il sera encore habile à s'instruire des difficultés les plus sérieuses, et à les résoudre, souvent de lui même, en puisant dans ses premières connaissances acquises des raisons suffisantes pour légitimer son opinion.

Que le Maître surtout n'aille pas s'imaginer que, par cela seul que la Méthode est entrée dans les développements les plus étendus, dans les détails les plus minitieux, il n'ait lui même autre chose à faire qu'à suivre machinalement avec sa baguette. C'est lui qui a la plus grande part de responsabilité dans l'enseignement. Un bon Maître corrige les vices des mauvaises Méthodes, comme un mauvais Maître nuit aux meilleures.

A mesure que l'enfant s'essaye à la vie, il accueille avec avidité tout ce qui lui est bien expliqué et qui ne va pas au delà de la portée de ses facultés intellectuelles. Il a son jugement, lui aussi, et qui du moins n'est pas comme celui de bien des gens, faussé par des systèmes erronés. Qu'on voie donc si ses naïves observations, que l'on devra provoquer sans effort, si son jugement naissant que l'on dirigera sans paraître le faire, et toujours en l'amusant, ne seront pas en aide à sa mémoire; cette cire vierge, si docile aux premières impressions qu'on a vu de tout jeunes enfants parler dans quelques mois, sans principes, il est vrai, autant de langues différentes, qu'on leur donnait de bonnes de différentes nations.

Un petit cours, attachant par sa simplicité, doit donc être fait aux élèves, qui ont besoin, on ne saurait trop le répéter, d'être conduits avec douceur, lentement, pas à pas, et avec ordre surtout. Qu'on le croie bien : l'ordre est ici une garantie du succès.

Qu'on ne tombe pas cependant d'un excès dans un autre. Il faut quelques explications enfantines, des comparaisons faciles, une mnémonique aisée; mais on doit éviter soigneusement de creuser trop avant dans le raisonnement. Les démonstrations, quand elles deviennent nécessaires, doivent être pour le moment, nettes, mais plus superficielles que profondes.

Qu'on n'aille pas non plus disséquer la prononciation. L'enfant ne doit apprendre le mécanisme du langage que par imitation. Lui expliquer le mouvement des lèvres et de la langue serait aussi singulier que de lui dire, par exemple, comment l'os fémur s'enchasse avec le tibia, pour produire, avec le concours de la volonté, l'action de marcher ou de courir; ce que certes il ignore, et ce qu'il fait aussi bien que nous, mieux que nous probablement.

Au reste, j'ai joint ici une Explication en forme de Cours pratique, et j'ai *la conviction fondée sur l'expérience* que, si on la suit avec exactitude et discernement, on sera étonné de trouver la Méthode si féconde en résultats heureux.

Après un mois de leçons Tabellégiques, une petite fille de quatre ans répondait juste à des questions du genre de celle-ci: Pourquoi *geu* se prononce-t-il *ju* dans *egrugeure* ou *gageure*; et *je* dans *egrugeur*, *gageuse*? Après un mois et demi, elle expliquait à qui voulait bien l'entendre, pourquoi l'on fait sentir la Consonne finale dans *fil*, *civil*, *etc.* et pourquoi on ne la fait pas sentir dans *gentil*, *fusil*, *etc*. Au bout de deux mois, elle lisait, lentement il est vrai, parce qu'elle se rendait compte de tout, mais assez couramment pour son âge; articulant d'une manière distincte et correcte, et opérant assez convenablement entre les mots, les liaisons et les repos les plus essentiels. Dans la conversation son accent avait singulièrement gagné. Elle avait d'ailleurs appris à observer; son jugement n'en était devenu que plus sûr.

L'on pourrait rappeler ici d'autres essais faits sur plusieurs élèves tant de l'Ecole chrétienne que de l'Ecole mutuelle de la Ville qu'habite l'auteur; mais il y aurait peu de modestie de sa part à rapporter textuellement ce que les Directeurs de l'une et de l'autre Maisons ont bien voulu attester à ce sujet par écrit. Ce n'est pas à celui qui en est l'objet, à rappeler des choses trop flatteuses, au moment surtout où son livre est soumis au jugement de cette partie éclairée du public, qui se décide par ce que vaut réellement un ouvrage, bien plutôt que par le témoignage d'autrui. Cette dernière raison devrait empêcher de signaler ici un Article de la Gazette du Bas-Languedoc, du 27 octobre dernier; mais il résume trop bien les avantages qu'on peut retirer de la Tabellégie, pour qu'il ne soit pas pardonnable de le reproduire.

« *Les rapports élogieux qui nous avaient été faits de la* TABELLÉGIE, MÉTHODE DE LECTURE EN TABLEAUX, *par M.* Ed.rd COLOMB-MÉNARD, *fils, Avocat et ancien Juge-Auditeur, que nous aimons à nommer notre compatriote, nous avaient fait désirer la communication du manuscrit.* »

« *Nous n'y avons point vu un de ces Syllabaires sans idée philosophique, sans investigation dans les jeunes intelligences; mais une de ces œuvres qui décèlent un esprit d'observation et d'analyse, capable d'ouvrir à l'enseignement une route nouvelle, plus facile et plus sûre à tenir.* »

« *Rien, en effet, ne nous a paru plus nouveau, plus ingénieux, plus méthodique, plus philosophique même, nous le répétons, que l'Ouvrage de M.* COLOMB-MÉNARD. *Rien ne paraît pouvoir mieux se plier à tout mode d'enseignement (général ou particulier), ni contenir des principes plus vrais, plus complets et mieux à la portée de l'enfance, amenée par des gradations*

« douces, des formes attrayantes et des leçons faciles à saisir, à la solution des principales difficultés. »

« Nous nous plaisons à croire que l'œuvre consciencieuse et éclairée de M. COLOMB-MÉNARD, dont la supériorité sur les autres Méthodes nous paraît manifeste, fera faire des progrès à l'art de la Lecture, notamment à la prononciation, dont les principes ne sont malheureusement que trop ignorés, quelquefois même par des hommes parlant en public. »

« Nous pressons donc de nos vœux la publication de la TABELLÉGIE, et la recommandons d'avance, tant aux Pères de famille qu'aux Maisons d'éducation, comme moyen de faciliter la marche de leurs élèves dans l'enseignement ultérieur, surtout pour l'ortographe et la grammaire, et de participer d'ailleurs au bienfait d'une œuvre philantropique. »

EXPLICATION DU MAÎTRE

AUX ÉLÈVES.

QUELQUES
LEÇONS PRATIQUES

DANS LE GENRE DE CELLES QUE LE MAITRE DOIT DONNER
A SES ÉLÈVES.

INTRODUCTION.

L'Instituteur ou le Père de famille n'est point astreint à faire ce Cours tel quel. Il doit seulement suivre l'ordre des idées, et les développer plus ou moins, selon qu'il verra qu'il est plus ou moins compris. Ici, il faut répéter dix fois pour une; là, au contraire, passer rapidement. La forme du Langage à tenir est, en un mot, tout-à-fait à sa disposition. Un mélange d'idiome local et de français serait même tolérable (dans les commencements seulement, bien entendu), suivant les Élèves à qui l'on s'adresserait. Le pire serait de ne pas se mettre à leur portée.

De nos Paroles.

LE MAÎTRE :

Lorsque vous pensez à quelque chose, mes chers Enfants, et que vous voulez le demander; lors, par exemple, que vous désirez que l'on vous donne à boire, que faites-vous ? Chantez-vous ? — non. — Pleurez-vous ? — non plus. — Dansez-vous ? — encore moins. — Que faites-vous donc ? — Vous parlez; n'est-il pas vrai ? Eh bien ! toutes les fois que vous parlez ce à quoi vous pensez, vous faites des PHRASES; car une Phrase n'est autre chose qu'une Pensée parlée.

Quand vous dites : *j'ai dîné de bon appétit*, vous faites une Phrase; ou bien : *Papa est parti pour la campagne*, vous faites encore une Phrase.

Les Enfants sages se font aimer de tout le monde : Voilà une Phrase.

Voilà une Phrase, est encore une Phrase.

Tout ce qu'on dit enfin, ce sont des Phrases jointes à des Phrases.

Mais, pour qu'il y ait Phrase, il faut que la Pensée soit complète, achevée; qu'on n'ait plus rien à dire pour faire comprendre la Pensée que l'on parle.

Je suppose que le papa de l'un d'entre vous, lui dise : *Mon ami, je t'ai acheté une....* et qu'il s'arrête là. Son fils lui demandera aussitôt quelle chose il a eu la bonté de lui acheter; il le priera d'achever; car *je t'ai acheté une* ne peut certes pas être l'expression entière de la Pensée que le papa voulait émettre. Cette Pensée n'est énoncée qu'en partie; et par cela même elle reste encore incomprise. *Je t'ai acheté une,* n'est donc pas une Phrase.

Mais si le papa ajoutait : *une jolie petite voiture* ; oh ! alors, ce serait bien différent, puisque la Pensée serait parlée en entier. *Je t'ai acheté une jolie petite voiture* serait donc une Phrase.

De même en vous disant : *Dieu récompensera dans l'autre monde ceux....* je ne fais pas une Phrase, mais seulement une partie de Phrase, puisque je n'achève pas de me faire comprendre. Mais si je complète ainsi ma pensée : *Dieu récompensera dans l'autre monde ceux qui se seront bien conduits dans celui-ci*, alors il n'y a plus de doute : c'est une Phrase.

Il en est, au reste, des parties de Phrases comme des membres du corps humain, qui ne signifient pas grand'chose quand ils ne font pas corps entr'eux. Montrez-moi un bras, une jambe, une tête même ; si ce bras, si cette jambe, si cette tête ne tiennent pas à un corps, je ne vois là qu'une partie de corps, je ne vois pas de corps entier. De même, dans une partie de Phrase, je vois bien certaines idées, c'est-à-dire, que cette partie, que ce membre de Phrase rappelle bien certaines choses à mon esprit ; mais je ne vois pas là de pensée achevée ; je ne sais pas encore ce que l'on veut me dire sur ces choses dont on me donne l'idée.

Il est, en outre, à remarquer que les Phrases, et même les membres de Phrase un peu considérables, peuvent se couper en plus petits morceaux, signifiant encore chacun quelque chose.

Posons, pour exemple, *Dieu est éternel*. C'est bien une Phrase que je fais, puisque c'est une pensée entière que je parle. Or, cette Phrase peut se détacher en trois petites parties rappelant chacune quelque chose à l'esprit : *Dieu — est — éternel*.

Dieu me rappelle en effet le Créateur du monde ;

est me dit que Dieu, de qui je parle, existe ;

éternel exprime comment il existe, c'est-à-dire, qu'il a toujours existé, et qu'il existera toujours.

Eh bien, chacun de ces petits morceaux de Phrase, qui signifient quelque chose et qui ne peuvent pas se diviser, je veux dire se couper, sans cesser de signifier quelque chose, sont ce qu'on appelle des Mots.

Cette parole *Dieu* ne peut pas se détacher en plusieurs morceaux ; donc, en disant *Dieu*, je dis un Mot. *Est* ne peut pas non plus se diviser ; c'est donc un mot. *Eternel* peut bien se diviser, se couper en petits morceaux, mais non pas sans cesser de signifier quelque chose ; car si je disais seulement *é*, cela n'exprimerait rien ; *ter* n'exprimerait rien non plus ; *nel* ne signifierait pas davantage. Voilà pourquoi je suis obligé de dire *éternel* pour dire un Mot.

Un Mot n'est donc que l'expression d'une seule des idées dont la Phrase ou pensée parlée se compose.

Eugène, ouvre ton parapluie. Voilà bien une Phrase, laquelle se compose des mots *Eugène, ouvre, ton, parapluie* ; mots dont aucun ne peut se diviser, ou se couper en plus petits morceaux, sous peine de ne plus rien signifier.

Remarquons toutefois les divers petits morceaux que l'on fait d'un mot, et pour chacun desquels nous sommes obligés, en parlant, de remuer la langue ou les lèvres. Ces petits morceaux de paroles ou de mots ne signifient sans doute rien, mais ils peuvent facilement se détacher l'un de l'autre. C'est sous ce rapport que nous allons en parler.

Le mot *Eugène*, par exemple, nous pouvons le couper ainsi : *Eu-gè-ne*.

Comptons maintenant sur nos doigts combien cela fait de morceaux : *Eu*, un ; *gè*, deux ; *ne*, trois. Le mot *Eugène* a donc trois petits morceaux.

Eh bien, chaque petit morceau de Mots s'appelle une SYLLABE.

La Syllabe est donc le plus petit morceau de parole que l'on puisse faire.

Dans le mot *Papa*, je remue deux fois les lèvres ; je fais donc deux morceaux, donc deux Syllabes : *Pa-pa*.

Le mot *Village* en a trois : *Vi-lla-ge*.

Parapluie, quatre : *Pa-ra-plui-e*.

Amabilité, cinq : *A-ma-bi-li-té*.

Dieu, *croix*, *oui*, *non*, *vous*, *moi*, sont des Mots qu'on ne peut pas, en parlant, couper ou diviser en plusieurs parties ; ils n'ont donc qu'une Syllabe.

Dieu, qui a fait tout, voit tout, est une Phrase toute composée de Mots d'une seule Syllabe.

En voici une autre : *Il voit donc dans nos cœurs.*

Faites attention que, dans ces mots d'une seule syllabe, la Syllabe exprime toujours une idée, par cela qu'à elle seule elle forme un Mot : tandis qu'au contraire dans les Mots de plusieurs Syllabes, une Syllabe, prise isolément, ne signifie ordinairement rien. Dans le Mot *Jésus*, par exemple, la Syllabe *Jé* n'exprime rien ; la Syllabe *zu*, rien non plus ; mais réunies ainsi : *Jésus*, elles forment un mot qui me rappelle l'idée que je me suis faite de Dieu fait homme.

De ce que nous venons de dire il résulte :

1° Que si je dis, par exemple, *Théophile sait lire*, c'est là une Phrase, parce que c'est une Pensée-parlée-complète.

2° Que les Mots de cette Phrase sont *Théophile, sait, lire*, parce que ces parties de la Phrase sont les plus petites qu'on puisse faire, quand on veut que chacune signifie quelque chose ;

3° Que les Syllabes sont : *Thé, o, phi, le, sait, li, re*, parce que ce sont les plus petits morceaux de Mots que l'on puisse faire chaque fois, qu'en parlant, l'on remue la langue ou les lèvres.

Ainsi, rappelez-vous, mes chers enfants, qu'une Phrase rend toute une pensée ; qu'un Mot n'en rend qu'une seule idée ; et qu'une Syllabe, rien qu'un son de voix.

Mais que veut dire cela, un son de voix ? Est-ce que la voix sonne ? Est-ce qu'il y a autre chose que les cloches qui sonnent ? — Oui, mes enfants, tout ce que l'on entend sonne, puisqu'on l'entend. Ce que l'on entend, ce sont conséquemment des sons (*). Que je parle, que je chante, que je crie, on entend ma *voix*. Si ma voix peut être entendue, ma voix est un Son. *Voix* ou *Son*, c'est donc la même chose ; il y a donc des *Sons de voix* comme il y a des sons de cloches.

Quand je dis : *a, o, ir, pul*, ne m'entendez-vous pas ? Si, bien. Donc *a* est un son ; *o* est un son ; *ir* est un son ; *pul* est encore un son. Ce sont des sons que je fais sortir de ma bouche, comme le battant en fait rendre par la cloche, l'archet par le violon, la touche par le piano, les baguettes par le tambour, le souffle par la trompette, etc.

(*) Le bruit même n'est qu'un mélange de sons confus.

Laissez-moi vous dire, en finissant cette leçon, qu'un discours, une histoire, un conte, pourraient être comparés à une Ville dont les *Phrases* seraient les rues ou les places, dont les *Mots* seraient les maisons, et dont les *Syllabes* seraient les murs des maisons. En effet, les Syllabes forment les Mots, comme les murs font les maisons; les Mots font les Phrases, comme les maisons font les rues; enfin, les Phrases, jointes à des Phrases, forment des contes ou des histoires, comme les rues et les places font des villages ou des villes.

On pourrait encore dire qu'une Phrase est comme un repas, dont chaque Mot serait un plat; dont, enfin, les Syllabes seraient les diverses petites choses qui servent à faire un plat.

Cette dernière comparaison est d'autant plus juste que, de même qu'un repas peut n'être que d'un seul plat, et ce plat n'être composé que d'une seule chose, de même une *Phrase* peut n'avoir qu'un *Mot*, et ce Mot n'être que d'une seule *Syllabe*.

Si je vous demandais: Avez-vous prié Dieu, ce matin, dès votre lever? Vous me répondrez: oui. *Oui* serait une *Phrase*, puisque vous feriez comprendre votre pensée; cette Phrase n'aurait qu'un *Mot*, puisqu'il n'y aurait pas possibilité de la diviser; et ce *Mot* n'aurait qu'une seule *Syllabe*, puisque vous ne remueriez les lèvres qu'une seule fois.

Vous avez bien compris, n'est-il pas vrai?

1° Que quelqu'un qui, par exemple, vous dirait un conte ou vous raconterait une petite histoire, parlerait par *Phrases*, mises l'une après l'autre, pour vous dire ses *pensées* l'une après l'autre.

2° Qu'il composerait chacune de ses *Phrases* avec des *Mots*, parce que chaque mot exprime une *idée*, et que sans mot, c'est-à-dire sans idées, il n'y a point de *pensée* (on ne peut pas en effet penser à une chose dont on n'a pas la moindre idée).

3° Que ses *paroles*, c'est-à-dire, chacun de ses *Mots* seraient par lui prononcés en remuant la bouche une ou plusieurs fois, et auraient, par conséquent, un ou plusieurs *Sons de voix*, c'est-à-dire encore une ou plusieurs *Syllabes*, qui sont les plus petits morceaux de parole que l'on puisse faire. Ainsi il parlerait par *Syllabes*, qu'il arrangerait de manière à faire des Mots; *Mots* qu'il arrangerait aussi de manière à faire des Phrases; *Phrases* qu'il arrangerait ensuite de manière à faire des contes et des histoires.

Première idée de la Lecture.

Vous aimez probablement les contes, les histoires, mes jeunes amis: savez-vous où on en trouve? Dans les Livres.

Eh! tenez, voici un livre.

<small>Ce ne doit pas être celui de la Méthode. Du moins ne doit-on pas montrer encore les Tableaux.</small>

Mais j'ai beau vous vous ouvrir ce livre, vous n'y voyez pas grand'chose: un peu de noir, et voilà tout, n'est-il pas vrai? Tandis que moi, j'y vois une histoire, qui me paraît même très amusante. Ecoutez, je vais vous la dire.

<small>Le Maître lit, ou raconte en faisant semblant de lire, une historiette de nature à plaire à ses jeunes Auditeurs.</small>

Cela ne vous plaît-il pas? — Oh! qu'oui.

Eh bien! d'autres *Livres* contiennent bien d'autres choses plus jolies encore que celles que je viens de vous dire.

Or, d'où vient que dans un Livre je vois des contes, des histoires; et que vous, au contraire, n'y voyez rien du tout? — Cela vient de ce que je sais lire, et que vous ne le savez pas.

Savoir *Lire*, c'est savoir *parler* ce qui est dans un *Livre*.

Vous savez bien parler, ou à peu près; mais non pas parler ce qui est dans un livre. C'est tout simple: vous ne comprenez pas les *Signes* que l'on a mis sur le *papier*, pour indiquer ce qu'il faut dire.

Ce que vous voyez de noir dans un livre, ce sont les Signes dont je veux vous parler. Il n'y a là rien de bien joli, sans doute; ce ne sont pas en effet les Signes qui doivent plaire, mais bien les contes et les histoires qu'ils apprennent.

J'étais aussi jeune que vous quand on m'a fait comprendre ces Signes. Pour en savoir là-dessus autant que moi, vous n'avez qu'à continuer à m'écouter avec attention pendant quelques jours, et à ne jamais manquer à la leçon.

Au reste, ces Signes indiquent si bien ce qu'il faut dire, que si, par exemple, le père de l'un d'entre vous, ou la mère, qui auraient quelque chose à m'apprendre sur votre compte, mettaient quelques uns de ces Signes sur une feuille ou morceau de papier, et vous chargeaient de me le remettre, vous n'y comprendriez rien; mais moi, en regardant ce papier, je comprendrais tout de suite, aussi bien que si le papa ou la maman eussent pris la peine de venir me parler en personne. Je saurais donc de la sorte si vous avez été sage ou non à la maison, et si je dois, par conséquent, vous récompenser ou vous mettre en pénitence.

Mais ne parlons pas de pénitence; et puisque vous êtes tous bien sages, bien attentifs, regardons, au contraire, l'image que voici.

TABLEAU PRÉLIMINAIRE.
Premier aperçu des Signes de Lecture usités.

Ne dirait-on pas qu'il y a une maison? Voici, en effet, des fenêtres, des balcons, des portes, etc. Malheureusement on ne peut mettre ainsi sur le papier l'image ou ressemblance de tout ce dont on veut entretenir les autres. C'est à cause de cela qu'on a imaginé d'autres petits signes, qui ne sont pas précisément des images, puisqu'ils ne représentent pas à notre œil la forme de ce dont nous voulons parler, mais qui n'en indiquent pas moins ce que nous avons à dire.

Ne distinguez-vous pas quelque chose dans chacune des Cases de ce Tableau, c'est-à-dire dans chacune des portes et des fenêtres de cette maison, ainsi que dans la frise et même sur le comble que voici ? Ce sont là réunis tous les signes dont on se sert ordinairement pour la Lecture.

J'ai dit *tous les Signes*, mes jeunes amis ; ils suffisent donc pour *écrire* (c'est-à-dire pour *mettre sur le papier*) soit un conte, soit une histoire, soit enfin tout ce qui peut se parler.

Prenons, en effet, le plus gros Livre que nous ayons ; nous n'y trouverons pas un seul signe différent de ceux qui sont dans ce petit Tableau. De plus ou moins gros, c'est possible ; mais cela ne fait rien.

Le Maître montre ici (dans un Livre à gros Caractères) la première ou la dernière Lettre d'un Mot, en ayant soin de cacher les autres avec le doigt ou avec une lame d'ivoire, pour bien faire remarquer la forme de celle qu'il montre, et dont il fait voir ensuite la semblable sur le Tableau, mais dont il se garde bien de dire le nom, le silence sur ce point étant très-essentiel dans les commencements de la Lecture. Quand la Lettre a un accent ou une cédille, il peut faire remarquer que ce petit signe est distinct de l'autre signe sur lequel ou sous lequel il est placé, et qu'il est écrit séparément sur le Tableau.

Il n'y a donc pas de différence, mes petits amis, entre les Signes d'un Livre et ceux de ce petit Tableau. Seulement dans les Livres il y a beaucoup de Signes semblables, tandis que dans le Tableau il n'y en a qu'un de chaque sorte.

Parmi les Signes du Tableau, ceux qui se trouvent dans les portes et dans les fenêtres sont les plus essentiels. On les appelle des Lettres (*).

Plus tard, je vous dirai les noms des autres Signes, qui, du reste, sans les Lettres ne signifieraient rien du tout. Les Lettres même qui se trouvent dans les fenêtres ne signifieraient pas non plus grand'chose sans celles des balcons ou celles des portes. Ce sont donc celles-ci qu'il faut apprendre les premières.

Je ne vous enseigne pourtant pas encore ce qu'il faut dire ou parler en voyant chacune d'elles, parce qu'il ne faut pas trop apprendre à la fois.

De quelques Locutions élémentaires.

Avant de vous faire connaître ce qu'indique telle et telle Lettre, il est bon d'ailleurs que je vous fasse remarquer qu'elles sont rangées l'une à côté de l'autre, de manière à faire des *Lignes*.

Comptons, pour nous amuser, combien il y a de Lignes ici (**), en commençant, bien entendu, par la première Ligne, qui est celle d'en haut : une, deux, trois, etc.

En comptant, le Maître promène le doigt, de gauche à droite, sur chaque Ligne, jusqu'à la fin de la page.

Lorsque dans une Ligne je vous ferai voir une Lettre quelconque, si je vous demande de m'indiquer la Lettre d'avant, vous me montrerez celle de gauche ; si

---

(*) Nous tenons nos Lettres des Latins, les Latins tenaient les leurs des Grecs, qui les avaient reçues des Phéniciens.

(**) La première page venue.

je vous demande celle d'après, vous me montrerez au contraire celle de droite.

Je présume eu effet que vous savez distinguer votre main droite de votre main gauche. Edouard, montrez-moi votre droite; Henri, montrez-moi votre gauche.

C'est à merveilles. Vous me comprenez par conséquent quand je vous dis, en vous montrant un Livre ouvert : ce que vous voyez dans ce Livre, soit au côté droit, soit au côté gauche, c'est une PAGE.

Ici donc est une Page de gauche ; ici une Page de droite.

Si je tourne le *Feuillet* (j'entends par-là cette petite feuille ou morceau de papier, plat comme une feuille d'arbre, et ayant ou pouvant avoir une Page écrite de chaque côté), vous voyez encore une Page à gauche, et une à droite, et puis encore la même chose en tournant un Feuillet après l'autre, jusqu'à la fin du Livre qu'on appelle aussi Volume (*).

RÉSUMÉ DE L'INTRODUCTION
Par Demandes et par Réponses.

Il faut bien se garder d'exiger que l'enfant réponde absolument de même qu'ici ; toute réponse de sa part qui prouvera qu'il a compris, doit suffire. On devra se contenter d'un demi mot, quelquefois d'un geste, du silence même. Trop s'appesantir dans les commencements gâterait tout ; encore ne doit-on faire les Questions qu'à quelques Elèves : les autres en prendront ce qu'ils pourront.

Ce résumé serait même très-utile, quand il ne servirait qu'à montrer au Maître les choses les plus essentielles à rappeler.

DEMANDE. Pour demander ce à quoi l'on pense, que fait-on ?
RÉPONSE. L'on parle.
D. Chaque pensée parlée s'appelle.....?
R. Une Phrase.
D. Si la pensée n'est pas dite en entier, y a-t-il Phrase ?
R. Non, puisqu'on n'achève pas de se faire comprendre.
D. Qu'y a-t-il en ce cas ?
R. Rien que des morceaux de Phrase.
D. Une Phrase est donc ....?
R. Une pensée parlée, achevée.
D. Ainsi on ne peut pas parler et se faire comprendre sans faire des Phrases ?
R. Non, monsieur.
D. Dites-moi une Phrase.
R. Par exemple : *Papa m'aime bien.*
D. Comment appelle-t-on le plus petit morceau de Phrase signifiant quelque chose ?
R. Un Mot.

(*) La première Page d'un Feuillet, celle de droite, s'appelle le *recto* ; la deuxième, celle de gauche en tournant, s'appelle le *verso*.

D. Un Mot est donc...?
R. Une idée seule parlée.
D. Voici une Phrase : *Albin est malade*. Coupez-la par Mots et comptez avec vos doigts combien il y en a.
R. *Albin* | 1 | *est* | 2 | *malade* | 3. | Il y a trois mots.
D. Et le morceau de Mots ou de paroles que l'on fait chaque fois que l'on remue la bouche en parlant, qu'est-ce ?
R. Une Syllabe.
D. Une Syllabe n'est donc autre chose que....?
R. Un son de voix.
D. Mais, est-ce que la voix sonne ?
R. Oui, puisqu'on l'entend.
D. Le mot *paresseux* combien a-t-il de Syllabes ? comptez-le tout haut avec vos doigts.
R. *Pa* | 1 | *ré* | 2 | *sseux* | 3 | : trois.
D. Et le mot *maison* ?
R. *Mai* | 1 | *son* | 2 | : deux.
D. Avec les Syllabes, ou sons de voix, on peut conséquemment faire....?
R. Des Mots.
D. Avec des Mots, c'est-à-dire, des idées parlées, que fait-on ?
R. Des Phrases.
D. Et avec des Phrases, c'est-à-dire, avec des *Pensées-parlées-complètes*...?
R. Des Contes, des Histoires, enfin tout ce qui peut se parler.
D. Où trouve-t-on des Contes et des Histoires ?
R. Dans les Livres.
D. Tout le monde sait-il les y voir ?
R. Non, Monsieur.
D. D'où vient cela ?
R. De ce qu'il faut savoir Lire.
D. Qu'est-ce que savoir Lire ?
R. C'est savoir parler ce qui est dans un Livre.
D. Tout le monde ne sait-il pas parler ?
R. Oh ! qu'oui ; mais non pas parler les signes qui sont dans un Livre.
D. Et ces signes qui indiquent ce qu'il faut dire, y en a-t-il beaucoup à apprendre ?
R. Les voici tous dans ce petit Tableau (Tableau préliminaire).
D. Comment dans un gros Livre n'y en a-t-il pas d'avantage ?
R. Il y en a beaucoup de semblables, sans doute ; mais de différents, non.
D. Quels sont les Signes les plus essentiels ?
R. Ceux des portes et des fenêtres.
D. Comment les appelle-t-on ?
R. Des Lettres.
D. Sans les Lettres, que signifieraient les autres Signes ?
R. Rien du tout.
D. Quelles Lettres faut-il apprendre les premières ?
R. Celles des Portes et des Balcons.

D. Comment les Lettres sont-elles rangées dans les livres ?
R. A côté l'une de l'autre.
D. De manière à faire.... quoi ?
R. Des Lignes.
D. Des Lignes, allant de quel côté ?
R. De gauche à droite.
D. Quand on dit qu'une Lettre est avant l'autre, quelle entend-on désigner ?
R. Celle de gauche.
D. Et la Lettre d'après, quelle est-elle ?
R. Celle de droite.
D. Quelle est la première Ligne ?
R. Celle d'en haut.
D. La dernière ?
R. Celle d'en bas.
D. Toutes ces Lignes réunies forment...?
R. Une Page.
D. Il y a une Page sur chaque côté des...?
R. Des Feuillets.
D. Un Feuillet, qu'est-ce que c'est ?
R. Chacune de ces petites feuilles de papier plates comme des feuilles d'arbre.
D. Les Feuillets réunis forment ce qu'on appelle.....?
R. Un Livre ou Volume.

EXPLICATION

DE LA

PREMIÈRE GRANDE DIVISION

COMPRENANT LES SYLLABES A VOYELLES SIMPLES, ET FORMANT LES 8me ET 7me CLASSES.

Le Cours entier se divise en huit Classes, nombre usité dans les Ecoles primaires ; ce qui ne contrarie d'ailleurs en rien le plan de la Tabellégie, chacune des quatre grandes Divisions de l'Ouvrage pouvant fort bien faire la matière de deux Classes, et le changement d'une Classe à l'autre excitant au surplus l'émulation des enfants. C'est cette dernière raison qui a fait donner à la huitième Classe deux Subdivisions dont la deuxième n'est que l'application des Règles de la première.

L'ordre des Classes est, comme dans les Colléges, en progression descendante de 8 à 1, pour que les Elèves et les Parents sachent ainsi combien de classes il reste à passer.

Quant à la manière d'enseigner dans les Ecoles, il importe peu que ce soit selon l'enseignement mutuel ou selon l'enseignement simultané. Un Maître intelligent prend de chacun ce qu'il y a de bon, et laisse de côté ce qu'il y a de mauvais.

TABLEAU N° 1.

Lettres-Voyelles (Monophtongues unilittères).

LE MAÎTRE:
Vous savez, mes chers enfants, séparer nos paroles (c'est-à-dire ce que nous parlons) en autant de petites parties que nous émettons de sons de voix.

Il suffit, pour cela, de parler un peu lentement.

Oui, | je | viens | dans | son | tem | ple a | do | rer | l'E | ter | nel.

Or, puisque chacune de ces parties, c'est-à-dire chaque son de voix, s'appelle une *Syllabe*, nous | par | lons | donc | par] Sy | lla | bes; et, comme *Lire* c'est *parler* ce qui est écrit, on doit donc aussi *lire par Syllabes* ; et les *Lettres* ou Signes principaux de la Lecture, doivent indiquer les *Syllabes* à dire.

Les Syllabes sont en effet indiquées les unes par une seule Lettre, les autres par plusieurs.

Voici (Tableau n° 1) *les Lettres dont une seule peut suffire pour une Syllabe*, c'est-à-dire pour un son de voix, à cause de quoi on appelle ces Lettres *Voyelles* (signes de la Voix).

La Maison que vous voyez ici est donc celle des Lettres-Voyelles, qui, comme de grandes personnes, ont chacune une case ou chambre séparée par la fenêtre ou la porte de laquelle elles se montrent à nous, ce qui nous offrira un moyen bien facile de les trouver quand nous aurons besoin d'elles.

xxxviij

Vous pouvez vous rappeler avoir déjà vu ces mêmes Lettres dans le petit Tableau que je vous ai montré avant celui-ci, où elles se trouvent placées dans les portes, comme si on avait voulu nous faire entendre par-là que c'est avec les Voyelles que nous devons commencer à entrer dans la connaissance de la Lecture.

Dans cette Maison-ci, qui n'appartient qu'à elles, il ne faut pas faire plus d'attention aux Voyelles de la porte qu'à celles des fenêtres ; seulement vous pouvez présumer que, puisque dans la case de la porte il y a deux Lettres Voyelles, ces deux Voyelles sont de la même famille, quoique ne se ressemblant pas autant entr'elles, que celles des fenêtres de droite, qui sont probablement aussi un peu parentes l'une de l'autre, ce que nous saurons plus tard.

Suivez-moi bien maintenant.

Lorsque dans un livre, ou ailleurs, vous verrez cette Lettre Voyelle qui ressemble à un des crochets d'une robe de Dame, vous direz *a*, comme quand vous êtes contents : *ah* !

Voyons, répétez tous ensemble après moi : *a*. (les Elèves : *a*).

Dans cette petite Phrase, *je suis votre ami*, le mot *ami* a deux Syllabes, n'est-il pas vrai ? *a | mi*. Eh bien, la première de ces deux Syllabes s'écrit comme ici : *a*.

> Cette Explication contient, on le voit :
> 1° La mnémonique de forme : *un crochet* ;
> 2° La mnémonique de son : *ah* !
> 3° L'application orthographique : *a|mi* ;
> Il devra en être de même pour toutes les autres Lettres.

En voyant cette autre *Lettre Voyelle* qui est toute ronde comme une boule ou un cerceau, vous direz *o* (un peu ouvert), ainsi qu'un voyageur, qui, voulant faire arrêter sa monture, lui crie : *ho !*

Dites-le après moi : *o*. (Les Elèves : *o*.)

Dans le mot Orange, qui a trois syllabes : *O | ran | ge* |, la première est écrite comme ici : *o*.

Je répète : *a*, *o*.

Répétez vous-même toujours tous ensemble : *a*, *o*. (Les Elèves : *a*, *o*.)

Cette *Lettre Voyelle*, dont la forme, ouverte par le haut, a quelque rapport avec celle d'un panier, vous indique qu'il faut dire *u*, comme un sot enfant qui pleurniche : *hu ! hu ! hu !*

Dites-le après moi : *u*. — (Les Elèves : *u*.)

Dans le mot *univers*, la première syllabe s'écrit comme ici : *u*.

Répétons : *a*, *o*, *u*. — (Les Elèves : *a*, *o*, *u*.)

C'est bien. Cherchons à présent les mêmes syllabes dans l'Exercice qui est à la suite du Tableau, en promenant la baguette, lentement, de gauche à droite, de la première ligne à la seconde, et en prononçant au fur et à mesure que nous rencontrerons une des *Lettres-Syllabes* cherchées.

(Les Elèves : *a*, *o*, *u*,... *a*,...*o*, *a*, *u*, *u*, *a*, *o*, etc.)

Revenons au Tableau. — Cette Voyelle, faite d'une seule petite barre un peu recourbée par le bas, et ayant un point dessus, se prononce *i* ; comme dirait

un meûnier, pour exciter l'âne qui porterait son blé au moulin: *hi! hi!*
Dites-le tous ensemble: *i*. — (Les Elèves: *i*.)
La première syllabe du mot *Italie* s'écrit de la sorte: *i*.
La Voyelle fourchue, qui est dessous, par cela seul qu'elle est dans la même case, indique qu'il faut aussi la prononcer *i*, comme celle de dessus. Elles portent le même nom, comme deux demoiselles qui sont sœurs.
Prononcez donc, *i, y*. — (les Elèves: *i, y*).
Dans cette Phrase: *papa y sera*, *y* est un petit mot d'une seule Syllabe et d'une seule Lettre, qui s'écrit comme ceci : *y*.
Répétons: *a, o, u, i, y*. — (Les Elèves: *a, o, u, i, y*).
Cherchons ensuite les mêmes Voyelles dans l'Exercice à suite.
Après quoi, revenant encore au Tableau, nous y remarquerons trois autres *Lettres Voyelles*, toutes trois faites la même chose et ressemblant assez à l'anse détachée d'un panier ordinaire.
Faites cependant attention que sur celle qui est au milieu des trois il n'y a rien, tandis que sur les autres deux il y a une espèce de crête ou de plumet qu'on appelle *Accent*.
Or, la Voyelle qui n'a pas d'accent (ou de plumet, si vous l'aimez mieux), indique le son de voix *e* (*eu*), que je prononce comme si je voulais parler des œufs (des *œu*) que des poules nous donnent chaque jour.
Dites donc: *e*. — (Les Elèves : *e*).
Quant aux deux Voyelles surmontées d'un Accent, si cet Accent est tourné du côté gauche, comme celui que je vois sur la Voyelle à gauche de celle que je viens de prononcer *eu*, alors la Voyelle, quoique faite comme *e*, n'indique plus la syllabe *eu*, mais *é*, qui donne le même son de voix que lorsque vous appelez quelqu'un de loin: *hé! hé!*
Prononcez donc tous ensemble *é*. — (Les Elèves: *é*.)
Dans cette phrase, *j'ai éternué, é | ter | nu | é* est un mot de plusieurs syllabes dont la première et la dernière s'écrivent de même qu'ici : *é*.
Il faut bien vous garder de confondre l'*Accent* qui est sur cette lettre avec les *Virgules* que vous pouvez remarquer entre les diverses Voyelles de l'Exercice. La Virgule se place à côté des lettres et non au-dessus. Elle n'indique autre chose, sinon que l'on peut se reposer un petit moment avant de dire ce qui vient après. L'Accent sert, au contraire, à faire prononcer *é* la Voyelle qui, sans lui, se prononcerait *eu*. L'Accent est donc un *Signe de parole*, tandis que la Virgule n'est qu'un *Signe de silence*.
Si l'Accent se courbe de gauche à droite, comme sur la Voyelle à droite de celle indiquant *e*, ce n'est plus alors ni *eu* ni *é* qu'il faut dire, mais *è* (en ouvrant un peu plus la bouche), comme si vous vouliez parler de la haie ou clôture d'un jardin potager.
Voyons, dites-le: *è*. — (Les Elèves : *è*.)
Lorsque l'Accent tombe *de droite à gauche*, on l'appelle Accent *fermé*, et lorsqu'il tombe de gauche à droite, Accent *ouvert*; *è* se prononce en effet avec la bouche un peu plus ouverte que *é*.
Répétons maintenant toutes les Voyelles du Tableau: *a, o, u, i, y, é, e, è*.
(Les Elèves: *a, o, u*, etc.)

Puis, allons encore à l'Exercice, que vous lirez d'un bout à l'autre, sans omettre une seule lettre, et sans autre guide que ma baguette.

Si vous rencontrez un *a* surmonté d'un accent ouvert, faites pour le moment comme si cet accent n'y était pas.

(Les Élèves lisent le Tableau de gauche à droite.)

Pour voir si vous avez bien compris ce que j'ai voulu vous apprendre, je vais m'adresser à quelques uns d'entre vous pris séparément ; voyons. Vous, M., quel son de voix indique cette Voyelle ? — Vous, qu'indique celle-ci ? — Vous, comment prononcez-vous celle-là ?

Si l'Enfant se trompe, ce qui arrivera plus d'une fois, il faudra passer à un autre ; si l'autre se trompe aussi, on devra revenir au Tableau, et aider la mémoire des Élèves, de laquelle on aurait tort de beaucoup exiger dans les commencements.

Quant à la longueur de la leçon, je ne dois pas la fixer : elle doit varier suivant l'âge, l'intelligence et le nombre des Élèves.

Pour une dernière fois, répétez tous ensemble tant le Tableau que l'Exercice déjà vu.

C'est bien ; je suis content de vous.

Je n'ai plus rien à vous faire remarquer sur ce petit tableau, si ce n'est que la Voyelle *e*, qui se trouve dans une case principale indiquant qu'on doit la prononcer *eu*, se trouve aussi au-dessus des Voyelles *é* et *è*, et même au-dessus de la Voyelle *a* ; ce qui signifie qu'on prononce aussi cette Voyelle tantôt comme *é*, tantôt comme *è*, tantôt comme *a*, et cela, quoiqu'elle n'ait pas d'accent.

Je vous dirai plus tard dans quel cas il faut la dire de telle manière, et dans quel cas de telle autre.

Toutefois, jusqu'à ce que je vous dise autrement, vous la prononcerez *eu*.

Tout cela n'est pas une histoire, pensez-vous peut être. J'en conviens, mes bons amis ; mais quand vous saurez lire plusieurs tableaux comme vous lisez celui-ci, vous saurez lire bien des contes et des histoires. On vous donnera alors de petits livres où il y en aura, pour vous récompenser d'avoir appris vos Tableaux comme il faut.

RÉSUMÉ DE L'EXPLICATION DU N° 1,

par Demandes et par Réponses.

D. Nos paroles se détachent en autant de petits morceaux que nous émettons de sons de voix. Que faut-il faire pour le bien remarquer ?
R. Parler lentement.
D. Chacun de ces petits morceaux de paroles s'appelle...?
R. Une Syllabe.

D. *Nous | par | lons | donc | par | Sy | lla | bes.* Or, puisque *Lire* c'est *parler ce qui est écrit,* comment Lit-on?
R. Par Syllabes.
D. Les Lettres ou Signes principaux de la Lecture indiquent donc...?
R. Des Syllabes à dire.
D. Toute Lettre, quand elle est seule, indique-t-elle une Syllabe ?
R. Non, il y a des Syllabes pour lesquelles il faut plusieurs Lettres.
D. Quelles sont les Lettres qui, à elles seules, indiquent une Syllabe ou un son de voix, ce qui est la même chose?
R. Les voici... (T. N° 1.)
D. Pour les distinguer des autres, comment les appelle-t-on?
R. Des Voyelles.
D. C'est-à-dire, des Lettres qui ont...?
R. De la Voix, des Lettres qui parlent.
D. Dites-moi la Syllabe que, dans un livre, indique cette Lettre faite comme un crochet de robe.
R. *a.*
D. Celle-ci, faite comme un cerceau?
R. *o.*
D. Celle-ci, comme un panier sans anse?
R. *u.*
D. Celle-ci qui a un petit point dessus?
R. *i.*
D. Et la Voyelle fourchue de dessous (y)?
R. *i.*
D. Pourquoi *i* ?
R. Parce qu'elle est dans la même case que *i.*
D. Voici trois Lettres-Voyelles faites la même chose ; quelle Syllabe indique celle qui a un plumet ou Accent tombant du côté gauche?
R. *é.*
D. Celle qui n'a rien dessus?
R. *e* (eu).
D. Et celle qui a l'Accent tombant du côté droit?
R. *è.*
D. L'Accent qui est sur *é* comment s'appelle-t-il ?
R. Accent fermé.
D. Et celui qui est sur *è* ?
R. Accent ouvert.
D. Pourquoi dites-vous ouvert?
R. Parce qu'on prononce *è* avec la bouche un peu plus ouverte que pour *é.*
D. Que signifient ces Virgules ou petits signes, qui, dans l'Exercice, sont non pas sur les Lettres, mais à côté, et qui ressemblent à des Accents fermés?
R. Qu'il faut s'arrêter un peu avant de dire la Lettre de droite.
D. Ce n'est donc pas un signe de parole, mais un signe de...?
R. De silence.

c

D. Je vois sur le Tableau un *à* surmonté d'un Accent ouvert; comment le prononce-t-on ?
R. Comme s'il n'y avait rien dessus.
D. Je vois aussi la Voyelle *e* placée sur *é*; que veut dire cela ?
R. Que quelquefois cette Voyelle se prononce *é*.
D. Mais elle est aussi sur *è*; pourquoi encore ?
R. Parce que quelquefois aussi on la prononce *è*.
D. Et quand elle est sur *a* ?
R. Elle se dit *a*.
D. Mais quand, dans les livres, doit-on prononcer *é*, *è*, ou bien *a* ?
R. Je n'en sais rien.
D. Nous l'apprendrons plus tard. En attendant que vous le sachiez, comment devez-vous prononcer cette Voyelle ?
R. Comme ici, *e* (eu).
D. Y a-t-il d'autres Lettres-Voyelles que celles de ce Tableau ?
R. Non.

N° 2.

Consonnes, ou Lettres qui ne font Syllabe qu'avec une Voyelle.

Voici un nouveau Tableau; mais avant de l'apprendre, rappelez-vous, pour ne l'oublier jamais, que celui que vous connaissez déjà contient *toutes* les Lettres-Voyelles, c'est-à-dire, qu'il n'y a pas d'autres Lettres que celles de ce Tableau-là qui puissent se prononcer seules.

Quant à ce nouveau Tableau, il contient toutes les autres Lettres, lesquelles sont appelées *Lettres-Consonnes*; ainsi toute Lettre qui n'est pas une *Voyelle*, est une *Consonne*.

Consonne signifie Lettre qui ne *sonne* qu'*avec* une autre, c'est-à-dire, que, si dans un livre il n'y avait que de ces sortes de Lettres, on ne pourrait pas les prononcer, et que, par conséquent, on ne pourrait rien dire.

Par exemple, dans ce Tableau, on n'a écrit que des Consonnes. Eh bien ! je ne dis rien, parce que des Consonnes seules ne signifient rien.

Mais quoique nous ne puissions rien dire, remarquons cependant comment chacune de ces Lettres-Consonnes est faite.

En voici une faite comme les tenailles d'une table à manger (1).
Regardez celle-ci: elle ressemble, en quelque sorte, à une chaise (2).
Celle-ci a comme un bec de perroquet (3).
En voici une autre ressemblant à un entonnoir (4).
Cette autre ressemble à une crosse d'évêque (5).
Voyez celle-là qui a la tête coupée par un trait (6);
Ainsi que celle-là qui ressemble à une perche, ou à un mât de cocagne (7).

(1) x; (2) h; (3) r; (4) v; (5) f; (6) t; (7) l.

Celle que vous voyez ici a trois jambes (8), ,

Tandis que celle qui est du côté opposé n'en a que deux (9).

Ces quatre du balcon ont chacune une bosse et une queue; mais ici la bosse est à gauche et la queue en haut (10); là, la queue aussi en haut, mais la bosse à droite (11); ici, au contraire, la queue est en bas et la bosse à droite (12); et là, la queue aussi en bas, mais la bosse à gauche (13).

Remarquez encore celle-ci qui a la queue retroussée à gauche (14);

Celle-ci, qui ressemble à une fourmi ou à une gourde (15);

Les deux autres, dont une offre l'image d'une petite charpente (16), et l'autre celle d'un croissant (17);

Enfin celle-ci faite comme le tourniquet d'un tourne-broche (18); et cette dernière faisant un zig-zag (19).

Eh bien! je le répète, il n'y a point là de Syllabes, point de parole, point de son de voix; et cela, parce qu'il n'y a point de Voyelles.

Car dans les livres on ne trouve jamais les Consonnes qu'en compagnie de Voyelles; et alors il se fait quelque chose qui pourra vous surprendre. La Voyelle est comme une demoiselle dont la Consonne devient le mari. Oui, mes enfants, on marie à la Voyelle la Consonne, sa voisine, qui, toute joyeuse de cette union, cesse alors d'être une Lettre muette.

Vous êtes déjà assez intelligents pour comprendre que des Lettres ne se marient pas comme les hommes; qu'on ne les mène pour cela ni à l'église, ni à aucun temple, ni à la maison commune. On veut dire tout bonnement que certaines Lettres se réunissent pour n'indiquer ensemble qu'un seul son, quoiqu'elles soient au nombre de deux, trois, quelquefois même quatre.

En résumé, chaque Consonne peut se placer à côté de chacune des Voyelles, et alors il y a *Syllabe*; c'est ce que le Tableau à jours, que voici, est destiné à bien faire comprendre.

CARTON RÉGULATEUR, OU TABLEAU A JOURS.

Ce Tableau, comme vous pouvez le remarquer, est à peu près semblable à celui que je viens de vous montrer, et que nous n'avons pas pu apprendre faute de *Voyelles*.

Les mêmes Lettres sont en effet dans les mêmes cases.

Seulement dans ce Tableau à jours, plusieurs Consonnes se trouvent quelquefois groupées dans d'autres cases. Mais, pour le moment, nous ne nous occuperons que des Lettres de l'espèce d'hôtel-de-ville ou maison commune qui est au milieu du Tableau, sans faire aucune attention à celles du dessus, ni à celles des colonnes.

Or, vous voyez que ce Tableau est découpé de manière à ce qu'il se trouve

---

(8) m; (9) n; (10) d; (11) b; (12) p; (13) q; (14) j; (15) g; (16) k; (17) c; (18) s; (19) z.

un vide à droite de chaque Consonne, pour ménager une place aux diverses Voyelles qu'on voudra y placer.

Nous pourrons donc appliquer ce Tableau à jours sur chacune des pages de Voyelles que voici, c'est-à-dire, tantôt sur cette page (*) où la Voyelle *e* se trouve répétée et disposée de manière à prendre place à côté de chaque Consonne avec laquelle il lui est permis de se marier ; tantôt sur cette page où il n'y a que des *é* (**) ; tantôt sur celle des *è* (***) ; ainsi de suite ; car chaque Consonne peut s'allier à chacune des Voyelles que vous connaissez, et qui sont, avons-nous dit, *a, o, u, i, y, é, e, è.*

Vous comprenez conséquemment que cette maison commune sert à faire beaucoup de mariages ; autrement dit, que les mêmes Consonnes peuvent faire bien des Syllabes différentes, suivant qu'elles se marient avec telle ou telle Voyelle.

Je me hâte de vous dire qu'il suffit de bien apprendre le Tableau à jours, appliqué à la page d'une Voyelle quelconque, pour Lire très-facilement, moi vous aidant un peu, le même Tableau appliqué à quelque Voyelle que ce soit.

Commençons par la page *e*.

N° 3.

Voici bien *e* par toute la page, n'est-il pas vrai ? il y a aussi deux *u*, mais fesons comme s'ils n'y étaient pas, parce que c'est la page des *e* et non pas celle des *u*. C'est des *e* que nous avons à nous occuper maintenant, et non pas des *u*. Les deux *u* qui se trouvent dans cette page sont des Voyelles muettes.

Appliquons donc le Tableau à jours.

> Pour bien placer ce Tableau il n'y a qu'à appliquer le *q* du rez de chaussée et le *g* le plus élevé, de telle sorte que chacune de ces deux Consonnes soit suivie de *ue* ; tout le reste ira bien, sauf quelque légère différence occasionnée par le mouillage du papier avant l'impression. Le Maître aura conséquemment le soin d'avancer ou de reculer un peu le Régulateur, suivant que ce pourra être nécessaire.

Chacune de ces Voyelles *e* vient, comme nous l'avons déjà vu, prendre place auprès d'une Consonne.

Eh bien, chaque groupe de Lettres où il y aura une Voyelle, au lieu d'indiquer simplement le son de voix *e*, se syllabera ainsi qu'il suit.

Dans l'une des fenêtres du balcon du premier étage (celle de gauche) nous trouverons la Syllabe DE

Dans une autre (celle de droite), nous lirons : BE.

Dans celle du milieu, en haut : PE.

En bas, rien, parce qu'il n'y a pas de Voyelle.

Vous n'oublierez pas ce que je vous ai fait remarquer touchant ces quatre Consonnes bossues : deux ont la queue en bas et sont placées dans la fe-

---

(*) N° 3.   (**) N° 5.   (***) N° 7.   etc.

nêtre qui est sur la porte du bas; et des deux autres qui ont la queue en haut et sont placées dans les autres fenêtres du balcon, celle qui a la bosse à gauche, se trouve dans la fenêtre de gauche, et celle qui a la bosse à droite, dans la fenêtre de droite.

Voyons; répétez, après moi, chaque Syllabe que ma baguette va vous montrer.

PE.
DE.
BE.

Ici (Q) vous ne dites rien, parce qu'il n'y a pas de Voyelle.
Mais ici (dans la porte du rez-de-chaussée), vous prononcez   QUE.
Ici (K), de même, parce que c'est dans la case de *que*.
Ici (C), rien, parce qu'il n'y a pas de Voyelle.
Répétons: PE, DE, BE, *(rien)*, QUE, KE, *(rien)*.
Dans la case ou chambre à gauche, à côté du balcon où se trouve la Consonne à trois jambes, vous direz   ME.
Dans celle du côté opposé, à droite, où se trouve la Consonne à deux jambes, vous prononcerez   NE.
Répétons: PE, DE, BE, *(rien)*, QUE, KE, *(rien)*, ME, NE.
Dans le petit balcon, au milieu de la galerie du second étage, où la Consonne ressemble à peu près à une crosse d'évêque, nous dirons: FE.
Et, par conséquent, ici (PHE), de même, parce que c'est dans la case de *fe*.
Répétons: PE, DE, BE, *(rien)*, QUE, KE, *(rien)*, ME, NE, FE, PHE.
Dans la galerie, savoir: première case à gauche où vous voyez la Consonne qui a le bec recourbé comme celui d'un perroquet: RE.
Deuxième case à gauche, où la Consonne ressemble à un entonnoir: VE.
Et dans les cases de droite; ici où la Consonne a la tête coupée par un trait: TE.
Et ici, où la Consonne ressemble à une perche ou à un pieu: LE.
Répétons: PE, DE, BE, *(rien)*, QUE, KE, *(rien)*, ME, NE, FE, PHE, RE, VE, TE, LE.
Dans les fenêtres à portiques du rez-de-chaussée à gauche, savoir: ici, dans la case où cette Consonne, coiffée d'un point, a la queue un peu retroussée à gauche: JE.
Et, par conséquent, ici (GE), de même, puique c'est la même case.
Dans la fenêtre à côté, où se trouve encore, et même plusieurs fois, la Consonne qui ressemble à une fourmi, ou à une gourde, si vous l'aimez mieux, d'abord: GUE.
Puis (G), rien, parce qu'il qu'il n'y a pas de Voyelle à côté de la Consonne.
Puis encore (GHE), de même que s'il y avait *gue*.
Dans la case qui est au-dessous de ces deux fenêtres: GNE.
Répétons: PE, DE, BE, *(rien)*, QUE, KE, *(rien)*, ME, NE, FE, PHE, RE, VE, TE, LE, JE, GE, GUE, *(rien)*, GHE, GNE.
Dans celle des fenêtres de droite le plus près de la porte d'entrée, où vous voyez la Consonne à tourniquet, vous prononcerez   SE.
La Consonne de dessous, ressemblant à un croissant, se prononce encore co-

xlvj

me *se* quand il y a une Voyelle, puisqu'elle est dans la case de *se*.

Plus bas, dans la même case, où cette même Consonne a une queue ou cédille, on ne dit rien, puisqu'à côté il n'y a pas de Voyelle.

Dans la dernière fenêtre à droite, vous devrez prononcer, avec la Consonne à zigzag :   ZE.

Et de même, avec celle ressemblant à un tourniquet, par cela seul qu'elle est dans la case de *ze*.

Vous avez vu cette dernière Consonne se marier d'abord dans la case de *ce*, et maintenant dans celle de *ze*, pourquoi cela? Parce que dans les Livres cette Syllabe se prononce tantôt comme *ce*, tantôt comme *ze*.

Répétons encore : PE, DE, BE, QUE, KE, ME, NE, RE, TE, LE, JE, GE, GHE, GUE, VE, FE, PHE, CE, SE, ZE, (SE).

Enfin, dans la case au-dessous des deux fenêtres de droite, se trouve la Syllabe   CHE.

Vous pouvez avoir remarqué ce même groupe de lettres dans la case de *que*; donc on peut aussi le prononcer quelquefois comme *que*.

Répétons toujours : PE, DE, BE, QUE, KE, ME, NE, RE, TE, LE, JE, GE, GHE, GUE, VE, FE, PHE, CE, SE, ZE, (SE), CHE, (CHE).

Je m'aperçois que j'oubliais de vous parler de la Consonne faite comme une chaise, que vous voyez dans le fronton *(front)* de l'édifice; cela n'est pas étonnant, parce que dans cette case, cette Consonne reste toujours muette quoique mariée à la Voyelle. On ne doit donc faire entendre que le son pur de la Voyelle, c'est-à-dire, que l'on doit prononcer comme si la Voyelle était seule. Ainsi nous syllaberons   HE (EU).

Voilà donc tout l'édifice syllabé.

Pour bien reconnaître nos cases, faisons-en une entière revue ou récapitulation.

Voici la case de la Syllabe	HE.
Ici, celle de la Syllabe	RE.
Ici, celle de	VE.
Ici, celle de	FE.
Ici, celle de	TE.
Ici, celle de	LE.
Celle de	ME.
Celle de	NE.
Celle de	DE.
Celle de	PE.
Celle de	BE.
Celle de	JE.
Celle de	GUE.
Celle de	QUE.
Celle de	SE.
Celle de	ZE.
Celle de	GNE.

Enfin celle de CHE.

*

    Pour fixer la mémoire de ces diverses Syllabes, on peut faire faire plusieurs rapprochements d'idées, comme ici :

RE, un roulement de tambours.
VE, les *vœux* d'un enfant sage pour ses père et mère.
FE, PHE, le *feu* d'une cheminée ou d'un incendie.
PE | DE | BE | QUE, KE, *peu de bœufs* ont une longue *queue*.
NE, un *nœud* de ruban ou de corde.
JE, GE, le *jeu* dont les enfants abusent quelquefois.
GHE, GUE, des *gueux* qu'on ne corrige qu'en les fustigeant...... etc.

N° 4.
Mêmes Syllabes composées sans le secours du Régulateur.

    Vous comprenez, mes enfants, que l'on ne saurait toujours avoir de Tableau découpé, pour marier les Consonnes aux Voyelles. L'essentiel c'est que les Consonnes aient une Voyelle à côté d'elles. Voici un Tableau qui vous montrera les Syllabes telles qu'elles sont dans les Livres. Souvenez-vous toutefois qu'ici comme sur le Tableau à jour, quand il n'y a pas de Voyelle après les Consonnes, c'est-à-dire à leur droite, il n'y a rien à Lire, les Consonnes seules ne signifiant jamais rien ; ce qui fait que dans les Livres on ne trouve jamais des Mots ni même des Syllabes composés seulement de Consonnes.
    Au reste, pour vous rendre la lecture de ce Tableau plus facile, remarquez que, soit que j'y applique le Tableau à jour, soit que je ne l'y applique pas, il y a toujours les mêmes Consonnes à côté de la même Voyelle, par conséquent qu'il y a les mêmes Syllabes.
    Vous direz donc, PE, DE, BE, *(rien)*, QUE, KE, *(rien)*, ME, NE, RE, TE, LE, JE, GE, GHE, *(rien)*, GUE, VE, FE, PHE, SE, CE, *(rien)*, ZE, HE.
    Lisez tous ensemble, en suivant ma baguette. (Les Élèves : PE, DE, BE. etc.)
    Voici maintenant quelques Exemples de Mots où l'on emploie les Syllabes de ce Tableau.
    Quand je dis *petit garçon*, petit est un mot de deux Syllabes, dont la première s'écrit comme celle que je vous montre ici :   (PE)
Dans le mot *de|voir*, la première Syllabe s'écrit ainsi :   (DE).
Dans les mots *be|nêt, be'so gne*, on écrit *be* comme ici :   (BE).
Dans *que|nou ille*, voici comment s'écrit la première Syllabe :   (QUE).
Dans les mots *me/lon, me/nui/sier*, la première Syllabe s'écrit comme dans cette case :   (ME).
Dans le mot *ne/veu*, ne s'écrit comme dans celle-ci :   (NE).

---

* On se rappelle qu'il ne faut, pour le moment, montrer que les Syllabes de la maison du milieu du Tableau à jours. Les autres seront expliquées quand il le faudra.

Dans re/ce/voir, re s'écrit : (RE).
Dans cette petite phrase, *je te remercie*, *te* est un mot d'une seule Syllabe, que l'on écrit comme dans cette case : (TE).
Dans celle-ci : *je vais me lever*, *lever* est un mot dont voici la première Syllabe : (LE).
Dans le mot *jeton*, voici comme on écrit la première Syllabe : (JE).
Dans *ge | nou*, *ge* s'écrit de la sorte : (GE).
Dans *gue | ni | ille*, *gue* s'écrit ainsi : (GUE).
Dans cette phrase, *ve | nez i | ci*, le mot *venez* a la première Syllabe écrite ainsi : (VE).
Dans ce membre de Phrase, *la femelle du lion*, le mot *fe | mê | lle* a trois Syllabes, dont la première s'écrit comme au haut de cette case : (FE).
Dans les mots *ce | ci, ce | la*, se trouve cette Syllabe : (CE).

RÉSUMÉ DE L'EXPLICATION DU RÉGULATEUR,

ET DES N°ˢ 2, 3 ET 4.

D. Y a-t-il d'autres Lettres que celles du Tableau précédent, qui parlent quoique seules ?
R. Non.
D. Que contient ce nouveau Tableau ?
R. Les Lettres qui ne parlent pas seules.
D. Ces Lettres sont drôlement faites : celle-ci à quoi ressemble-t-elle ?
R. A des tenailles, ou à des ciseaux ouverts.
D. Celle-ci...?

 (Ainsi de suite.)

D. Comment appelle-t-on toutes ces Lettres ?
R. Des Consonnes.
D. C'est-à-dire des Lettres qu'on ne fait sonner qu'avec une autre : J'entends cela. Il faut donc qu'il y ait plusieurs consonnes ?
R. Qu'il y en ait une ou plusieurs, peu importe ; il n'y a rien.
D. Dans les Livres il y a cependant bien des Consonnes à côté l'une de l'autre ?
R. Oui ; mais non pas sans être accompagnées de Voyelles.
D. Pourquoi ont-elles donc besoin de Voyelles ?
R. Pour se marier ensemble.
D. Comment peut-on marier des Lettres ?
R. Avec le Tableau à jours.
D. Pourquoi ces jours ?
R. Pour y mettre des Voyelles.

D. Lesquelles ?
R. Chacune à son tour.
D. Et quand il y a une Voyelle, que font les Consonnes ?
R. Elles parlent ensemble, puisque c'est pour cela qu'elles se marient.
D. Comment y a-t-il dans cette page sans Consonnes (N° 3) ?
R. *e , e , e*, etc.
D. Mais ici : (*ue*) ?
R. De même : *e*.
D. Pourquoi ne prononcez-vous pas l'*u* ?
R. Parce que c'est ici une Voyelle nulle.
D. Comment le connaissez-vous ?
R. Parce que c'est la case des *e*.
D. J'applique le Régulateur ; comment y a-t-il ici : (*q*) ?
R. *que*.
D. Et ici : (*c* dans la case de *q*) ?
R. Rien.
D. Pourquoi ?
R. Parce qu'il n'y a pas de Voyelle.
D. Cette Consonne (*c*), qui ne trouve pas de Voyelle dans la case de *que*, n'en trouve-t-elle pas une du moins dans une autre case ? Cherchez bien si cette Consonne n'est pas dans une autre case.
R. La voici encore dans la case de *se*.
D. Et à cause de cela, quelle Syllabe indique-t-elle ?
R. *ce*.
D. Comment y a-t-il ici : (*g* dans la case de *gue*) ?
R. Rien.
D. Pourquoi ?
R. Parce qu'il n'y a pas de Voyelle.
D. Mais ici où cette Consonne est à côté d'une Voyelle (*g* dans la case de *j*), comment prononcez-vous ?
R. *je*.
D. Pourquoi ?
R. Parce que c'est la case de *je*.
D. Puisque cette Consonne (*g*) ne doit point trouver de Voyelle dans la case de *gue*, pourquoi l'y met-on ?
R. Parce qu'on l'y mariera plus tard probablement avec une autre Voyelle que *e*.
D. Ici (*phe*), comment y a-t-il ?
R. Comme *fe*.
D. Pourquoi ?
R. Parce que c'est dans la case de *fe*.
D. Et ici (*he*) ?
R. Comme s'il n'y avait que *e* sans aucune Consonne.
D. Pourquoi ?
R. Parce que cette Consonne est muette ; qu'elle ne se dit pas.
D. Dites-moi toutes les Syllabes de la Maison du milieu du Tableau à jours

appliqué à la page des e.
R. he, re, ve, fe, phe, etc.
D. Et ici dans cette page (N° 4), comment lit-on ?
R. De la même manière.
D. Pourquoi ?
R. Parce que ce sont les mêmes Syllabes.
D. Comment le voyez-vous ?
R. Parce que, soit que l'on mette le Régulateur sur cette page, soit qu'on ne l'y mette pas, il y a toujours la même chose.
D. Pourquoi a-t-on écrit ces Syllabes sans le Régulateur ?
R. Parce que dans les Livres elles sont ainsi.
D. Syllabez donc le milieu de cette page.
R. re, ve, fe, etc.
D. Comment considérez-vous ces Syllabes ?
R. Comme des parties de Mots.
D. Dites-moi un Mot où il y ait la Syllabe re ?
R. re | tour.
D. Un Mot où il y ait la Syllabe ve?
R. Re/ve/nant.

    Ainsi de suite.

SUITE DE L'EXPLICATION,

Mais Résumée, et non plus en forme de Cours,

LES LEÇONS QUI PRÉCÈDENT SUFFISANT POUR FAIRE COMPRENDRE AU MAITRE
LE DÉVELOPPEMENT QU'IL PEUT DONNER A CHAQUE RÈGLE.

Et d'abord, il est essentiel que le Maître mette tous ses soins à éviter que les Élèves ne prennent des habitudes vicieuses quant à la Prononciation. *o* ne doit pas être prononcé comme *ó*, ni *è* comme *é*, ni *e* comme *eû*, etc. On doit être sévère à cet égard.

On doit encore porter toute son attention à ce que les enfants lisent les Syllabes, quelles qu'elles soient, comme s'ils parlaient, c'est-à-dire, sans se fatiguer, sans prendre pour règle le ton donné par son voisin, sans aller ni trop haut ni trop bas. Le parler ordinaire de chaque enfant doit être pour le Maitre un diapason auquel il devra en quelque sorte le ramener sans cesse, s'il parle naturellement, et si déjà il n'a apporté de chez ses parents des intonnations forcées et anti-naturelles, de quoi l'on ne saurait trop chercher à le corriger.

Il existe un grand défaut dans bien des Ecoles primaires, celui de faire Lire trop d'enfants à la fois. On les oblige ainsi à crier, et, ce qui est pitoyable, à crier tous sur le même ton, à psalmodier la Syllabe avec accompagnement de l'Accent du Pays, à y appliquer une sorte de chant à inflexions pendules, portant la Syllabe à l'oreille avec un balancement monotone et pénible, forçant la voix des uns, rendant sourde celle des autres, donnant à la plupart l'habitude de chanter au lieu de Lire ; habitude qui devient si invétérée chez certains sujets, qu'il leur est quelquefois impossible de jamais s'en corriger.

L'exemple est ici, comme ailleurs, un secours aussi facile que puissant. Et si quelquefois un enfant se laisse aller à bercer en quelque sorte ses paroles, qu'on lui rappelle simplement que Lire c'est parler et non pas chanter, qu'on lui fasse voir, par un exemple, le vice d'une phrase parlée en la trainant, et il reviendra de lui-même. Peut-être alors prononcera-t-il d'une manière trop sèche, trop coupée, disgracieuse enfin en sens inverse ; mais on l'en corrigera aussi facilement, en lui fesant encore remarquer, par un exemple, combien il serait ridicule de parler en saccadant ainsi. Il rira et ne le fera plus.

Tout donc doit être naturel. — *Tu te fatigues, mon ami ; fais comme si tu parlais.* — *Ne crie pas tant ; ce n'est pas bien de crier.* — *Parle cependant de manière à ce que je t'entende.* — *C'est cela.* — *Pas si vite pourtant, car il faut que je comprenne. — Pour cela, mon ami, prononce bien toutes les Syllabes. — Prends garde, je n'ai pas entendu celle-ci : recommence, et souviens-toi que les Syllabes* (*) *sont faites pour être prononcées.*

Cette dernière observation est aussi importante que celles qui la précèdent. On la recommande à toute la sollicitude de l'Instituteur.

Un autre obstacle viendra peut-être contrarier ses efforts. Il rencontrera des défauts de langue chez plusieurs de ses Elèves. Qu'il étudie alors en observateur les moyens de les en corriger, et qu'il place au premier rang de ces moyens celui de l'exemple ; et au second, celui de diviser en plusieurs opérations le mécanisme de la Prononciation de la Syllabe fesant l'objet de la difficulté. Ce ne sera souvent que petit à petit que ces défauts disparaîtront ; mais dans tous les cas qu'il n'épargne pas les éloges pour le moindre mieux qu'il obtiendra de l'Elève.

Avant de revenir à l'explication des Tableaux, fesons observer qu'en tête de chacun on trouvera ce qu'il y a de plus essentiel sur la Règle qui le concerne, ce qui dispensera d'entrer souvent ici dans des détails dont la répétition serait d'autant plus fastidieuse, que l'Ouvrage est terminé par un Vocabulaire contenant encore en résumé la plus grande partie des Règles et des définitions, dans un ordre différent de celui de l'Ouvrage, il est vrai, mais qui pourra en être la clef plus d'une fois. Ce ne sera donc que lorsque l'Auteur pensera qu'il peut y avoir quelque explication à ajouter à la Règle, posée en haut du Tableau d'une manière trop concise à cause des bornes étroites entre lesquelles il s'est trouvé obligé de la resserrer, qu'il donnera ici plus de développement à cette même Règle.

Il aura parfois aussi à justifier son audace d'être sorti des voies jusqu'à présent tracées, car il ne croit pas que parce que tels ou tels Méthodistes ont posé un précepte avant lui, il soit dans la nécessité de l'adopter sans examen. Malgré tout le respect qu'il professe pour les Auteurs qui ont pu traiter la même matière que lui, il a dû suivre exactement toutes les veines de la mine féconde où il avoit osé le premier descendre si profondément, et montrer ensuite avec une sorte d'orgueil le résultat si utile de ses minutieuses explorations. Ses découvertes ont été nombreuses en effet, si on les compare à la stérilité dont semblait être frappée, malgré les essais déjà si utiles de plusieurs hommes instruits, cette partie si essentielle de l'Enseignement primaire.

Mais continuons l'Explication.

N°s 5 à 10.

Après être resté sur les N°s 3 et 4 jusqu'à ce que l'Elève ait bien appris la manière d'assembler les Consonnes avec les Voyelles, après que celui-ci a parfaitement compris que, si l'on cache la Consonne avec le doigt, on peut encore

---

(*) Les Syllabes, et non pas les Lettres.

prononcer la Voyelle, parce qu'une Voyelle, quoique seule, peut encore en effet se prononcer ; mais que, si c'est au contraire la Voyelle que l'on cache, il n'y a plus rien, parce qu'une Consonne sans Voyelle ne signifie absolument rien ; que, par conséquent enfin, si on lui montre le Régulateur sans être appliqué sur une page de Voyelles, il n'y a plus rien dans aucune case ; le Maître alors devra faire Syllaber la page de la Voyelle é (N° 5), en ayant soin de faire prononcer bien fermé.

Il fera observer qu'il y a un *u*, muet dans cette page, parce que c'est la case des *é* et non pas celle des *u*, et que, si l'on y applique le Régulateur, cet *u* correspondra aux Consonnes *q* et *g*, et ne se trouvera dans aucune autre case.

Il Syllabera d'abord lui-même, en appliquant le Régulateur sur cette page, et en suivant les mêmes Règles que pour le N° 3. Seulement il commencera par des Syllabes dont les Consonnes ont un commencement d'articulation sensible indépendamment de la Voyelle, telles que *ré*, *fé*, *mé*, *sé*, etc., afin de pouvoir se reposer un moment sur la Consonne, avant de frapper la Voyelle, Voyelle dont on devra aussi prolonger le son ; le tout, pour faire comprendre à l'enfant, 1° que la Consonne donne toujours le même frappement, c'est-à-dire que l'on commence toujours de la même manière ; 2° que l'on ne se repose en définitive que sur la Voyelle, dont le son, quand on le soutient, reste aussi pur que si aucune Consonne ne l'avait frappée.

Si après cette Consonne il y avait la Voyelle E, *vous prononceriez* RE, dit-on à l'enfant ; *mais, au lieu d'y avoir la Voyelle* E, *c'est la Voyelle* É : *il n'y a donc pas* R..E, *mais* R.É ; *ici* F..É, *ici* M..É; *ainsi de suite.*

Syllabez donc tous ensemble avec moi, ajoute-t-on, *comme vous feriez dans la page des* E, *mais en finissant par* É, *au lieu lieu de finir par* E.

Arrivé au N° 6, on le fera Syllaber soit avec le Régulateur appliqué, soit sans le Régulateur, fesant bien remarquer que, dans l'un comme dans l'autre cas, il y a toujours la même chose.

Passant ensuite aux N°s 7 et 8, on usera des mêmes procédés que pour les N°s précédents, en ayant soin de faire prononcer *è* bien ouvert, de manière tout au moins à ce qu'on le distingue parfaitement de l'*é* fermé.

Dès ce Tableau, si l'enfant est un peu intelligent il n'aura plus guères besoin que le Maître dise la Syllabe avant lui ; il la composera lui-même. Dans le cas contraire on peut Syllaber *rè*, *vè*, *fè*, *tè*, *lè*, etc. l'enfant suivra sans aucune peine.

Qu'on n'oublie pas que, lorsqu'il n'y a pas de Voyelle dans une case, l'enfant interrogé doit répondre qu'il n'y a rien. C'est aussi essentiel que facile. Et si l'enfant, qui sait que c'est parce qu'il n'y a pas de Voyelle dans cette case, demandait, par hasard ou par réflexion, pourquoi on n'a pas mis de Voyelle après *c*, par exemple, dans la case de *q*, on devrait lui répondre que c'est parce que, dans les Livres, cette Consonne unie à la Voyelle *è* ne se prononce pas comme dans la case de *què*, mais bien au contraire comme dans celle de *sè*.

Pour les N°s 9 et 10 on agira de même que pour les précédents, et l'on demandera de plus pourquoi la Syllabe *ti*, qui occupe une case dans le haut du N° 10, se trouve aussi dans la case de *si*. L'enfant, qui se rappelle fort bien que tout ce qui est dans une même case se prononce de même, répondra que c'est parce que cette Syllabe (*ti*) doit se prononcer quelquefois comme *si*.

L'on peut lui enseigner dès ce moment que dans les Livres, on doit prononcer *ti* plus souvent comme *ti* que comme *ci* ; et ce qui l'indique, c'est que dans la case de *ti* il n'y a point de ces petites parenthèses ou barres recourbées qui enserrent la Syllabe, comme dans la case de *ci*. C'est ce qui lui fera facilement reconnaitre que la Syllabe *chi* se prononce plus souvent *chi* que *ki*.

Rien de particulier à dire sur l'*y* grec, pour le moment du moins, si ce n'est qu'il ne se trouve précédé d'aucune Voyelle nulle, ce dont on concevra la raison quand on sera arrivé au N° 144.

N°s 11 à 16.

On fera observer que dans les pages des Voyelles *a*, *o* et *u*, il y a une Voyelle muette de plus que dans les pages des *e* (accentués ou non) ou des *i*: c'est *e* ; laquelle Voyelle ne se trouve correspondre qu'à cette Consonne (*g*) dans la case de *j*, pour empêcher de confondre les Syllabes *gea*, *geo*, *geu* (*ja*, *jo*, *ju*), avec *ga*, *go*, *gu* ; de même que la cédille ou petite marque qui se trouve sous la Consonne *c* placée au bas de la case de *s*, a pour objet de faire distinguer les Syllabes *ça*, *ço*, *çu*, des Syllabes *ca*, *co*, *cu*.

Ce, surtout, sur quoi le Maître devra diriger l'attention des Elèves, c'est la présence de la Voyelle après *g*, dans les cases de *ga*, *go*, *gu*, et après *c* dans les cases de *ca*, *co*, *cu*.

Un peu plus tard on tirera de cette particularité telle conséquence que de raison. Pour le moment c'est assez de Syllaber ainsi que l'indiquent les cases.

Dans les N°s 15 et 16 (ceux des *u*), il n'y a de Voyelle nulle que l'*e* de la Syllabe *geu*, laquelle, placée dans la case de *ju*, se prononce de même, par conséquent. On n'a point placé d'*u* nul dans cette case, parce qu'on ne saurait mettre un *u* contre un *u*, si ce n'est dans le cas du N° 57.

N° 17.

Nous voici arrivés au N° 17, résumé mnémonique des Tableaux précédents, destiné à servir de preuve que l'enfant fait maintenant (depuis le N° 6 ou 7) la même opération d'esprit que nous, quand nous nommons une Consonne.

Comment y a-t-il ici (*j*) ? — Rien. — Pourquoi ? — Parce qu'il n'y a pas de Voyelle. — Mais s'il y avait un *i* ? — Il y aurait *ji*. — Et ici (*b*) s'il y avait *é* ? — Il y aurait *bé*. — Ici (*k*) comment y aurait il, avec un *a* ? — *Ka*. — Ici (*q*) avec un *u* ? — *qu*. — Ici (*r*) avec un *e* ? — *re*.

Eh bien, peut-on dire à l'enfant, si je vous demande comment il y a dans l'une des cases de ce Tableau, vous me répondrez, comme vous l'avez déjà fait, qu'il n'y a rien faute de Voyelles ; mais si je vous demande comment vous appelez telle ou telle Consonne, vous ferez comme s'il y avait *e* après cette Consonne.

Voici donc la Consonne *h* (*he*), c'est-à-dire celle qui avec *e* ferait *he*; voici *r* (*re*), c'est-à-dire celle qui avec *e* ferait *re* ; ainsi des autres (*).

Quant à celle-ci (*g*), que je trouve dans deux cases, je ferai donc comme s'il y avait *e* dans chacune de ces deux cases et je l'appellerai *je-gue*; celle-ci (*c*) s'appellera, par la même raison, *ce-que*; cette autre (*s*) *se-ze* ; celle-ci enfin (*ch*) *che-ke*.

Mais si j'ai supposé la Voyelle *e* dans toutes les cases, ce n'a été que pour donner un nom à la Consonne. Quant aux Voyelles réellement écrites, il est bon de rappeler, 1° qu'après *g* dans la case de *gue*, on ne trouve qu'un *a*, un *o* ou un *u*, ainsi qu'après *c* dans la case de *q* ; tandis qu'après *g* dans la case de *j*, on ne trouve qu'un *e* (accentué ou non) ou un *i* ; comme après *c* dans la case de *s* ; 2° que pour pouvoir écrire un *a*, un *o* ou un *u* dans ces deux dernières cases (*je* et *ce*) il a fallu mettre un *e* muet entre le *g* et l'*a*, l'*o* ou l'*u*, et une cédille en dessous du *ç* ; 3° que pour pouvoir au contraire mettre un *e* ou un *i* après *g* dans la case de *gue*, il a fallu mettre un *u* muet entre la Consonne et la Voyelle ; 4° qu'après la Consonne *q* il y a toujours un *u* nul placé devant une Voyelle autre que *u* ; 5° que quoique *s* se trouve dans deux cases, on rencontre dans chacune toutes les Voyelles, ainsi qu'après toutes les autres Consonnes d'une seule Lettre ou de plusieurs, peu importe.

Tout cela se voit, au reste, en un seul coup-d'œil, dans le N° 18.

N°s 18 et 19.

Les Syllabes sont ici rangées de telle sorte que chaque carré ou case contient toutes les Syllabes homonymes, et que l'on peut, en cas d'erreur, décomposer la Syllabe pour mieux en voir les éléments.

On se rappellera, 1° que *c* se prononce comme *q* dans la case de *q*, et comme *s* dans celle de *s*.

2° Que *(ch)*, entre deux parenthèses, indique la Prononciation exceptionnelle *ke*, tandis que dans la case au-dessous on doit prononcer *che*.

3° Que *s* est égal à *c* dans la case de *c*, et à *z* dans la case de *z*.

4° Que *g* (*e*) indique *g* suivi d'un *e* muet devant une autre Voyelle.

5° Que *g* (*u*) indique *g* suivi d'un *u* muet devant une autre Voyelle.

6° Que *g*, non suivi d'une Voyelle intermédiaire, se prononce comme *j* dans la case de *j*, et comme *gue* dans la case de *gue*.

Le Tableau vuide N° 19 sera très utile pour fixer la mémoire de l'enfant, qui, à mesure qu'on lui indiquera avec le doigt une case vuide, devra dire d'abord si la Consonne correspondant horisontalement peut s'unir, dans cette case, à la Voyelle qui y correspond veriicalement, et, dans le cas où il peut

---

(*) L'enfant supposerait une autre Voyelle, que cela ne ferait rien, si ce n'est d'être contre l'usage.

y avoir Syllabe, quelle est cette Syllabe. On sera plus d'une fois obligé de revenir pour cela sur ses pas, ce n'est pas un mal; il ne s'agit ici que de mémoire, et l'enfance est riche sous ce rapport.

N°s 22, 23 et 24.

L'enfant connait les cases du Régulateur; c'est indubitable. Aussi dira-t-il sans travail quelle Consonne se trouve dans chacune des cases du n° 22. Cela fait, on n'a qu'à lui rappeler que tout ce qui se trouve dans ces mêmes cases doit se prononcer de même, pour qu'il dise de suite, sans aide et sans se tromper, le nom des Consonnes majuscules ou grandes Lettres du N° 23, quoique de formes différentes que les Lettres ordinaires. Le souvenir de la case applanit ici toute difficulté.

Le N° 24 montre assez que pour les Voyelles il en est de même que pour les Consonnes. Il n'y a rien à remarquer en outre, si ce n'est que quelquefois l'E, grande Lettre, peut et doit même, quoiqu'il n'ait point d'accent, se Lire comme s'il était accentué. On verra plus tard dans quel cas.

N°s 25 à 28. (*)

Voilà donc la 1ere Subdivision de la 8me Classe expliquée. La 2e ne comprend que l'Application-pratique des Règles de la 1re et quelques nouvelles Règles de conduite pour savoir dans quel cas on doit dire de telle manière, et dans tel cas de telle autre.

On devait ici séparer chaque Règle l'une de l'autre, et c'est ce que l'on a fait.

Viennent d'abord les Syllabes à Consonnes invariables et n'offrant par conséquent aucune difficulté; puis quelques Mots d'une, de deux, de trois et de quatre Syllabes; Syllabes que l'on a soin de faire souvent compter sur les doigts.

Vient ensuite un Exercice pour habituer à donner à l'e (appelé communément et très-mal à propos *muet*) le degré de force convenable.

e se prononce fortement quand il n'est pas à la fin d'un Mot de plusieurs Syllabes; mais dans ce dernier cas il est faible. Il n'y a, pour rendre l'e faible comme il faut, qu'à appuyer sur la Syllabe qui le précède, et à laisser aller celle formée par cet e.

Ce n'est pas encore le moment de dire à l'enfant que l'e fort est plus fort dans les Mots d'une seule Syllabe que dans ceux de plusieurs, et que l'e faible est plus faible après une Voyelle qu'après une Consonne; qu'il est même nul dans certains cas. Il ne nous comprendrait plus, et dès-lors on pourrait dire adieu aux progrès.

Quelques Mots de deux, de trois ou de quatre Syllabes habitueront les Elèves à appuyer sur la pénultième ou avant-dernière Syllabe, quelque nombre qu'il

---

(*) C'est le moment de donner aux Elèves des Ecoles le 1er Cahier des Exercices-pratiques.

y en ait. Et si malgré cela, ils prononçaient encore un peu fort les *e* faibles, il ne faudrait peut-être pas s'en plaindre, car ce défaut ne disparait que trop tôt pour faire place au défaut contraire, qui rend dans certain cas le discours inintelligible.

N°s 29 à 32.

Les N°s 29 et 31 offrent quelques Phrases composées de Syllabes à Consonnes invariables et par conséquent sans difficultés.

L'Elève n'éprouvera aucun embarras pour distinguer les Mots, à cause des blancs qui existent entr'eux; et, quant aux Syllabes, il les détachera avec aussi peu de peine; car, s'il trouve une Voyelle, il la prononcera; s'il trouve une Consonne, ne pouvant la prononcer toute seule, il la mariera à la Voyelle de droite; il fera enfin autant de parties de Mots qu'il y aura de Voyelles.

Un défaut est à éviter dans la Prononciation des Syllabes formées d'une Voyelle sans Consonne, venant immédiatement après un *i*. Dans la dernière Syllabe de *maria*, par exemple, beaucoup de personnes prononcent *ma-ri-ia*, en redoublant l'*i*; c'est une grave faute, il faut dire *Ma-ri-a*. De même, dans *marie*, où les uns prononcent *ma-ri-ie*, et les autres *ma-ri*, il faut dire *ma-ri-e*, en prononçant l'*e* très-faiblement.

Si, du reste, l'Elève trouvait la moindre difficulté à séparer comme il faut ses Phrases, les N°s 30 et 32 offrent les mêmes Phrases que les N°s 29 et 31, mais coupées par Syllabes, ce qui le facilitera beaucoup.

En marge se trouvent les petites Lettres ou Sœurs des grandes Lettres employées dans les Exemples, l'Elève n'y étant point encore assez habitué pour en retrouver le nom sans guide. Le grand E, qui est à la tête du mot *Emile*, lui fera voir qu'au commencement des Mots l'*e* (E) majuscule (quand il fait Syllabe à lui seul) s'emploie sans accent aigu.

N°s 33 à 36.

Les Consonnes variables *c* (*ce-que*) et *g* (*ge-gue*) ne se prennent dans les cases, l'une de *que*, l'autre de *gue*, que lorsqu'elles ne sont point suivies d'un *e* ni d'un *i*. L'enfant a déjà vu cette Règle, soit dans les premiers Tableaux, soit dans le Relevé synoptique N° 18; mais il l'oubliera peut-être plus d'une fois, car c'est des premiers éléments celui qui exige de sa part le plus d'attention, de raisonnement et de mémoire. Aussi sera-t-il bon de revenir aux premiers Tableaux, jusqu'à ce qu'il ne commette plus d'oubli à cet égard.

Quant à la Consonne *ç* (à cédille), pas de difficulté, puisqu'on ne la trouve que dans la case de *s*.

N°s 37 et 38.

Ils exercent l'Elève à discerner, dans la Lecture-pratique, la Voyelle nulle ou muette dont *q* et *g* sont suivis dans certains cas; ils lui rappellent qu'après *q* c'est toujours *u*; et qu'après *g* c'est tantôt *u*, pour faire prendre cette

Consonne dans la case de *gh*, quoique devant un *e* ou un *i*; tantôt *e*, pour la faire prendre au contraire dans la case de *j*, quoique devant un *a*, un *o*, ou un *u*.

C'est ainsi que le mot *gageure* sera par lui prononcé comme s'il était écrit *gajure*. Peut-être prononcera-t-il une première fois *gagure*, mais il reviendra au premier rappel de la Règle ci-dessus.

Quant à la difficulté que la prononciation du mot *gageure* peut présenter, par rapport à la Voyelle apparente *eu*, elle sera résolue en son lieu et place, N° 111. On n'a point à s'en occuper ici, l'enfant ne connaissant point encore les Voyelles composées, mais seulement les Voyelles simples (unilittères), précédées quelquefois d'une autre Voyelle nulle après *q* ou *g*.

N°s 39 et 40.

Ils ont pour but d'enseigner à l'Elève que si la Syllabe *ti* se prononce quelquefois comme *ci*, ce n'est jamais ni au commencement des Mots, ni devant une Syllabe commençant par une Consonne.

Quant aux Règles qui indiquent dans quel cas il faut prononcer *ti* ou *ci* devant une Voyelle, elles sont trop abstraites et d'ailleurs trop peu sûres pour en parler de sitôt à l'enfant. On les trouvera du reste dans un Tableau supplémentaire N° 269.

N°s 41 et 42.

Ils contiennent une Règle bien facile : le *s* (*se-ze*) se prend dans la case de *z* toutes les fois que dans le milieu des Mots (et non point au commencement) il se trouve non-seulement suivi, mais *précédé* d'une Voyelle. Dans *Rosalie*, la seconde Syllabe se prononce *za* et non pas *ça*, parce qu'avant, c'est-à-dire à gauche, il y a une Voyelle dans le même Mot.

N° 43.

Il offre un Exercice-pratique sur les *Consonnes-consonnes mariées*. *Consonnes-consonnes*, c'est-à-dire Consonnes plurilittères, formées de plusieurs Lettres-Consonnes ne comptant que pour une ; *mariées*, c'est-à-dire ayant quitté leurs noms individuels pour un nom nouveau et commun.

gn n'offre la prononciation ni du *g* ni du *n* : *gn* est donc une Consonne plurilittère mariée (*).

ph se trouve dans la case du *f*, et non point dans celle du *p*, dont la première Lettre a perdu le son : *ph* est donc une Consonne plurilittère mariée.

Ch, ne se prononçant ni comme *q* ni comme *s*, est donc aussi une Consonne mariée.

(*) On n'indique point ici la Prononciation de cette Consonne composée, parce qu'elle est inindicable par aucune combinaison de Lettres.

Quelquefois, il est vrai, *ch* se prononce bien comme *k*, quoique devant une Voyelle, mais ce n'étant guère que dans des mots d'origine étrangère et non française, l'Elève doit prononcer ordinairement *ch*, si son Maître ne l'avertit pas du contraire. Le N° 268 contient, au reste, une Liste des Mots les plus usités où le *ch* se prononce comme *k*.

N° 44.

L'on vient de voir que lorsque cette Consonne *h* se trouve jointe à un *p* ou à un *c*, elle en modifie l'articulation. Le N. 44 a pour objet de faire considérer cette Consonne comme ne se prononçant nullement quand elle est seule Consonne devant une Voyelle, au son de laquelle elle n'apporte d'ailleurs aucune modification.

Quant à la distinction des *h* initials, ce n'est point encore le lieu d'en parler.

N°s 45 à 48.

Ils ne donnent lieu à aucune nouvelle observation, n'étant que de nouveaux exemples des Règles qui précèdent.

N°s 49 à 55.

Le N° 49, le premier de la 7e Classe, contient à gauche les Consonnes *liées* avec *r*, et à droite les Consonnes *liées* avec *l*.

On appelle Consonne-consonne liée, celle qui, formée de plusieurs Lettres Consonnes ne comptant que pour une, laisse néanmoins entendre le son primitif de chacune des deux Consonnes qui la composent, Consonnes dont la 1re à gauche peut être cependant mariée, comme dans *phr*.

On peut être intimement lié avec quelqu'un, ne faire pour ainsi dire qu'un avec cet ami, marié ou non, et cependant porter un nom différent de celui de cet ami. Il en est de même des Consonnes liées. Quoique souvent en compagnie l'une de l'autre, quoique ne servant ensemble qu'à la même Syllabe, elles font sentir, dans la même émission de voix, l'articulation de l'une et de l'autre des Lettres qui la constituent.

On fera d'abord remarquer à l'Elève qu'après la première Lettre de ces sortes de Consonnes il n'y a point de Voyelles, et qu'il est par conséquent impossible qu'elle fasse Syllabe, si ce n'est en interrompant son articulation, pour prendre immédiatement celle du *r* ou du *l* qui la suit, et qui est lui-même suivi d'une Voyelle, sans laquelle il n'y aurait point encore de Syllabe.

On pourrait même faire provisoirement supposer la Voyelle après la première Lettre Consonne, ainsi qu'après la seconde; mais alors il faudrait faire remarquer que cela formerait deux Syllabes bien distinctes, ce qui ne saurait être, puisque réellement il n'y a qu'une Voyelle et par conséquent qu'une Syllabe. On aurait donc à montrer par un exemple la manière de faire de ces deux Syllabes une seule.

L'exemple, en effet, sera ici plus puissant que la démonstration, laquelle pourrait bien, si elle n'était pas claire et briève, ennuyer l'enfant sans lui rien enseigner.

Quant aux Consonnes liées *gr* et *gl*, on remarquera que la première Consonne n'étant suivie ni d'un *e*, ni d'un *i*, doit se prendre dans la case de g*ue*, et non point dans celle de *j*. Le même raisonnement s'appliquera aux Consonnes *cr* et *cl*.

Au reste, les Consonnes qui se trouvent au milieu du Tableau N° 49, indiquent assez dans quelles cases *g* et *c* doivent être pris devant une Consonne.

Quant à la Consonne *ch*, qui, devant une Voyelle, ne se prononce *k* que par exception, elle doit constamment se prendre dans la case de *k* devant une Consonne, et non point dans celle de *ch*. *Chr* et *Chl* doivent donc se prononcer comme *kr* et *kl*.

Il n'est pas inutile d'observer que chaque groupe de Consonnes liées est à peu près sur la même ligne que la Voyelle du milieu, qui doit se lier avec le *r* ou le *l*.

On pourra, on devra même, après avoir montré ces sortes de Consonnes plurilittères sur le Régulateur, où la colonne des *r* est du côté de *r*, et la colonne des *l* est du côté de *l*, appliquer ce Tableau à jours sur les N°s 3 à 16 déjà vus; mais en syllabant, cette fois, tant l'Édifice du milieu que les colonnes, et non point encore cependant les Consonnes *x* et *ill*, qui seront enseignées un peu plus loin.

On passera ensuite au Relevé synoptique des Syllabes liées (N°s 50 et 51), duquel on arrivera à l'Exercice-pratique par Syllabes, Mots et Phrases, contenu dans les N°s 52 à 55, n'oubliant pas que si l'enfant, quand il en est aux Phrases, n'en sépare pas bien les Syllabes, il y a toujours après, le même Exemple avec les Syllabes détachées, pour montrer à l'enfant comment il doit faire.

N°s 56 à 64.

La Consonne *h* placée immédiatement après une autre Consonne, comme dans le N° 56, n'en modifie pas ordinairement l'articulation (sauf toutefois les Règles concernant *ph* et *ch*). *Rh*, *vh*, *th*, *lh*, etc. se prononcent donc comme s'il n'y avait que *r*, *v*, *t*, *l*, etc.

Les plus usitées de ces Consonnes sont *rh* et *th*. Parmi les autres, qui sont rarement employées, il est à remarquer que *sh* peut quelquefois se prononcer *ch* au commencement des Mots, et quelquefois *zh* au milieu. — *nh* se trouve aussi pour *gn* dans quelques noms d'hommes; enfin, *ilh* se prononce comme les *ll* mouillés, soit après une Voyelle, soit quand l'*i* sert lui-même de Voyelle à la Consonne qui précède; mais ceci ne doit être dit à l'enfant qu'après que l'on aura expliqué (N° 67) ce qui concerne la Consonne mouillée *ill* (*llieu*).

L'Apostrophe placée après les Consonnes dans les N°s 57 et 58, ne doit pas être confondue avec la Virgule; celle-ci, signe de séparation et de silence, se place en bas; celle-là, signe de réunion, se place en haut, pour indiquer qu'on a enlevé la Voyelle finale d'un mot, et qu'on doit mettre à sa place la lxj

Voyelle initiale du mot suivant, de manière à ce que de deux Mots on n'en fasse plus, en apparence, qu'un seul.

Il n'y a d'autre observation à faire sur l'Apostrophe, si ce n'est que la Consonne qui en est suivie n'est jamais modifiée dans son articulation.

Le Relevé synoptique et les Exemples donnés dans les Nos 61 à 64, seront plus que suffisants pour habituer les Elèves à ne considérer l'Apostrophe et le *h* après une Consonne que comme des signes assez insignifiants, pour eux du moins.

Il est bon d'observer qu'à partir du N° 64, les Phrases coupées par Syllabes contiennent la Prononciation figurée. Ce sera souvent plus que nécessaire. On trouvera peut-être que l'on s'est, à cette occasion, écarté quelquefois de l'usage et c'est parce que l'usage a paru quelquefois s'éloigner de la raison et de la vérité.

Nos 65, 66 et 67.

Le N° 65 montre les Consonnes *x* et *ill* en dehors de l'Edifice du Régulateur, pour avertir qu'elles sont en dehors des Règles.

X est en effet une Consonne mixte, participant, par sa forme, des Consonnes unilittères, et par le fait, des Consonnes plurilittères, puisqu'elle représente tantôt *gz*, tantôt *qs*.

La Consonne *ill* (*llieu*) participe au contraire des Consonnes plurilittères quant à la forme, et des Consonnes ordinaires quant à l'articulation. L'*i* qui se trouve en tête fait partie intégrante de cette Consonne, en ce sens qu'il indique qu'il ne faut pas la confondre avec la double Consonne *ll*, dont il sera parlé au N° 68, et qu'il faut, en la prononçant, charger sa langue d'un peu de salive, à cause de quoi on l'appelle Consonne mouillée.

Quant à la manière exacte de la prononcer, il est aussi difficile de l'indiquer, que d'indiquer celle d'une Consonne ordinaire quelconque, si ce n'est par imitation. Elle offre une certaine difficulté dans son articulation, et c'est-là la raison sans doute qui a porté un ou deux Grammairiens modernes à vouloir la supprimer, même au milieu des Mots, et à transporter dans les salons une Prononciation d'antichambre. C'est un peu faire l'Alexandre en Grammaire que de trancher ainsi la difficulté, et je ne sais pourquoi on voudrait supprimer *ill* (*llieu*) toutes les fois qu'il est *Consonne initiale d'une Syllabe*. A la fin des Mots, à la bonne heure, c'est naturel et dans la règle; mais au commencement d'une Syllabe, je ne connais que le *h* qui ait ce privilège, à cause de l'étymologie; encore même a-t-il souvent de l'influence sur la Prononciation, en indiquant une pulsation plus forte que d'ordinaire. La Consonne *ill* (*llieu*) veut être *mouillée* et non *supprimée*. Si *mouiller* et *supprimer* étaient synonymes, le Pressier d'une imprimerie, par exemple, qui a reçu du papier à *mouiller*, pourrait le dérober ou le *supprimer*, sans que le Chef de l'établissement eût à s'en plaindre le moins du monde. La raison d'Euphonie sera-t-elle invoquée en faveur de la suppression? Je ne vois pas qu'il y ait dans cette Consonne, bien prononcée, rien de plus désagréable que dans *ch*, par exemple. — Bien au contraire. Or, puisque *ch* est autant et plus difficile à prononcer que *ill*, faudra-t-il supprimer *ch*? Mais *ill*, dit-on est une Consonne mouillée! Que faire alors de *gn*, autre Consonne mouillée? Nous avons dans *ill* une Consonne qui donne au langage plus de variété : Conservons-la. Pourquoi aliéner gratuitement ce que l'on a? Pourquoi prononcer *baillonne* comme *baïonne*?

Prenant donc les choses telles qu'elles sont, le Maître montrera *x* et *ill* sur le Régulateur, qu'il appliquera de nouveau sur chacune des pages 3 à 16, à faire dire cette fois en entier (tout au moins les pages de droite), afin que l'Élève les sache d'une manière plus qu'imperturbable. On se convaincra que cette répétition est non-seulement utile, mais qu'elle prendra peu de temps, l'enfant n'hésitant déjà plus.

On aura soin de faire lire le Syllabé de *x* au bas du N° 65, de deux manières, savoir, d'abord par *gz*, et ensuite par *qs*.

Dès le N° 66, l'Enfant aura à remarquer une chose très-essentielle, c'est que la Voyelle *e*, quoique non accentuée, se prononce *é*, quand elle forme à elle seule ou qu'elle termine la Syllabe qui précède celle commençant par la Consonne *x*. On rappellera à l'Élève qu'il a été averti, dès le N° 1, que l'*e* non accentué se prononçait, en effet, quelquefois *è*, quelquefois *é*, quelquefois *a*; ce que l'on verra du reste mieux bientôt.

Quant aux Règles de Prononciation exposées dans ce N° 66, il n'y a rien à ajouter, si ce n'est que *x* se prononce aussi *gz* au commencement des Mots.

Le N° 67 enseigne que l'*e* non accentué se prononce encore ouvert devant la Consonne *ill*, mais non pas quand cet *e* est précédé d'un *u*. C'est une particularité qu'il faut bien retenir pour n'être pas embarrassé dans la prononciation des Mots *orgueil*, *orgueilleux*, quand nous les rencontrerons, et dans lesquels nous prononcerons *gue* et non pas *güé*, de la même manière que nous prononçons *cue* (*que*), et non pas *cué* dans *accueil* et *recueil* : Mots dans lesquels on observera que l'*u* a encore la propriété, quoique ne se prononçant pas, de faire prendre la Consonne *c* dans la case de *q*.

Quelquefois l'*i*, placé en tête de la Consonne *ill*, pour indiquer qu'elle doit se mouiller, sert en même temps de Voyelle à la Consonne d'avant, qui n'en a pas d'autre. Dans *f-ille*, par exemple, la Consonne *f* n'ayant point de Voyelle, emprunte l'*i* de la Consonne *ill*, et le lui rend ensuite ; on fait donc comme s'il y avait *fi-ille*. Il faut même le dire, il serait à désirer qu'on l'écrivît ainsi, pour n'être pas exposé à confondre plus d'une fois la double Consonne *ll* (*le*) avec la Consonne *ill* (*llieu*), qu'on pourrait aussi remplacer par ce signe: ⋌, ce qui vaudrait encore mieux.

N°ˢ 68 à 75.

Si nous nous souvenons que, quelques Consonnes qu'il y ait dans les Cases, on prononce toujours comme s'il y avait la Consonne originaire, nous ne serons pas étonnés que deux Consonnes, semblables de forme, accolées l'une à l'autre dans une même case, se prononcent comme s'il n'y en avait qu'une. Ces deux Consonnes ne seraient pas semblables, que, si elles peuvent d'ailleurs se prendre isolément dans la même case, cela suffit. Ce sont plus que des Consonnes-consonnes liées, ce sont des Consonnes-consonnes *sœurs*.

Il y a ici lieu de considérer que deux *g* et deux *c* ne comptent que pour un, seulement devant *a*, *o* et *u*, et non point devant un *e* ou un *i*, où il y a complication de Règles ; car, dans *gge*, par exemple, le premier *g*, par cela qu'il n'est point suivi ni d'un *e* ni d'un *i*, doit se prendre dans la case de *gue* ; et le second *g*, par cela qu'il est au contraire suivi d'un *e*, doit se prendre dans la case de *je*. Le même raisonnement s'applique à *cc*, qui par conséquent devant un *e* ou un *i*, doit se prononcer comme *qs*. C'est ce qui fait que dans la case de *s*, pour redoubler le *c* devant un *e* ou un *i*, on a été obligé de remplacer celui de gauche par un *s*.

Quant aux deux *ss*, ils doivent toujours se prononcer *ce*, et jamais *ze*, parce que ni l'une ni l'autre de ces deux Lettres ne se trouve entre deux Voyelles.

Observons maintenant qu'en Règle générale la Voyelle *e*, qui précède deux Consonnes semblables, ou prises dans une même case, se prononce *é*. C'est ce que le N° 71 a pour but de faire comprendre. Mais on remarque dans ce N° et dans le suivant, plusieurs restrictions à la Règle générale ; savoir : que devant *f* redoublé, *e* se prononce quelquefois comme *é*, et cela au commencement des Mots ; que devant *m* redoublé, *e* se prononce très-souvent comme *a* ; que devant *s* redoublé, *e*, commençant le Mot, ou précédé de la Consonne *d*, se prononce *é*, si ce n'est dans les Mots *dessus* et *dessous*, où l'on prononce *e*, ainsi que dans les Mots où l'*e* se trouve précédé de *r*.

La double Consonne *ll* peut être précédée d'une Syllabe terminée par un *i*, comme dans le mot *vi-llage*. On remarquera qu'ici le tiret est après l'*i* (au contraire de ce que nous avons dit sur les Mots de la 3ᵉ colonne de la page 67), afin de marquer que l'*i* appartient à la Syllabe de gauche, et non point à la Consonne de droite.

Mais, dans les Livres, où les Mots ne sont pas écrits par Syllabes détachées, comment faire pour reconnaître, dans un cas semblable, si l'*i* appartient à la Syllabe de droite ou à celle de gauche ? Il n'y a malheureusement, en ce cas, d'autre Règle que l'usage et l'étymologie, c'est-à-dire, que pour l'enfant il n'y a point du tout de Règles. Mais il pourra avoir recours à la Liste, que le N° 267 *bis* contient, des Mots dans lesquels la Consonne mouillée *ill* prête l'*i* à la Consonne de gauche. Si le Mot qu'il cherchera ne s'y trouve pas, c'est que c'est le double *l* ordinaire, et non point les deux *ll* mouillés.

N°ˢ 76 à 80.

Le N° 76 contient les mêmes Consonnes que d'ordinaire, mais toutes précédées d'un *s* qui n'est pas précisément là pour être prononcé, puisqu'il n'a aucune Voyelle après lui, mais seulement pour indiquer que les Consonnes doivent être précédées d'une espèce de sifflement doux et léger.

On trouve en outre, dans le bas, quelques groupes de Consonnes liées, en dehors des Règles du N° 49. Parmi elles se rencontre *gn*, qui, au commencement des Mots, cesse d'être Consonne mariée, et fait par conséquent entendre l'articulation ordinaire de chacune de ses deux Lettres.

Là se termine la 1re grande Division de la Tabellégie, où se trouve expliqué le frappement de toutes les Consonnes, soit unilittères, soit plurilittères, contre une Voyelle monophtongue unilittère.

EXPLICATION
DE LA
DEUXIÈME GRANDE DIVISION

COMPRENANT LES SYLLABES A VOYELLES-VOYELLES, ET FORMANT LES 6ᵐᵉ ET 5ᵐᵉ CLASSES.

Cette expression *Voyelle-voyelle* n'est que l'abrégé de *Voyelle composée de plusieurs Lettres toutes Voyelles*. Il suffit de le dire une fois aux enfants pour qu'ils le comprennent et le retiennent.

Les Voyelles-voyelles sont ou *Monophtongues* ou *Polyphtongues*; Monophtongues, lorsqu'elles n'indiquent qu'un seul son, bien qu'ayant plusieurs Lettres ; Polyphtongues, quand elles en indiquent plusieurs. Pour l'enfant, qui aurait de la peine à retenir de semblables Mots, les Voyelles-voyelles sont ou *mariées*, ou *disjointes*, ou *liées*. C'est ce que les Tableaux suivants ont pour but de leur inculquer.

Nᵒˢ 81 à 98.

Toute Voyelle *non accentuée* (excepté *u* et *i*) et suivie immédiatement d'un *u* ou d'un *i*, se marie avec lui de manière à n'indiquer ensemble qu'un seul et nouveau son.

Le Nᵒ 81 contient un Tableau des Voyelles *mariées*, autrement dites *conjointes*, lesquelles ont changé de demeure, comme pour nous apprendre qu'en se mariant elles ont aussi changé de nom.

A droite, dans le bas, est le quartier des Voyelles mariées avec un *u*; à gauche est celui des Voyelles mariées avec un *i*.

Quant aux sons par elles indiqués, ils ont, à peu de chose près, pour identiques, ceux des Voyelles simples placées dans le haut, et auxquelles elles correspondent.

On peut dire à ce sujet aux enfants que ces Lettres ont changé de nom en se mariant, tout comme une demoiselle, quand elle se marie, change le nom de la famille où elle est née, pour celui de la famille où elle entre. La maman de tel Elève, par exemple, comment s'appelait-elle avant de se marier ? M.ˡˡᵉ *** : aujourd'hui, c'est Mᵐᵉ ***

Quoi qu'il en soit, *eu* et *œu* se prononcent le plus ordinairement à peu près comme *e* qui est dessus; mais toujours fort, jamais faible. Quant à *œ* on prononce tantôt *eu*, tantôt *é*.

Au correspond à *o*, mais avec cette différence que *o* se prononce ouvert,

f

et *au* fermé. *Ai* et *ei* ont deux Prononciations : l'une et l'autre de ces Voyelles-voyelles indiquent tantôt le son de *è*, tantôt celui de *é*.

Pour ce qui est des Voyelles-voyelles *ou* et *oi*, elles n'ont point d'identique dans notre Langue. L'une et l'autre ne peuvent être indiquées que par la parole, surtout *ou*.

Quant à *oi*, quoique inindicable d'une manière exacte, on peut au moins figurer sa Prononciation d'une manière approximative que voici :

óà

c'est-à-dire par un *o* fermé très-bref, tenant le milieu entre *o* et *ou* et un *a* ouvert, un peu moins bref pourtant, le tout réuni dans une seule et même émission de voix.

Au reste, la meilleure manière de prononcer cette Diphtongue mariée, sera puisée dans l'exemple des personnes qui parlent bien ; car elle a jusqu'à présent été fort mal indiquée par les Grammairiens même les plus haut placés dans l'opinion publique. Les uns veulent *oué*, les autres *ouá*, ceux-ci, *oá*, ceux-là, *oé* ; tout cela me paraît être à côté de la vérité, mais ne l'être pas. Celui donc qui enseigne que *loi, foi, mois, pois, bois* se prononcent *loé, foé, moá, poá, boá*, enseigne aussi mal que celui qui fait prononcer *loué, foué, moua, poua, boua*. Un juste milieu entre ces deux manières est la seule véritable. Quand je vois figurer la Prononciation de *foisonner, loi, royal*, par *foézoné, loè, roèial*, je me rappelle involontairement ce niais provincialisme : *moè, toè et le roè, ça fait troè*.

Dans la Prononciation figurée des Exemples de la Tabellégie on trouvera *oi* indiqué par *óà*. C'est une faute grave, en ce sens que l'*o* doit bien être, comme l'indique l'accent circonflexe, fermé, mais bref. On lira donc partout comme s'il y avait *óà*. Encore répète-t-on que ceci n'est qu'approximatif.

Mais après l'Exercice-pratique N° 82, venez-en à l'application du Régulateur sur chacune des Voyelles-voyelles mariées (N° 83 à 98 inclusivement). Voyez du moins les pages de droite, et lisez-les en entier, afin que vos Élèves s'habituent parfaitement à ces Voyelles plurilittères, nouvelles pour eux, et qui demandent encore un certain temps et un peu de patience de votre part,

N°s 99 à 104.

Je recommande le Relevé Synoptique que contiennent ces N^{os}, où l'on trouve tant les Voyelles simples, que les Voyelles-voyelles.

Ai et *ei* sont placés entre deux lignes de points pour indiquer que ces Voyelles-voyelles peuvent se prononcer, soit comme à gauche, soit comme à droite.

Les autres Règles sont les mêmes que pour le 1er Relevé Synoptique (N° 18).

Il n'y a plus, au reste, d'inconvénient à arrêter l'enfant sur des Syllabes isolées, tant qu'il n'est pas parfaitement solide ; car il sait à présent à quoi peuvent servir les Syllabes, et il peut attendre un peu plus qu'on lui montre des Mots et des Phrases.

Nos 105 à 110.

Les Voyelles conjointes, ou mariées, comme on voudra les appeler, jouent un rôle assez important dans la Lecture, pour qu'après avoir fait sur chacune un Exercice théorique, on fasse aussi sur chacune un Exercice pratique. C'est à cela que sont destinés les Nos 105 et 106, pour la Voyelle mariée *ou*, laquelle, au reste, qu'elle ait, ou non, un accent grave sur l'*u*, est invariable dans sa Prononciation.

Les Nos 107 et 108 habituent à la Voyelle mariée *au*, précédée ou non d'un *e* non accentué et sans valeur, du reste, ce dont on va bientôt voir la raison au N° 119. *Au* et *eau*, on ne doit point l'oublier, se prononcent aussi fermé que l'*ó* surmonté d'un accent circonflexe, sans cependant qu'on doive y appuyer autant. On ne doit même ne faire remarquer cette distinction à l'enfant, que lorsqu'il aura vu ce qui concerne l'accent circonflexe (Nos 191 et suivants). L'exemple est en ce moment la règle la plus essentielle pour lui.

Les Nos 109 et 110 exercent à la pratique des Voyelles mariées *eu* et *œu*, qui se prononcent presque ouvertes, quand l'*u* n'a point d'accent circonflexe.

On remarquera aussi, dans cet Exercice, que la Voyelle mariée *œ* se prononce *eu* devant la Consonne mouillée *ill*.

N° 111.

Ce N° donne la solution de deux difficultés qui ne sont graves qu'en apparence.

1° Comment, après la Consonne *g*, reconnaître que *eu* est la Voyelle mariée se prononçant comme *e* fort, ou la Voyelle simple *u*, précédée de l'*e* muet pour faire prendre le *g* dans la case de *j*, c'est-à-dire pour faire prononcer *ju* au lieu de *gu* ?

2° Comment expliquer à l'enfant, sans le secours de la Grammaire, les cas dans lesquels la Voyelle mariée *eu*, même non précédée de *g*, doit se prononcer comme *u*, ce qui n'a lieu que dans les divers temps du verbe *avoir* ?

Voici la réponse à l'une et à l'autre question.

Pour ce qui est de *eu* précédé de *g*, c'est la Voyelle mariée, si elle fait partie de la terminaison du Mot ; c'est au contraire *u*, précédé de l'*e* muet, si le *g* ne frappe pas immédiatement sur la terminaison. Il n'y a donc aucune difficulté quand le *g* frappe sur une dernière Syllabe : c'est toujours la Voyelle mariée *eu*. Mais dans les terminaisons en *geuse*, pour que l'enfant puisse s'assurer que *eu* appartient à la terminaison, quoique n'étant pas la dernière Syllabe, il faut lui faire remarquer que cette Syllabe *eu* peut devenir la dernière, si, au lieu de parler d'une femme, par exemple, on parlait d'un homme, en laissant au Mot sa même signification. *Courageuse* peut, en effet, faire *courageux* ; *rieuse* peut faire *rieur*. Mais quand le Mot finit en *geure*, comme, dans ce cas, *eu* ne peut pas se trouver à la dernière Syllabe, sans que le sens du Mot en soit altéré, alors c'est *u* précédé de l'*e* nul : *gageure*, *égrugeure* doivent donc se prononcer *gajure*, *égrujure*.

lxviij

Pour ce qui est de *eu*, se prononçant par fois *u*, quoique non précédé de *g*, on demande dans quel cas. Cela a lieu toutes les fois que cette Voyelle-voyelle se trouve, non précédée d'une Consonne, au commencement d'un Mot autre que *eux*, qui n'a qu'une ou deux Syllabes au plus, et point de majuscule en tête. Les Mots *eu*, *eue*, *eusse*, etc. se prononceront donc *u*, *ue*, *uce*, et cela parce qu'ils n'ont pas plus de deux Syllabes et ne prennent pas de majuscule. *J'eusse* se prononcera aussi *j'uce*, parce que l'Apostrophe marque suffisamment que la Voyelle qui la suit commence le Mot. Dans *Europe*, au contraire, on dira *eu*, et non pas *u*, 1° parce que ce Mot prend une Majuscule ; 2° parce qu'il a plus de deux Syllabes.

Au reste, tout ceci est plus long à mettre sur le papier, qu'à faire comprendre à l'Élève ; on peut en être assuré. Il n'y a qu'à ne pas entraver sa marche par des obstacles qu'il ne doit rencontrer que plus tard, pour les franchir alors avec facilité, et qui vus trop tôt seraient insurmontables.

N°s 112 à 116.

Le N° 112 offre un Exercice pratique sur la Voyelle mariée *oi*. On n'a ici qu'à rappeler ce qui a été dit à son sujet dans l'Explication du N° 81.

Les N°s 113 et 114 contiennent des Exemples des Voyelles-voyelles *ai* et *ei* se prononçant toutes deux comme *è* ouvert, ainsi que quelquefois *oi*, mais seulement dans les anciens Livres.

Ai et *ei* se prononcent aussi comme *é* fermé, dans plusieurs circonstances, notamment *ai* à la fin d'une foule de Mots. Mais à cet égard l'usage et la Grammaire feront plus que les Principes de Lecture, qui sont assez muets sur ce point. Les N°s 115 et 116 aident à la vraie Prononciation pratique de ces deux Voyelles, et enseignent en même temps que *œ*, non suivi de la Consonne *ill*, ne se prononce plus *eu*, mais *é*.

N°s 117 et 118.

Ces N°s font justement observer que les Voyelles qui précèdent la Consonne mouillée *ill*, ne se marient jamais avec l'*i* qui est en tête de cette Consonne ; parce que, bien que cet *i* soit à leur droite, il n'appartient pas, nous l'avons déjà dit, à la Syllabe de gauche, puisqu'il y a une Voyelle, mais bien à la Consonne de droite, pour indiquer qu'il faut la mouiller.

N°s 119 et 120.

L'enfant connait deux sortes d'*e* : les *e* accentués, et ceux qui ne le sont pas. Il est bon de le lui rappeler ici, en lui enseignant combien il y a des uns et des autres.

Or, les *e* accentués sont au nombre de quatre.

1° L'*e fermé* ; il le connaît : é.

2° L'*e ouvert*; il le connait aussi : è.
3° L'*e ouvert et long*, dont on va lui parler au N° 121 : ê.
4° L'*e accentué de deux points*, dont on l'entretiendra dès le N° 127 : ë.
Les *e non accentués* sont aussi au nombre de quatre :
1° L'*e fort*; celui qui n'est pas à la fin d'un Mot de plusieurs Syllabes (*).
2° L'*e faible*; celui qui est à la fin des Mots de plusieurs Syllabes (**).
3° L'*e* totalement *muet*, soit après un *g*, soit devant un *a*, un *o*, ou un *u*, soit après ou avant une Voyelle avec laquelle il ne saurait se marier dans le milieu des Mots ; soit à la fin des Mots, mais seulement après une Voyelle mariée avec un *i*.
4°. L'*e non accentué variable*, c'est-à-dire se prononçant comme s'il était accentué, lequel se subdivise lui-même en quatre, puisqu'il se prononce, savoir :
è en général devant deux Consonnes semblables ; devant *x* ; devant *ill*, etc.
é, devant deux *f*, ou deux *s*, au commencement des Mots, etc.
a, presque toujours devant deux *m*, etc.
e, par exception, dans certains cas, quoique devant les deux Consonnes semblables *ss*.
Les N°s 119 et 120 ont pour objet d'habituer les Elèves à distinguer les *e* qui ne doivent être nullement prononcés, dans le milieu des Mots, soit avant, soit après une Voyelle mariée, ou une Voyelle simple avec laquelle il ne saurait lui être permis de se marier, et à la fin des Mots après une Voyelle mariée avec un *i*.
Cet Exercice important termine la 6me Classe.

N°s 121 à 126.

La 5me Classe commence par montrer un Tableau des Voyelles à accent circonflexe, sorte de coiffure qui les signale, pour ainsi dire, comme des paresseuses à trainer en parlant ; coiffure qui, quoique placée sur un *u* ou sur un *i*, n'empêche pas les autres Voyelles non accentuées de se marier avec lui.
On fera prononcer â et ê très ouverts ; ô et eû, au contraire, bien fermés ; et les autres Syllabes du Tableau N° 121, à peu près comme d'ordinaire, sauf la durée.
Un Relevé Synoptique et quelques Exemples pratiques rendront familières à l'enfant les Voyelles surmontées de cet Accent tombant des deux côtés.

N°s 127 à 130.

Si l'Accent circonflexe, cette espèce de bonnet de Voyelle paresseuse, n'empêche pas *u* et *i* de se marier avec les Voyelles non accentuées qui les précèdent, il n'en est pas de même du *Tréma*, je veux dire des deux points qu'on rencontre quelquefois sur l'*u* ou sur l'*i*, et qu'on y a placés comme l'on attache

---

(*) Et qui est plus fort dans les monosyllabes que dans le cœur des polysyllabes.
(**) Et qui est plus faible après une Voyelle qu'après une Consonne.

des cornes d'âne aux enfants qui ne veulent pas être attentifs à la Leçon, ou qui ont fait quelque autre sottise. Quoi qu'il en soit, le Tréma est comme une marque ignominieuse qui empêche les Voyelles *u* et *i* de se marier, probablement pour les punir de quelque faute par elles commise, mais franchement je ne sais laquelle. La Voyelle qui précède se prononce donc séparément, ainsi que l'*u* ou l'*i*.

On trouve aussi quelquefois le tréma sur l'*e*, notamment après *gu*, pour indiquer que l'*ë* n'appartient pas à cette Syllabe, dans laquelle l'*u* n'est par conséquent pas nul (*).

Les N°s 127 à 130 habituent à lire couramment ces Voyelles disjointes par le tréma.

N°s 131 à 136.

Mais les Voyelles ne sont pas seulement disjointes par le tréma, elles peuvent encore l'être par leur déplacement. Les Voyelles non accentuées, avons-nous dit, se marient avec l'*u* ou l'*i* qu'elles ont à leur droite; voilà qui est bien. Mais si cet *u* ou cet *i*, au lieu d'être à droite, se trouve au contraire à gauche, il n'y a plus alors mariage, il y a tout au plus divorce. On est d'autant plus disposé à le croire, que l'on voit ces Voyelles, qui sans cela seraient mariées et bien unies, se tourner en quelque sorte le dos l'une à l'autre, comme feraient deux personnes brouillées. Aussi font-elles ménage à part, je veux dire que chacune fait Syllabe de son côté.

Il n'y a rien à remarquer dans les Exemples à l'appui de cette Règle que les N°s 131 à 136 ont en vue d'enseigner et de rendre familière à l'Élève, si ce n'est que, lorsque ces sortes de Voyelles disjointes ou divorcées terminent un Mot, l'*e* final qui suit l'*u* ou l'*i* devient très-faible, presque muet dans certains cas.

N°s 137 à 143.

Si nous avons parlé des Voyelles divorcées, il est bien juste que nous disions quelques mots des Voyelles amies ou *liées* entr'elles. Quoique ayant beaucoup de rapport avec les Voyelles divorcées, puisque la plupart ont un *u* ou un *i* à gauche, elles n'en sont pas moins tellement unies, qu'elles ne forment qu'une seule Syllabe, bien que les deux Voyelles qui la composent fassent entendre chacune le son qui lui est propre. Il n'y a parmi ces *Diphtongues*, c'est-à-dire, parmi ces Voyelles à deux sons, que *oi* qui soit réellement mariée, autrement dit qui fasse entendre des sons différents de ceux des Lettres qui la composent. Les autres ne sont que *liées*; et, comme nous l'avons dit, conservent leurs noms individuels. Il est cependant à observer que l'une ou l'autre, et même l'une et l'autre des Voyelles constitutives des Diphtongues, peuvent être ou *simples*, ou *mariées*.

(*) Le Tréma est en définitive, dans la Lecture ordinaire, ce que le Bécarre est dans la Lecture de la Musique. Il rend au signe qui en est affecté l'indépendance qu'une position de circonstance lui avait fait perdre.

Un long usage est nécessaire pour bien discerner certaines Voyelles *liées*. Quelques Exemples pratiques étaient donc ici plus que nécessaires.

La 3me Colonne du N° 142 offre quelques Mots où *gui* doit se prononcer en diphtongue, malgré la Règle générale posée au N° 10.

N°s 144 à 146.

On a parlé de l'*y grec*, dès le commencement, comme d'une Voyelle unilittère simple. Mais, placé au milieu d'un Mot, entre deux Voyelles, ou tout au moins après une, *y* compte pour deux *i*, dont le premier est censé se marier à gauche, et le second s'unir à droite. Les N°s 144 et 145 parlent de cette Voyelle-voyelle unilittère.

Il est à observer qu'à la fin des Mots, *y*, quoiqu'après une Voyelle, ne compte que pour un seul *i*, quand d'ailleurs il ne fait pas diphtongue avec cette Voyelle.

Quelquefois *y*, placé même entre deux Voyelles, ne compte que pour un seul *i*. Quand cette exception, qui devrait être marquée par un tréma, et que rien cependant ne désigne, a lieu, la Voyelle qui précède l'*y* se prononce d'abord séparément, et celui-ci fait ensuite diphtongue avec la Voyelle qui le suit.

Toutefois, quand il y a lieu de couper les Mots, il est facile de marquer cette différence de Prononciation par la manière de placer le Tiret. Mis après l'*y*, c'est une preuve qu'il compte pour deux ; mis avant, c'est une preuve du contraire.

N°s 147 à 152.

Le petit Conte, composé de Syllabes à Voyelles simples ou à Voyelles-voyelles, que contiennent les N°s 147 à 152, n'a d'autre but que d'habituer de bonne heure à lire quelque chose de suivi, tout en appliquant les Règles déjà apprises, sans cependant toucher à celles non encore vues. Cette dernière condition a gêné singulièrement la rédaction ; mais il s'agit ici bien moins de pureté de style que d'un ordre à ne jamais intervertir, si l'on veut que la Méthode soit réellement profitable.

Ce petit Conte termine la 2me grande Division.

EXPLICATION

DE LA

TROISIÈME GRANDE DIVISION

COMPRENANT LES VOYELLES-CONSONNES, ET FORMANT LES 4me ET 3me CLASSES.

L'expression de *Voyelle-Consonne* n'est encore qu'une manière éliptique de parler. Cela veut dire, *toute Voyelle suivie d'une Consonne qui s'unit avec elle à gauche, faute de trouver à s'unir à droite avec une autre Voyelle.*
Les Voyelles-Consonnes se divisent en trois sortes, savoir :
1° Celles où la Consonne a le son modifié ;
2° Celles où la Consonne conserve son articulation ordinaire ;
3° Celles où la Voyelle désunit deux Consonnes semblables, pour s'unir avec la première, et laisser l'autre se marier séparément à droite.

N°s 153 à 168.

La première sorte de Voyelles-Consonnes comprend non-seulement les Syllabes nazales *an*, *in*, *on*, *un*, etc. mais encore les Syllabes mouillées *ail*, *eil*, etc.
La Tabellégie a cru devoir renvoyer l'Explication de ces dernières au N° 201, parce qu'elles sont toujours terminatives d'un Mot, et que pour le moment on ne doit s'occuper des Voyelles-Consonnes que prises isolément, et abstraction faite de leur position.
Le N° 153 ne contient donc que le Tableau des Voyelles-Consonnes nazales, dans lesquelles, quand on les dissèque, on discerne fort bien d'abord le son pur de la Voyelle, et ensuite le bruit sourd qui précède l'articulation ordinaire de la Consonne ; bruit, au reste, qui étant presque le même pour le *m* que pour le *n*, fait prononcer de même, qu'il y ait dans la Syllabe nazale l'une ou l'autre Consonne.
Le Maître lira d'abord lui-même le Tableau, pour que l'Élève puise dans l'Exemple la meilleure manière de prononcer ces Syllabes, que quelques personnes rendent, il faut en convenir, d'une manière insoutenable.
Il fera remarquer que, dans la Colonne de *an*, *e* prend le son de *a*; que, dans la colonne de *in*, *i* prend le son de *è* ; que, dans la colonne de *un*, *u* prend le son de *eu* ouvert ; enfin, que dans chaque case toutes les Syllabes se prononcent de même, que la Consonne soit un *m* ou un *n*; que la Voyelle qui précède la Consonne soit simple ou mariée ; que ces Syllabes enfin soient, ou

non, précédées d'un *e* muet. Mais lorsque c'est un *u* ou un *i*, on prononce cet *u* ou cet *i*, de manière à faire, suivant le caprice de l'usage, ou une Syllabe liée (diphtongue), ou deux Syllabes disjointes.

Le N° 154, qui rappelle les Principes, fait aussi remarquer que la Consonne finale est *m*, au lieu de *n*, lorsque la Syllabe suivante commence par un *p* ou par un *b*.

Les N°s 156 à 163, sur lesquels on peut encore à la rigueur appliquer le Régulateur, devront être Syllabés en entier, pour que l'enfant ne soit pas embarrassé pour unir les Consonnes aux Voyelles-Consonnes qu'ils contiennent.

Dans le N° 164 on lui fera remarquer que la colonne de *en* a une ligne de points des deux côtés; ce qui signifie que si le plus souvent cette Syllabe se prononce *an*, comme à gauche, elle peut aussi se prononcer *in*, comme à droite.

N°s 169 à 179.

Viennent maintenant les Voyelles-Consonnes-ordinaires, dans lesquelles, en les analysant, on trouve d'abord le son pur de la Voyelle, et ensuite l'articulation ordinaire de la Consonne, mais non achevée faute de point d'appui à droite.

Dans les Voyelles-consonnes ordinaires, les Voyelles (excepté *e*, qui se prononce ouvert moyen, c'est-à-dire un peu moins ouvert que *é*), conservent leur son d'origine. Cela a même lieu dans les Voyelles-consonnes ordinaires, terminées par *m* ou *n* non modifié, comme dans *Abraha-m*, *Jérusale-m*, *Ibraï-m* (*), etc. On remarquera d'ailleurs que ces dernières Voyelles-consonnes ne sont ordinaires que par exception; c'est ce qu'indiquent les parenthèses.

On remarquera encore que le *c* terminant une Voyelle-consonne se prend toujours dans la case de *q*, jamais dans celle de *s*; c'est tout simple, puisqu'après il n'y a point de Voyelles et par conséquent point d'*e* ni d'*i*.

Le Tableau à jours doit être appliqué sur les N°s 169 et suiv.; mais cette fois du côté opposé au Monument, de manière à recouvrir les Consonnes par celles du Régulateur que l'on aura fait auparavant prononcer comme s'il y avait *e*, pour faire voir que le son n'en est nullement modifié; fesant observer à l'enfant que lorsque la Voyelle *e* était à droite de la Consonne, elle se prononçait *eu* (si une raison étrangère ne lui donnait pas un autre son), et qu'à présent qu'elle est avant, c'est-à-dire à gauche, elle se prononcera *é*, jusqu'à nouvelle Règle modificative.

On pourra faire syllaber une ou deux pages dissyllabiquement, c'est-à-dire comme s'il y avait *a-he*, *a-fe*, etc.; mais en fesant remarquer le plutôt possible à l'enfant que cela demanderait deux sons de voix, tandis qu'il n'en faut qu'un seul; on prononcera d'abord, et on fera prononcer ensuite, en une seule émission de voix, *ah*, *ar*, *af*, etc. et cela sans marier la Consonne à droite, par la raison toute simple qu'il n'y a point de Voyelle.

(*) Exceptez la Syllabe *um*, où *u* se prononce *o*, quand le mot est d'origine latine.

lxxiv

Le relevé synoptique (N°s 175 et 176) doit être syllabé de manière à faire bien sentir toutes les Consonnes, parce que, on le répète, les Syllabes sont considérées ici comme intermédiaires et non point comme finales.

Les N°s 177 à 179 faciliteront la Lecture pratique des Voyelles-consonnes ordinaires, et l'on ne doit pas les passer sans y avoir remarqué ce qui y est dit sur la Voyelle-consonne *ex* suivie ou non d'un *c* pris dans la case de *s*.

Ces Exemples ont encore pour objet essentiel d'enseigner que, toutes les fois qu'au milieu d'un Mot il y a plusieurs Consonnes de suite, si les Consonnes ne doivent pas compter pour une seule, selon les Règles posées en la 1re grande Division, alors la première Consonne, celle de gauche, s'unit à la Voyelle de gauche, et les autres à la Voyelle de droite.

N°s 180 à 188.

Avant d'en venir à ces N^{os}, il faudra appliquer le Tableau à jours, du côté du Monument, sur les pages de Voyelles-Consonnes ordinaires, N°s 169 à 174 *bis*. L'enfant n'en Lira que plus facilement l'Exercice des N°s 180 et suiv. Les Exemples des N°s 185 à 188 rendront tout-à-fait facile la Lecture de ces sortes de Syllabes, dont la combinaison comporte toute sorte de Voyelles; simples, mariées, liées, peu importe.

Voilà pour la deuxième sorte de Voyelles-Consonnes.

La troisième, celle des Voyelles à Consonnes semblables désunies, fait l'objet des N^{os} suivants.

N°s 189 à 192.

Les Règles essentielles et tout spéciales qui y sont expliquées ont moins besoin de développement de la part du Maître, que d'attention sérieuse de la part des Elèves.

Elles terminent la quatrième Classe.

N°s 193 à 200.

La troisième Classe traite aussi des Voyelles-Consonnes, mais considérées comme finales des Mots. Comme telles, les Voyelles-Consonnes sont soumises ou à des Règles générales, ou à des Règles particulières, lesquelles n'ont souvent rien de commun avec celles qui concernent les Voyelles-Consonnes non finales.

Or, en règle générale, *r*, *f*, *l*, *m*, *n*, *c*, sont les seules Consonnes (avec aussi celles de leurs cases) qui d'habitude se prononcent comme finales. Les autres sont le plus souvent muettes. Les N°s 193 à 197 contiennent les Règles suivies d'Exemples sur les six Consonnes finales sonores; et les N°s 198 à 200, sur les Consonnes finales insonores.

N°s 201 à 204.

Parmi les Règles particulières à certaines finales de Mots, la plus remarquable est celle relative à la finale *il*.

Rappelons d'abord que la Consonne ordinaire *l* est une des six qui se prononcent de coutume à la fin des Mots, et que la Consonne *ill* est au contraire une de celles qui ne se prononcent pas.

Puis retenons ceci, savoir : que *il*, à la fin des Mots, peut être l'abrégé de *i-ill*.

De-là cette question : Comment reconnaître si c'est *l* (*le*) ou *ill* (*llieu*) ?

Deux Règles à cet égard, suivant que la finale *il* est ou n'est pas précédée d'une Voyelle.

Dans le premier cas, c'est-à-dire, si à gauche il y a une Voyelle (simple ou mariée, peu importe), pas possibilité d'erreur : *l* est toujours mis pour *ill*, et ne doit par conséquent pas se prononcer ; mais il sert en quelque sorte de tréma à l'*i* dont il est précédé, pour indiquer que, bien que cet *i* soit à droite d'une Voyelle non accentuée, il ne doit pas se marier, mais seulement se lier avec elle. *ail*, par exemple, se prononcera comme s'il y avait la diphtongue *aï*.

Dans le second cas, c'est-à-dire, si à la gauche immédiate de *il*, se trouve une Consonne, voici ce qu'il faut faire pour reconnaître quelle est la Consonne finale : il faut prendre un des Mots composés ou dérivés du Mot terminé en *il* ; et, si dans ce Mot composé se trouve la Consonne ordinaire *l*, ce sera aussi le *l* dans le Mot terminé en *il*, et alors on le fera sentir ; mais, si dans le Mot dérivé se trouve la Consonne-consonne mouillée *ill*, ce sera aussi *ill* dans le Mot terminé en *il*, et l'on ne fera entendre que l'*i* Voyelle nécessaire à la Consonne de gauche. C'est ainsi que dans le mot *gentil*, on devra prononcer *genti*, quand ce mot vient de *gentillesse*, et *gentil*, quand il vient de *gentilité*.

Dans les quelques Mots où, par une rare exception, *l* final mis pour *ill* doit se faire un peu sentir, on peut sans inconvénient prononcer comme s'il y avait *ie* excessivement faible, mais non pas cependant lorsque ce Mot est placé devant un autre Mot commençant par un *i*, ainsi que dans *péril imminent*, on doit alors adoucir la Prononciation du *ill* autant que possible, mais la lui conserver pour éviter de dire *péri-i-i*.

N°s 205 à 216.

Les Voyelles-Consonnes finales, dont le N° 205 donne le Tableau, c'est-à-dire celles qui ont un *e* non accentué, sont aussi régies par des Règles particulières, demandant d'autant plus d'attention, que d'une part leur oubli fait faire des fautes on ne peut plus lourdes, et que d'un autre côté elles sont assez nombreuses et spéciales.

Nous allons en faire ici un relevé succinct.

ER : cette finale, non terminée par un *t* ou un *d*, se prononce *é* à la fin des Mots de plusieurs Syllabes, si ce n'est dans les six que voici : *enfer, hyver, amer, cuiller, cancer* et *hier*, où l'on prononce au contraire *èr*, ainsi que dans les Mots d'origine étrangère, surtout latine, tels que *magister, pater*, etc. Le *s* qui terminerait *er* ou *ert* laisserait subsister la Prononciation telle qu'on vient de la fixer ici.

ES final, se prononce toujours *è* dans les Monosyllabes, et *e* faible dans les Polysyllabes.

ez, toujours *é*.

et suit la Règle générale et se prononce *è*, si ce n'est dans le monosyllabe *et*, que l'on prononce *é*, pour le distinguer des monosyllabes *es* et *est*.

ef suit aussi la Règle générale et se prononce toujours *éf*, si ce n'est dans le Mot *clef* et ses composés, où l'on prononce *clé*. C'est même ainsi qu'on l'écrit depuis quelque temps.

ep, eb et eg, se prononcent, malgré la Règle générale, et surtout dans les noms propres: *ép*, *éb*, *ég*, en fesant sentir la Consonne, excepté dans *legs*.

ed se prononce aussi *éd*, mais non pas dans le Mot *pied*, ni dans ses composés; on y prononce *pié*.

em se prononce *é-m*, à la fin des Mots, en fesant sentir le *m* articulé naturellement, c'est-à-dire, presque comme s'il était suivi de *e*. Le *s* qui terminerait cette finale ne la modifierait pas, si ce n'est dans le mot *temps* et dans ses composés, où l'on doit prononcer *tan*.

Quant à la finale *en*, c'est celle qui offre le plus de difficultés; mais avec un peu d'attention et de raisonnement, ces difficultés disparaissent bientôt.

Voyons d'abord les différentes manières dont cette finale est susceptible d'être écrite. Les voici: en, ens, ien, iens, end, ends, ent, ents, ient, ients, aient, oient.

Or, la finale en se prononce *é-n*, en fesant sentir la Consonne, laquelle reprend ici l'articulation qui lui est naturelle. Exceptez les Mots *Rouen* et *en*, dans lesquels on prononce *an*.

ens se prononce *an*, si ce n'est dans les Mots où, en enlevant le *s* (pour ne parler que d'une seule chose), on devrait prononcer *é-n* ou *ein*; le *s* ne change rien alors à cette Prononciation.

ien se prononce toujours *iein*; tantôt monosyllabiquement, comme dans *combien*, tantôt dissyllabiquement, comme dans *gra-mmai-ri-en*.

iens se prononce de même que *ien*.

end et ends se prononcent *an*.

ent et ents subissent les distinctions suivantes:

Si le sens de la Phrase ne permet pas de mettre, devant le mot terminé par *ent*, les Mots *ils* ou *elles*, en parlant de plusieurs, on prononce *an*: *Paravent* se dit *paravan*, parce qu'on ne peut pas dire: *ils parave*.

Si, au contraire on peut, sans altérer le sens de la Phrase, mettre devant un des deux Mots *ils* ou *elles*, toujours en parlant de plusieurs, on prononce alors comme si au lieu de *ent* il n'y avait que *e* faible. *Regardent*, *prient*, se prononcent *regarde* et *prie*, parce qu'on peut dire: *ils ou elles regardent*; *ils ou elles prient*.

Dans cette Phrase: *les poules couvent dans le couvent*, on prononce d'abord *couve*, parce qu'on peut, en parlant des poules, dire, *elles couvent*; mais le dernier mot de la Phrase se prononce *couvan*, parce qu'on ne peut pas dire: *elles* (les poules) *couvent dans le* (ils ou elles) *couve*.

Lorsque devant le Mot terminé par *ent*, on peut mettre *il* ou *elle*, non point en parlant de plusieurs choses, mais d'une seule, *ent* se prononce *an*: *elle se repent*; et *ient* se prononce *iein*: *il contient*.

Lorsque devant *ient* on ne peut mettre *ils* ou *elles* en parlant de plusieurs, ni *il* ou *elle* en parlant d'un seul objet, on prononce *i-an*: *inconvénient*.

Quant à *ents* et *ients*, c'est toujours *an* ou *ian*, le *s* étant un empêchement péremptoire à ce que devant le Mot on mette ni *ils* ou *elles* en parlant de plusieurs, ni *il* ou *elle* en parlant d'une seule chose.

Dans *aient* et *oient*, *ent* est tout-à-fait muet à cause de la Voyelle mariée *i*, car *ent* correspond ici à *e* et non à *an*, par la raison que devant les mots terminés ainsi, on peut toujours mettre *ils* ou *elles*: *ils croient, elles déployaient* se prononcent *croi, déploi-iai*.

Nos 217 à 224.

Les Règles de la lecture sont non-seulement très nombreuses, mais encore sujettes à bien des exceptions. Nous avons eu occasion de parler de quelques unes: elles sont loin d'être les seules.

Ici (217), c'est une Consonne finale se prononçant fortement, quoique non comprise dans les six du N° 193.

Là (219), c'est au contraire une Consonne finale qui devient muette, quoique comprise au N° 193, ou quoique se trouvant au milieu d'un Mot.

Plus loin (221), c'est une Consonne qui change son articulation d'origine contre une articulation toute nouvelle et non justifiée par aucun motif plausible.

Ou bien (223) ce sont des Voyelles intermédiaires qui se prononcent aussi en dehors des Règles, ou qui même ne se prononcent pas du tout, quand le contraire semble indiqué.

Que dire à ce sujet? Rien autre que de conseiller de se rendre familières ces exceptions, pour, dans tous les autres cas, en revenir rigoureusement aux Règles, auxquelles il serait trop heureux qu'on pût ramener l'art de la Lecture élémentaire, si hérissé d'obstacles nés de l'ignorance des uns et du pédantisme des autres.

Faisons cependant une ou deux observations.

La première fera sortir de la classe même des exceptions la prononciation de certains mots, tels que *transition*, où le *s*, quoiqu'après une Consonne, se prononce *z*; tels encore que *resonné*, où le *s* se prononce au contraire comme *ç*, quoiqu'entre deux Voyelles. Ces deux exceptions apparentes viennent de ce que ces sortes de Mots sont des composés de deux Mots, dont le premier finit par un *s* devant se prononcer *z*, en se liant à la Voyelle initiale du second Mot (N° 241), ainsi que dans *trans-ition*; ou dont le second commence par un *s*, lequel alors se prononce *ç* (N° 41), ainsi que dans *re-sonné*. Mais comme il n'y a que la connaissance de l'Etymologie qui puisse guider à cet égard, le jeune Elève ne devait voir ces sortes de Mots que dans le Tableau des exceptions.

Peut-être que l'Etymologie des Mots *soixante*, *deuxième*, etc. justifierait aussi leur Prononciation.

Quant à celles des noms propres, il n'y a rien d'étonnant qu'ils ne suivent pas la Règle générale, parce que les personnes qui les ont donnés ou reçus, ne savaient pas toutes leur Langue, tandis qu'on ne saurait en dire de même des Lexicographes qui ont recueilli les Mots ordinaires.

lxxviij

Le *gn*, Consonne *liée* (et non point *mariée*), même au milieu des Mots, s'explique par l'origine Latine.

er final, se prononçant *re*, est aussi justifié par son origine Allemande ou Anglaise.

ilh, pour *ill*, n'est pas précisément une exception ; nous l'avons déjà vu.

Quant à *que*, *qui*, et *gue*, *gui*, fesant entendre tant le son de l'*u* que celui de l'*é* ou de l'*i*, et surtout à *qua* et *gua*, se prononçant *goua* et *goua*, c'est encore dans les Langues qui nous ont fourni les Mots, que l'on doit en chercher la raison.

Les Mots *Staël*, *Maëstrich* et *Caën*, écrits sans Tréma, rentreraient dans la Règle générale (expliquée au N° 119). Pourquoi donc conserver le Tréma, quand on veut rendre muet un *e* qui le serait tout naturellement sans le Tréma ?

EXPLICATION

DE LA

QUATRIÈME GRANDE DIVISION

FORMANT LES 2me ET 1re CLASSES, ET COMPRENANT CE QUI A TRAIT AU CONTACT DES MOTS, QUELQUES NOTIONS SUPPLÉMENTAIRES, LA LECTURE DES CHIFFRES, ET ENFIN UNE RÉCAPITULATION ALPHABÉTIQUE DES RÈGLES.

Les Mots qui composent les Phrases ont été jusqu'ici considérés pris isolément, abstraction faite des rapports qu'un Mot peut avoir avec le Mot qui le touche immédiatement.

La Classe actuelle (la deuxième) est au contraire destinée à faire connaître l'influence qui résulte de ce voisinage, de ce contact.

Pour cela il faut d'abord rappeler qu'un Mot ne peut se terminer que par une Voyelle ou par une Consonne, et que le Mot qui peut se trouver à sa droite dans la même Phrase ne peut, à son tour, commencer que par une Voyelle ou par une Consonne; ce qui donne lieu à ces quatre combinaisons:

1° Voyelle finale contre Voyelle initiale;
2° Voyelle finale contre Consonne initiale;
3° Consonne finale contre Consonne initiale;
4° Consonne finale contre Voyelle initiale.

La première combinaison comprend les Elisions et les Hiatus.

N°s 225 à 227.

Nous n'ajouterons rien aux Règles que ces N^os contiennent sur l'Elision, c'est-à-dire, sur la suppression de l'*e* final devant un Mot commençant par une Voyelle, laquelle fait Syllabe à la place de l'*e* supprimé; si ce n'est:

1° Que les deux Mots n'en forment en quelque sorte qu'un seul;
2° Qu'il ne faut par conséquent pas prendre sa respiration entre l'un et l'autre;

Mais 3° que la pénultième Syllabe du 1er Mot, c'est-à-dire, la Syllabe précédant celle où se trouve l'*e* à élider, demande qu'on y appuie un peu plus, afin de faire distinguer par ce moyen le premier Mot du second;

4° Enfin, que le *c* ou le *g* qui précède l'*e* se prend, en se liant au Mot suivant, dans la case de *s* ou *j*, bien que ce Mot commence par un *a*, un *o*, ou un *u*; parce que l'*e* final, quoique muet, n'en est pas moins écrit et doit produire son effet.

Nos 228 et 229.

L'Hiatus que ces Nos font connaître doit être fait sans que la pulsation à donner à la 1re Syllabe du second Mot soit trop sensible. Le heurtement d'une Voyelle finale (autre que *e*) contre une Voyelle initiale, est déjà assez dur par lui-même, pour ne pas chercher à l'adoucir autant que possible.

Nos 230 à 232 bis.

La 2e combinaison, celle d'une Voyelle finale contre une Consonne initiale, n'offre rien de spécial lorsque la Consonne initiale du second Mot n'est pas *h*.

Mais cette Consonne, muette dans tous les cas quand elle est seule Consonne devant une Voyelle, n'est cependant pas toujours nulle au commencement des Mots. Il est des cas où elle devient un signe d'aspiration, non pas en ce sens qu'elle doive être aspirée, ce qui n'est pas possible; mais en ce qu'elle indique que la Syllabe en tête de laquelle elle se trouve doit être l'objet d'une pulsation plus forte que d'ordinaire, et pour cela être précédée d'une aspiration nécessaire à cette expiration plus marquée.

Or, le *h*, ainsi sensible, et que dans ce cas on appelle improprement *h* aspiré, empêche que l'*e* final du Mot précédent ne puisse s'élider, tandis que le *h* tout-à-fait nul, non sensible, purement étymologique, et qu'on appelle, encore improprement en ce cas, *h muet*, n'empêche pas l'élision. On fait comme si cette Consonne n'y était pas.

Mais comment faire pour reconnaître dans quels Mots le *h initial* est muet ou aspiré? Pas d'autre moyen que d'avoir recours à la Liste que l'on trouvera à la suite du No 232, et qui contient tous les Mots où le *h* est aspiré, suivant la nouvelle édition du Dictionnaire de l'Académie.

Nos 233 à 239.

La 3e combinaison, celle des Consonnes finales contre des Consonnes initiales, ne demande pas d'autre explication que ce qui en est dit dans les pages 233 à 239; où la colonne de droite de chacune est destinée aux Exemples dans lesquels la Consonne finale est forte; et la colonne de gauche, aux Exemples dans lesquels au contraire la Voyelle est muette.

Nos 241 à 256.

La 4e combinaison, celle des Consonnes finales allant se lier aux Voyelles initiales, est celle qui contient le plus de Règles délicates.

On voit d'abord, par le No 241, que certaines Consonnes finales changent leur articulation quand elles vont frapper une Voyelle initiale: le *d* sonne *t*, le *g* sonne *k*; le *f* quelquefois *v*; le *x* sonne *z* ou *gz*, etc.

On voit ensuite que la Voyelle qui précède la Consonne finale du 1er Mot est comme une quasi-veuve ou une femme divorcée, qui n'en continue pas moins à se nommer comme elle l'aurait fait si la Consonne de droite ne s'en fût pas détachée pour aller se marier ailleurs.

On voit encore que le *h* initial du second Mot n'empêche pas la liaison, s'il n'est que muet et non sensible.

On voit enfin que deux Mots liés l'un à l'autre n'en forment en quelque sorte qu'un seul, et que par conséquent il ne faut pas respirer entre ces deux Mots. On doit seulement rendre longue la dernière Syllabe du premier Mot pour le faire distinguer du second ; et si par mégarde l'on vient à respirer à la fin du premier, il faudra se garder alors d'en lier la Consonne finale avec le Mot suivant, sous peine de faute grave.

Les N°s 242 à 245 indiquent suffisamment la manière d'opérer les Liaisons.

On ajoutera pourtant une remarque sur la Prononciation du Mot *divin*, devant un Mot commençant par une Voyelle. Quelques Grammairiens font prononcer DIVIN AMOUR comme s'il y avait *divi/n'a/mour*, et d'autres au contraire prononcent *divé/na/mour*. Cette dernière manière est évidemment selon la Règle, qui veut que la Voyelle de gauche se prononce tout comme si la Consonne y était encore, mais sans prononcer celle-ci, puisqu'elle s'en détache pour aller se lier au Mot suivant. Au reste, si l'on devait dire *divi-namour*, il n'y aurait pas de raison pour que *en avant* ne fût pas prononcé *é-navant* ou même *eu-n'avant*, ce qui serait passablement ridicule. Mais c'est par exception, ajoute-t-on, c'est par vieille habitude, que généralement on prononce *divi* au lieu de *divé*. Ainsi soit ; prononcez comme vous le voudrez. Rappelez-vous seulement ces vieillards qui vous disent : nous sommes trop vieux pour réformer une habitude même vicieuse ; et dites-moi si vous les approuvez.

Peut-être aussi ne sera-t-il pas inutile de faire remarquer que dans *fier-à-bras* l'*e* se prononce ouvert : *fiè-ra-bra*, tandis que dans *ne se fier à personne*, *fier* se prononce avec l'*e* fermé : *ne se fi-é-ra-per-so-ne*. Ceux qui prononcent avec l'*é* ouvert dans ces deux cas, pèchent contre la règle du N° 206.

Dans la liaison du *x* conservant l'articulation du *qs*, on devra prononcer *gz*; le *s*, dans les liaisons, répondant à *z*.

Mais ce n'est pas tout de savoir lier les Mots entr'eux, il faut savoir quels sont les cas où il y a lieu à liaison, et quels sont ceux, au contraire, qui sont exclusifs de liaison. Tel est l'objet des N°s 245 à 256, dont les Règles ne demandent ici aucun développement ; non pas qu'on ne puisse dire beaucoup à cet égard, mais parce que ce serait dépasser les limites de la Lecture élémentaire, la seule que la Tabellégie ait eu en vue d'enseigner comme introduction nécessaire à l'art si délicat, si difficile et si rarement possédé de la haute Lecture, sur laquelle, d'ailleurs, il existe quelques bons ouvrages.

On remarquera que dans la page 245 et les suivantes, la colonne de gauche contient les exemples de liaisons, et la colonne de droite, les exemples de non liaisons.

Ce qui est dit sur la lettre *n* est très essentiel, et aidera beaucoup à guider pour la liaison des autres Consonnes, quoique les Règles ne soient pas pour ces dernières aussi rigoureuses que pour le *n*.

h

Nos 257 à 259.

Les Règles qui résultent du contact des Mots enseignent non-seulement la manière de les lier les uns aux autres, et les cas où il y a lieu à liaisons, mais aussi l'art des repos à observer entr'eux. Le besoin de la respiration, la nécessité de distinguer les idées les unes des autres, le temps nécessaire à l'auditeur pour remarquer leur enchainement et comprendre par ce moyen toute la portée de chacun, enfin l'expression à donner à ce qu'on lit, et qu'on doit lire comme si l'on parlait (comme si l'on parlait bien, c'est entendu); tout cela a dû faire inventer des Signes indicatifs des idées les plus saillantes et des pauses les plus essentielles; laissant ensuite à l'intelligence, au bon goût et au sentiment du Lecteur (lequel, par parenthèse, ne doit jamais oublier qu'il ne Lit pas pour lui, mais pour les autres), le soin de combiner le besoin des repos partiels avec le temps à donner à la Prononciation de chaque Mot et même de chaque Syllabe.

Parlant d'abord des repos indiqués par des Signes appelés Signes de Ponctuation, les Nos 257 à 259 expliquent chacun d'eux et donnent des Exemples de leur emploi.

Remarquons que le Point simple étant le repos le plus parfait, la voix doit tomber et se reposer, surtout après un Alinéa. (On appelle Alinéa une réunion de Phrases dépendant les unes des autres et groupées ensemble. Si dans l'introduction on a comparé la Phrase à une rue, on pourrait comparer l'Alinéa à tout un quartier).

Après le Point interrogatif, la voix au contraire s'élève et attend.

Elle s'élève aussi après le Point d'admiration, parce qu'on est censé éprouver un sentiment subit ne permettant pas de maitriser sa voix.

Après les Points suspensifs on ne doit baisser ni élever la voix, mais s'arrêter comme par réflexion; l'intonation de la Phrase suivante devant être prise de même que si la première avait été achevée.

Les Deux Points exigent un repos moins fort que le Point simple, puisqu'ils annoncent quelque chose à dire encore.

No 260 à 262.

Ces Nos donnent des Exemples des repos à observer après chacun des sens partiels que la Ponctuation n'a pas pu détacher les unes des autres.

On ne saurait trop recommander aux Instituteurs d'habituer de bonne heure les enfants à distinguer ces Repos partiels. Un Elève dira : *je vous...* en s'arrêtant ; faites-lui remarquer de suite que *je vous* ne signifie rien, et qu'on ne peut pas s'arrêter là. Dira-t-il, *je vous ai dit que....* ou *je vous ai dit que Dieu....* faites-lui remarquer qu'il dit plus que ce qu'il faut; car, *je vous ai dit*, exprime un sens après lequel on peut faire un léger repos. *Que* n'exprime rien, il faut y ajouter *Dieu*, et dire, *que Dieu. Etait un Etre,* ne peut pas fournir matière à un nouveau repos, à cause que le Mot *simple* qui suit se rattache nécessairement à cette idée partielle; il faudra donc faire dire : *était un Etre simple* ; ainsi de suite. Qu'on le croie bien, ce n'est point là de la minutie ; ce travail portera des fruits précoces. Ces petits Repos deviendront presque insensibles par suite de l'habitude, et on ne les remarquera que par la clarté qu'ils donneront au Discours.

Il faudra surtout ne pas placer le Repos mal à propos, sous peine de contresens. Le N° 261 contient quelques Exemples de ces contre-sens aussi ridicules que communs, même chez bien des personnes instruites, qui ne s'en doutent guère.

Ce que le N° 262 contient sur la respiration sera d'autant plus utile, qu'on ne laisse que trop souvent, dans les Ecoles, contracter le défaut que la Tabellégie combat ici.

Quant aux inflexions dont la voix est susceptible, ce qui est dit en tête du N° 263 est à observer exactement. Nous n'y ajouterons aucun développement, parce que l'art des inflexions est d'un domaine plus relevé que celui de la Lecture élémentaire : on signalera seulement une chose, c'est que lorsque la voix doit tomber sur la dernière ou l'avant-dernière Syllabe d'un Mot, la Syllabe précédente est censée marquée d'un accent préparatoire, indiquant une sorte d'élancement de la voix dans un degré un peu plus relevé, pour la faire tomber sans gêne aucune.

Le N° 264 forme le complément des observations que puisse se permettre sur cet objet un Ouvrage aussi élémentaire que celui-ci.

Qu'on me laisse, en terminant l'Explication de la 2me Classe, m'élever hautement contre la précipitation du débit : elle tue le Discours. Sans doute il faut quelquefois céder à l'entraînement des paroles ; mais cet entraînement même, quelque rapidité qu'il exige, est exclusif de la précipitation. Celui qui se hâte en lisant paraîtra toujours long, parce qu'il laissera ses Auditeurs dans une incompréhension quelquefois complète. Que dirait-on, pour finir par une comparaison, de celui qui, venant payer une forte somme, vuiderait ses sacs de manière à en faire sortir ses écus à peu près les uns après les autres, mais avec rapidité et sans les compter ? Ne lui dirait-on pas : voilà bien de l'argent ! mais je ne sais pas combien il y a : comptons vos écus, s'il vous plaît, sinon un à un, du moins par quatre ou cinq, de manière à faire des piles de cent francs, pour, avec celles-ci, faire des sacs de mille francs, et voir par le nombre de ces derniers si le compte est exact ?

Nos 265 à 274.

Les Nos 265 à 269, qui commencent la Première, ou pour mieux dire, la Dernière Classe, ne demandent aucune Explication. Les notions et les Listes supplémentaires qu'ils contiennent ne peuvent qu'être utiles et commodes.

Les Nos 270 à 274 offrent à l'Elève de la Tabellégie des Relevés Synoptiques des Consonnes et des Voyelles, suivant la classification de la Tabellégie, pour se rappeler au premier coup d'œil les Règles auxquelles elles sont soumises en général.

Nos 275 à 278.

Voici enfin l'Alphabet ou le Tableau de toutes les Lettres de la Langue française, dans l'ordre adopté dans tous les Lexiques, afin de faciliter les recherches de Mots.

On le donne ici pour que l'Elève de la Tabellégie connaisse le nom de chaque Lettre, soit d'après l'ancienne Appellation, soit d'après la nouvelle qu'il connait déjà, laquelle au reste ne me parait préférable que tant que l'on apprend à Lire. On donne encore l'Alphabet, pour que l'Enfant, l'apprenant par cœur, se rende ainsi familier l'ordre dans lequel les Lettres sont placées, et puisse consulter bientôt le Dictionnaire avec facilité.

Il n'était pas non plus inutile de lui montrer les divers caractères dont on se sert pour figurer une même Lettre.

N°s 279 à 280 ter.

Ils donnent les abréviations les plus en usage dans la Lecture. Elles n'ont pas besoin d'être précisément apprises, mais consultées en cas de besoin.

N°s 281 à 288.

Cette Méthode n'aurait point été complète si elle n'eût pas donné une manière de lire les Chiffres arabes sans le secours de la numération. C'est ce qu'a fait la Tabellégie, et ce qui ne l'avait point été jusqu'ici, que je sache du moins.

Or, rien n'est plus facile; nous avons vu qu'une Lettre (*e*, par exemple), avait plusieurs prononciations différentes, suivant la place occupée par elle. Eh bien, voilà tout le système de la Lecture élémentaire des Chiffres.

Les Chiffres ne peuvent avoir que trois places différentes: ce Chiffre-ci (8), par exemple, est-il seul ou occupe-t-il la première place à droite, on le prononce *huit*. Est-il à la gauche immédiate d'un autre Chiffre occupant la première place, on le prononce *huitante*; enfin occupe-t-il la troisième place (en comptant de droite à gauche), on le prononce *huit cent*.

Prenant donc au hasard un Chiffre quelconque du Tableau N° 281, nous examinerons s'il appartient à la première colonne ou à la deuxième, qui est celle de la terminaison en *ante*; ou enfin à la troisième, dans laquelle on n'a qu'à ajouter la terminaison *cent* au nom du Chiffre tel qu'on le prononce dans le premier rang.

Ici donc je vois un *sept-cent*; là, un *quarante*; là, un *six*; ici, un *trente*; ici, un *neuf-cent*; ainsi de suite.

Cela posé, il n'y a plus qu'à lire attentivement les N^{os} consacrés au développement de cette Règle infiniment simple, pour être à même d'enseigner à lire les nombres les plus longs, dans une ou deux leçons; sauf à la mémoire le peu de temps nécessaire pour retenir les noms.

Dans les premières leçons, on s'est servi des mots *septante*, *huitante*, *nonante*, et même de *un cent*, *dix-un*, *dix-deux*, *dix-trois*, *dix-quatre*, *dix-cinq*, *dix-six*, comme on dit *dix-sept*, *dix-huit*, *dix-neuf*. C'est une des conditions voulues pour que l'Elève comprenne. Il n'apprendra que trop tôt les ridicules changements que la mode, qui régente tout, a apporté dans la prononciation de certains Chiffres. Une dernière leçon est destinée à les lui faire connaître.

Au reste, dès l'instant que dans la troisième colonne on prononce comme dans la première, en y ajoutant *cent*, je ne vois pas pourquoi, dans la seconde, on ne prononcerait pas *unante, deuxante, troisante, quatrante, cinquante, sixante, septante, huitante, neuvante*, ou, ce qui serait encore mieux, *un dix, deux dix, trois dix*, etc. Ce nombre 222 se lirait ainsi: *deux-cent deuxante-deux* ou *deux-cent deux-dix deux*.

Et puisque j'en suis à proposer des changements, qu'on se gardera bien d'adopter, parce que tout ce qui est bon ne fait pas toujours fortune, il me semble qu'on pourrait bien simplifier la Lecture par l'introduction de quelques nouveaux Signes. Nous avons parlé de celui qui pourrait remplacer le *ill*; ne pourrait-on pas encore écrire *gn* comme ceci ɜn pour le distinguer du *g-n* Consonne liée? Ne pourrait-on pas barrer le haut du *h* initial, quand il n'est qu'étymologique et d'ailleurs nul? Ne pourrait-on pas donner quelques modifications à la forme des Lettres, quand elles doivent être articulées différemment qu'à l'ordinaire, et que d'ailleurs rien, si ce n'est l'usage, ne peut servir de guide dans ce labyrinthe inextricable? Tout cela me semble facile, et si je ne craignais pas de passer pour Novateur, je serais bien tenté de joindre à l'Alphabet ordinaire un second Alphabet modificatif.

J'aime mieux terminer cette Explication qui ne paraîtra que trop longue à bien des gens; je parle de ceux qui, parce qu'ils savent ou croient savoir Lire, pensent en savoir assez pour enseigner aux autres, ou pour décrier un Ouvrage qu'ils n'auraient ni médité ni lu. Aussi la Tabellégie sera plutôt nuisible qu'utile entre leurs mains. Qu'ils le sachent bien, ce n'est pas pour eux que j'écris.

Quoiqu'il en soit, l'Ouvrage est terminé par un Résumé alphabétique des Règles, pouvant servir de table, et qui sera bien plus utile si on le fait parcourir à l'Enfant, en l'habituant à chercher lui-même le Mot dont on pourra désirer l'explication. Cette Lecture, presque nécessaire, lui rappellera certaines Règles qu'une Règle suivante aura pu lui faire perdre de vue dans le cours de ses études Tabellégiques.

FIN DE L'EXPLICATION.

FAUTES A CORRIGER

DANS LES TABLEAUX ET EXERCICES PRATIQUES.

8ᵐᵉ Classe.

(Première Subdivision.)

N° 4, ligne 1 de l'Explication, après *telle que dans les livres*, ajoutez *c'est-à-dire, sans le secours du Tableau à jours.*

N° 17, ligne 2 de l'Explication du bas, au lieu de *je-que*, lisez *je-gue*.

N° 22. La fenêtre du milieu du premier étage aurait dû être divisée en deux cases.

N° 23. C'est par oubli que, dans la plupart des exemplaires, G n'a pas été mis aussi dans la case de J; C dans la case de S; et S dans celle de Z.

N° 24. Dans le bas, un E aurait dû se trouver en dessous du premier E, et un É, au dessous du dernier E à droite.

(Deuxième Subdivision.)

N° 25, ligne 2 des Syllabes, supprimez *è*;
Ligne 8, supprimez *y*.
Dans quelques exemplaires, le titre SYLLABE a été mis par erreur en dessus de la ligne de petit-texte; il doit être dessous.

N° 27, ligne 1 de l'Explication, ajoutez: *surtout après une Voyelle*.
Dans les Syllabes, supprimez *y-e*, parce que l'*y* y compte pour deux *i*; *a-e, è-e, o-e*, ainsi que toutes les finales précédées de l'*é* fermé, comme étant inusitées, excepté *é-e*, dont on se sert au contraire très souvent.

N° 40, après *encore n'y a-t-il*, ajoutez: *guères*.

N° 41, phrase 5; *Onésipe* a été mis par erreur au lieu d'*Ovide*; le *s* qui se prononce *z* n'ayant pas encore été vu par l'Élève.

N° 44, phrase coupée 1, au lieu de *que sig\ni fi\e*, lisez *que si\gni\fi\e*.

7ᵐᵉ Classe.

N° 49, à la dernière ligne de l'Explication, ajoutez: *c'est ce qu'indiquent les Consonnes placées dans l'édifice du Régulateur.*

N° 50, au lieu de *syllabes et consonnes*, lisez *syllabes à consonnes*.

N° 53, au lieu de *phriné, phrigie, chrisalide*, lisez *phryné, phrygie, chrysalide*.

N° 56, *sh* aurait dû se trouver dans la case de *z* aussi bien que dans celle de *s*, mais entre deux parenthèses, ainsi que *nh* dans la case de *gn*; enfin *lh* placé dans la case de *ill (llieu)*, aurait dû être précédé d'un *i*: *ilh*.

lxxxviij

N₀ 61 ; les mots *Exercices pratiques*, formant à eux seuls un titre sont à supprimer.

Nᵒˢ 61 et 62, supprimez toutes les Syllabes où l'Apostrophe se trouve suivie d'un *e* ouvert ou non accentué ;

N° 62, colonne 1, supprimez le mot *adhiré*, parce qu'il s'écrit sans *h*. Les syllabes du haut de la page sont à supprimer.

N° 63, phrase 5, au lieu de *mazure*, lisez *masure*.

Phrase 4, au lieu de *paralisera*, lisez *paralysera*.

Nᵒˢ 63 et 64, supprimez la phrase 13 (*l'avare thésaurise*), parce qu'elle contient une Voyelle-voyelle non encore expliquée.

N° 66, aux Syllabes, au lieu de *he-xé, hĕ-xé*, lisez *he-xé, he-xè* ; et au lieu de *i-si*, lisez *i-xi*.

Aux Mots, colonne 2, au lieu de *saxe*, lisez *sexe*.

Phrase coupée 1, au lieu d'*a'le|ksi a*, lisez : *a|lè|ksi|a*.

Dernière ligne, au lieu de *xé|no fi|le*, lisez *gzé|no fi|lle*; *x* se prononçant *gz* au commencement des mots.

N° 71, ligne 2 de l'Explication, après *devant deux f*, ajoutez : *au commencement des mots*.

N° 82, au lieu de *sur chaque Voyelle*, lisez *sur les Voyelles-voyelles mariées*.

N° 72, colonne 2, ligne 3 de la 2ᵐᵉ Explication, au lieu de *par de ou re*, lisez : *par de-ss, re-ss, ou e-ss*.

Même colonne, après les mots *dessus et dessous*, ajoutez : *où l'on prononce de*.

Même colonne, dernière ligne, après *ressuscité*, ajoutez : *où l'on prononce ré*.

Colonne 3, au lieu de *os-ci-lle*, lisez *o-sci-lle*.

Même colonne, après *e se prononce é devant deux f*, ajoutez : *et devant deux s, au commencement des mots*.

N° 79, colonne 3, au lieu de *psy-co-lo-gue*, lisez *psy-cho-lo-gue*.

De même au N° 80 pour *psychologie*.

6ᵐᵉ Classe.

Dans les Nᵒˢ 83 à 89 on a oublié de mettre la Syllabe correspondant à la case *h* du Tableau à jours.

N° 90, dans la case de *gau*, la Syllabe *quau* s'est glissée par erreur, au lieu de *guau*.

N° 101, colonne de *œ (é)*, supprimez les parenthèses qui s'y trouvent.

N° 105, dans quelques exemplaires, on a oublié de mettre en tête de ce numéro : *Exercice pratique sur la Voyelle-mariée* ou. *Sa prononciation est invariable*.

N° 110, phrase 4, au lieu de *pomme*, lisez *paume*.

N° 111, phrase coupée 2, au lieu de *je l'è*, lisez *je l'é*.

N° 112, dans la prononciation figurée de la Syllabe *oi*, on a mis un *ô* surmonté d'un accent circonflexe, ce qui le rend fermé et long : c'est une lxxxix

erreur. Lisez comme s'il y avait un *ó* à accent aigu, c'est-à-dire, fermé, mais bref.

Cette faute grave est à rectifier dans tout le courant de l'Ouvrage.

N° 115, colonne 3, au lieu de *œ-de-mè-re*, lisez *œ-dé-mè-re*.

N° 117, ligne 4 de l'Explication, après *s'il n'est précédé*, ajoutez *ou suivi*.

5ᵐᵉ Classe.

N° 124, colonne 1, supprimez le mot *fève* mis par erreur au lieu de *fête*.
     Colonne 3, au lieu de *déshonnète*, lisez *déshonnête*.
N°ˢ 125 et 126, phrase 14, au lieu de *fève*, lisez *fête*.
N° 134, colonne 1, supprimez le mot *myopie*.
N° 136, phrase 13, au lieu de *ki jou*, lisez *jou|e*.
N° 142, au lieu de *dia-ble-rie*, lisez *dia-ble-ri-e*; et au lieu de *dé-shou-li-è-re*, lisez *dé-shou-liè-re*.
     Colonne 3, au lieu de *ai|gui-lle*, *ai|gui-lle|tte*, *ai|gui-sé|e*, lisez *ai|gü-ille*, *ai|gü-ille|tte*, *ai|güi-sé|e*.
N° 145; l'Explication 2 est à remplacer par celle-ci: *A la fin des mots y ne compte le plus souvent que pour un seul i, très rarement pour deux; encore même, dans ce dernier cas, le second i fait-il Diphtongue avec la Voyelle de gauche.*
N° 146, phrase 1, supprimez le mot *est* comme contenant une Voyelle-consonne non encore expliquée.

4ᵐᵉ Classe.

N° 155, colonne 2, au lieu de *in-cré-e*, lisez *in-cré-é*.
N° 186, colonne 3, supprimez le mot *prospérité*, lequel devant être ainsi détaché: *pro-spé-ri-té*, n'offre par conséquent aucune Voyelle-consonne.
N° 188, colonne 2, au lieu de *tour-bi-llon*, lisez *tour-b-illon*.
     phrase 4, au lieu de *goûte*, lisez *goûte*.
N° 191, colonne 2, au lieu de *cons-tel-la-ti-on*, lisez *con-stel-la-ti-on*.

3ᵐᵉ Classe.

N° 195, colonne 2, au lieu de *fi-lleul*, lisez *f-illeul*.
N° 198, colonne 1, au lieu de *pay-is*, lisez *pay-s*.
     colonne 3, *des* est à supprimer devant *tisserands* et *négociants*, comme appartenant à une Règle non encore expliquée.
N° 206, colonne 3, au lieu de *cui-ller*, lisez *cü-iller*.
N° 211, phrase 8, au lieu de *pè|ie sé*, lisez *pè sè*.
N° 212, colonne 3, à l'Explication, au lieu de *dyssillabique*, lisez *dissyllabique*.

i

N° 214, colonne 2, au lieu de *ils prient*, lisez *ils pleurent*.
Même colonne, deuxième Explication, au lieu de *après une Voyelle-voyelle mariée, surtout après* ai *et* oi, lisez *après les Voyelles-voyelles mariées* ai *et* oi.
Colonne 3, ligne 1 de l'Explication, au lieu de *après*, lisez *avec*.
Même colonne, au lieu de *elles pleurent*, lisez *elles prient*.
N° 216, lignes 14 et 15, au lieu de *ter-res*, lisez *te-rres*.

2me Classe.

N° 227, ligne 1, au lieu de *craint*, lisez *crains*.
N° 233, ligne 5 de l'Explication, au lieu de *et que la*, lisez *et que la fréquentation de la*.
N°s 234 à 239. On a oublié d'indiquer que chaque colonne de gauche contient les exemples où la Consonne finale se fait sentir; et chaque colonne de droite, celles au contraire où la finale ne se fait pas sentir.
N° 236, lettre P, colonne de gauche à l'Explication, au lieu de *Ne ne se prononce pas*, lisez *ne se prononce pas*.
N° 244, à la prononciation figurée, au lieu de *zè'tran'jé*, lisez *zé-tran-jé*.
N°s 246 à 256. On a oublié d'indiquer que la colonne de gauche de chaque page contient les exemples de liaisons; et chaque colonne de droite, ceux de non liaisons.
N° 247, colonne de gauche, au lieu de *pied à à terre*, lisez *pied à terre*.
N° 248, colonne 2, au lieu de *gref-fier*, lisez *gre-ffier*.
Colonne 1, lettre F, ligne 4 de l'Explication, après *que dans*, ajoutez: *les locutions semblbles à celle-ci*.
N° 256, Explication 2, au lieu de *on prononce cependant* ks, lisez *on prononce cependant* kz.
Explication 4, lisez encore comme s'il y avait kz.
N° 263, ligne 2 de l'Explication, au lieu de *ce n'est pas le tout*, lisez *ce n'est pas tout*.
N° 264, colonne 4, au lieu de *a-né-e*, lisez *a-nné-e*.

1re Classe.

N° 277, dernière ligne, au lieu de *gxe*, lisez *gze* ou *qse*.
N° 282, dernière ligne, au lieu de *au n° ci-après*, lisez *au n° 286 ci-après*.
N° 283, dernière ligne de l'Explication du haut, au lieu de *qui porte leurs noms*, lisez *un de ces noms*.
N° 287, dernière ligne de l'Explication 2, au lieu de *D et C à l'égard de M*, lisez *et C à l'égard de D et de M*.
N° 290, ligne 7, supprimez *qu'il compose à lui seul*.
Lignes 30 et 31, supprimez la phrase entière qui suit le mot *élevé*.

Nº 297, ligne 3, au lieu de *phtogos*, lisez *phtoggos*.

Ligne 1 de la Voyelle *E*, au lieu de E. *Voyelle-voyelle simple*, lisez E. *Voyelle simple*.

Nºˢ 297, 301 et 312, au lieu de *polisyllabes*, lisez *polysyllabes*.

Nº 298, ligne 19, après *devant deux f*, ajoutez : *au commencement des mots*.

Nº 300, ligne 13, la supprimer en entier.

Ligne 14, après *commence un mot*, ajoutez : *autre que eux*.

Nº 304, ligne 16, au lieu de *homonyne*, lisez *homonyme* ; et au lieu de *onona*, lisez *onuma*.

Nº 311, ligne 6, au lieu de *beuche*, lisez *bouche*.

Nº 315, ligne 22, au lieu de *synonimes*, lisez *synonymes*.

Nº 316, ligne 8, au lieu de *grouoe*, lisez *groupe*.

Ligne 7 de l'U, au lieu de *kumble*, lisez *humble*.

Nº 320, ligne 5, supprimez le mot *alix* où *x* se prononce *kz* et non *s*.

———

Les fautes typographiques qui existent dans la partie des Tableaux destinée aux Elèves, et qui blessent ouvertement le système de la Méthode, peuvent encore être utiles en engageant l'Enfant, qui a déjà vu la Règle, à chercher lui-même s'il y a faute ou non dans telle ligne, dans tel mot, et à dire pourquoi. Mais on doit ne le faire, autant que possible, qu'après avoir consulté l'Erratum, si ce n'est pour les fautes qui, quoique évidentes et graves, auraient pu échapper.

Dans les Nºˢ 3, 5, 7, 9, 10 bis, 127 et 153, on pourra rencontrer un tout petit morceau de papier collé, cachant une Voyelle ; il faudra bien se garder de chercher à l'enlever. Il corrige une faute typographique, qui induirait l'Elève de la Tabellégie dans une erreur grossière.

TABLEAUX
ET
EXERCICES PRATIQUES.

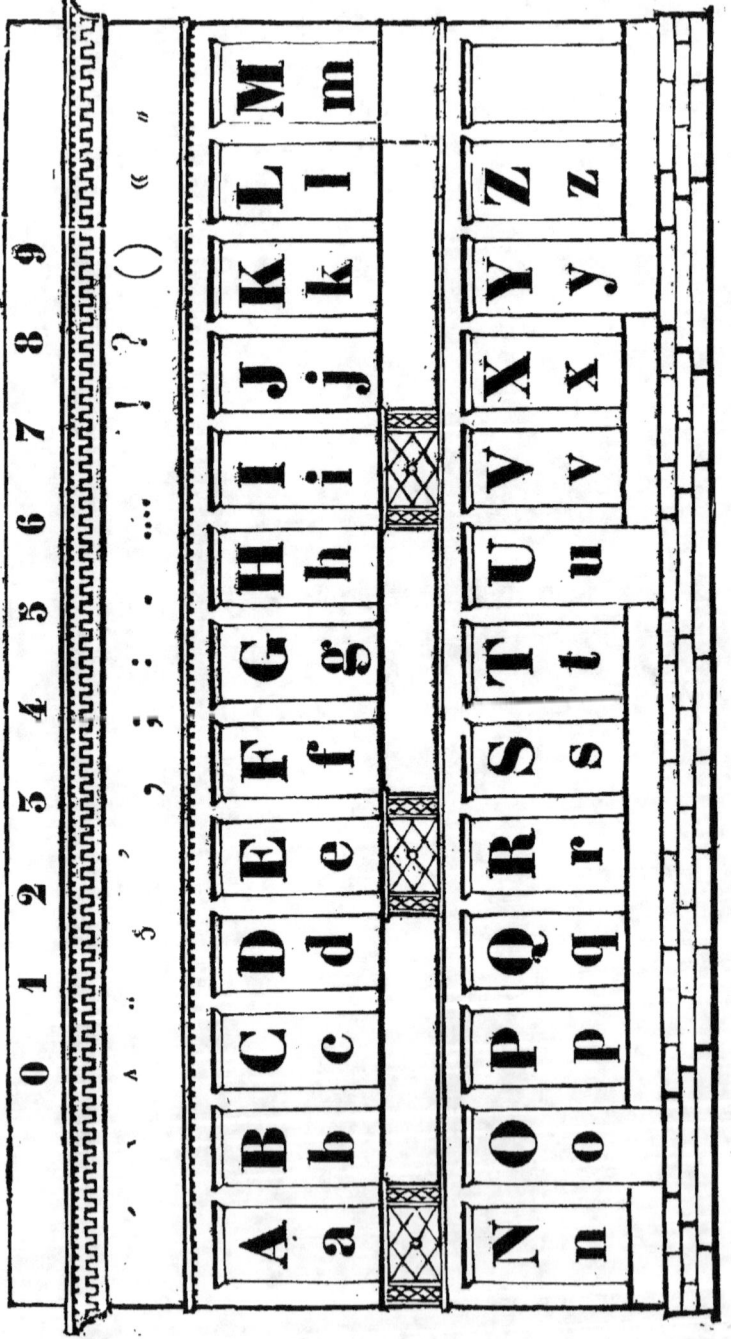

TABLEAU PRÉLIMINAIRE. — SIGNES DE LECTURE USITÉS.

Donner, si l'on veut, un aperçu des formes ; mais se bien garder de dire le nom de chaque signe en particulier, surtout des consonnes.
Ces signes suffisent pour indiquer sur le papier tout ce qui peut se parler.
Dans les livres ordinaires il y a beaucoup de signes semblables ; il n'y en a point de différents.
Ceux des portes et des fenêtres, qui sont les plus essentiels, s'appellent des *lettres*.
Les Lettres des portes ou des balcons, sans lesquelles les autres ne signifieraient rien, doivent être apprises les premières. (Aller pour cela au Tableau suivant N° 1),

Première grande Division.

SYLLABES A VOYELLES SIMPLES.

(8me et 7me Classes.)

VOYELLES,

LETTRES-SYLLABES.

(Monophtongues unilittères.)

HUITIÈME CLASSE. PREMIERE SUBDIVISION, N° I.   (N° 1.)

Lettres *Voyelles*, qui ont de la *voix*, qui parlent quoique seules.
Chacune indique donc un son de voix ou petit morceau de parole appelé Syllabe.
On doit prononcer purement, et éviter de prolonger les sons.
y se prononce comme *i*, parce qu'il est dans la même case.
à se prononce comme *a*, au-dessous duquel il est placé.
e se prononce *è* quand il est sur *è*, *é* quand il est sur *é*, et *a* quand il est sur *a*.

Exercice à syllaber de gauche à droite.
e se prononce *eu* jusques à règle contraire (les lèvres un peu avancées).
La virgule est à distinguer de l'accent fermé. L'une, *signe de silence*, se place à côté des lettres ; l'autre, *signe de parole*, se place dessus.

a, o, u, i, y, é, e, è, à, o, a, i,
u, e, y, è, é, u, à, o, à, o, y,
é, a, e, i, o, u, e, y, a, é, e,
a, y, i, é, à, e, u, è, a, e, é, a,
i, u, è, à, o, é, è, y, è, e, é,
à, y, i, u, a, o.

2

CONSONNES,

LETTRES QUI NE FONT SYLLABE QU'AVEC UNE VOYELLE.

HUITIEME CLASSE, PREMIERE SUBDIVISION (N° II). (N° 2.)

Lettres qui ne parlent pas quand elles n'ont pas à côté d'elles une voyelle avec laquelle elles puissent se marier.

Il n'y a donc rien dans aucune case. C'est un Tableau muet, faute de voyelles.
Remarquer cependant les formes des lettres et leurs places respectives.

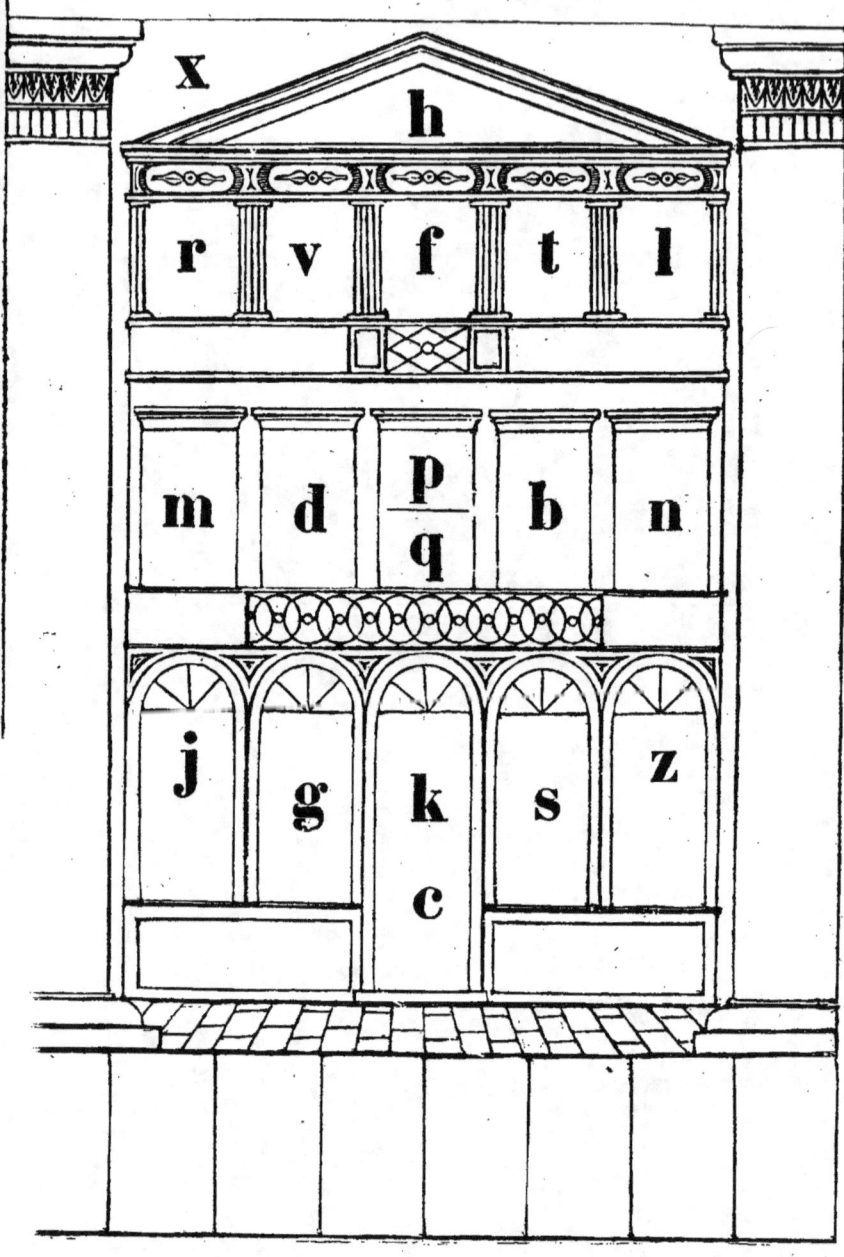

HUITIEME CLASSE, PREMIERE SUBDIVISION, N° II. *(bis.)*   (N° 2 *bis.*)

Qu'il y ait une ou plusieurs consonnes il n'y a rien non plus, tant qu'il n'y a pas de voyelles.

	x ~⋈~ ill h	
vr fr phr tr	r │ v │ **f** / **ph** │ t │ l	fl phl
pr dr br	**m** │ **d** │ p / q │ **b** │ **n**	pl bl
gr kr cr chr	**j** g g g **gh** │ q k c │ s z c s ç │ **gn** │ (ch │ **ch**	gl kl cl chl

UNION DES CONSONNES,
soit Unilittères soit Plurilittères,
AVEC CHAQUE VOYELLE SIMPLE.

1re Partie.

CONSONNES

DE L'ÉDIFICE DU RÉGULATEUR A MARIER D'ABORD, SANS FAIRE ATTENTION A CELLES DE L'ENCADREMENT.

HUITIEME CLASSE, PREMIERE SUBDIVISION, N° III. (N° 3.)

Syllaber d'abord sans le Régulateur.
Prononcer ici *ue* comme *e*, parce que c'est dans la même case. (*u* est donc comme s'il n'y était pas : on ne le dit pas.)
Appliquer ensuite le Régulateur pour marier chaque consonne avec la voyelle *e*.

Ne syllaber que l'édifice du milieu du Tableau à jour.
Prononcer de même toutes les syllabes d'une même case ; qu'il y ait une ou plusieurs consonnes, peu importe.
Il n'y a rien quand il n'y a pas de voyelle.
Toute consonne qui manque de voyelle dans une case, en trouve dans une autre.

HUITIEME CLASSE, PREMIERE SUBDIVISION, N° IV.   (N° 4.)

Union de chaque consonne avec la voyelle *e*, telle que dans les livres.
Mêmes règles que pour le Tableau précédent, puisqu'il est semblable.
Pour preuve, appliquer le Tableau à jours : il y aura la même chose.

	xe					ille	
			he				
vre			fe				fle
fre	re	ve		te	le		
phre			phe				phle
tre							
pre			pe				ple
dre	me	de		be	ne		
bre			q				ble
gre	je	gue	que	se	ze		gle
kre	ge	g	ke	ce	se		kle
cre		ghe	c	ç			cle
chre	gne		(che)	che			chle

ue ne se trouve qu'après ces deux consonnes (q et g).
Certaines syllabes ont deux prononciations différentes, par cela seul qu'elles se rencontrent dans deux cases différentes. On apprendra plus tard à choisir.
Plus tard aussi on remarquera que les Parenthèses indiquent, à défaut d'autres règles, la prononciation exceptionnelle.

HUITIEME CLASSE, PREMIERE SUBDIVISION, N° V.   (N° 5.)

Mêmes règles que pour le N° III.
Prononcer é très fermé.

	é			é			é
			é				
é							
é	é	é	é	é	é	é
é			é			é
é						

é			é			é
é	é	é		é	é	
é						é

é	é	ué	ué	é	é	é
é	é		é	é	é	é
é		é				é
é	é	é)		é		é

HUITIEME CLASSE, PREMIERE SUBDIVISION, N° VI.   (N° 6.)

Mêmes règles que pour le N° IV.

	xé			illé		
vré			hé			flé
fré	ré	vé	fé	té	lé	phlé
phré			phé			
tré						
pré			pé			plé
dré	mé	dé	—	bé	né	
bré			q			blé
gré	jé	gué	qué	sé	zé	glé
kré	gé	g	ké	cé	sé	klé
cré		ghé	c	ç		clé
chré	gné		(ché)	ché		chlé

HUITIEME CLASSE, PREMIERE SUBDIVISION, N° VII. (N° 7.)

Mêmes règles que pour le N° III.
Prononcer è bien ouvert.

è è
è
è
è è è è è è è
è è
è

è è
è è è è è
è è

è è uè uè è è è
è è è è è
è è è
è è è) è è

HUITIEME CLASSE, PREMIERE SUBDIVISION, N° VIII.   (N° 8.)

Procéder comme au N° IV.

	xè		illè		
		hè			
vrè			fè		flè
frè	rè	vè	phè	tè	lè	phlè
phrè					
trè					
prè			pè		plè
drè	mè	dè	—	bè	nè
brè			q		blè
grè	jè	guè	què	sè	zè	glè
krè	gè	g	kè	cè	sè	klè
crè		ghè	c	ę		clè
chrè	gnè	(chè)	chè	chlè

HUITIEME CLASSE, PREMIERE SUBDIVISION, N° IX.

Comme aux N°⁸ précédents.

	i					
			i			
i						
i	i	i	i	i	i	i
i			i			i
i						
i						i
i	i	i	i	i	i	
i						i
i	i	ui	ui	i	i	i
i	i		i	i	i	i
i		i				i
i	i	i)		i		i

HUITIEME CLASSE, PREMIERE SUBDIVISION, N° X.

Faire remarquer que *ti* se prononce quelquefois comme *ci*. On verra plus tard dans quel cas.
Faire attention que *gni* ne soit pas prononcé comme *ni*.

			xi	hi		illi		
vri								fli
fri		ri	vi	fi / phi	ti	li		phli
phri								
tri								
pri				pi				pli
dri		mi	di	—	bi	ni		
bri				q				bli
gri		ji	gui	qui	si	zi		gli
kri		gi	g	ki	ci	si		kli
cri			ghi	c	(ti)			cli
chri		gni		(chi)	chi			chli

HUITIEME CLASSE, PREMIERE SUBDIVISION, N° X. *(bis.)*

Comme au N° précédent.

		y			y	
			y			
y						
y	y	y	y	y	y	y
y			y			y
y						
y			y			y
y	y	y			y	y
y						y
y	y			y	y	y
y	y		y	y	y	y
y		y				y
y	y		y)		y	y

HUITIEME CLASSE, PREMIERE SUBDIVISION, N° X *(ter)*. (N° 10 *ter.*)

Comme au N° précédent.

	x y				ill y	
		h y				
vr y			f y			fl y
fr y	r y	v y		t y	l y	
phry			phy			phl y
tr y						
pr y			p y			pl y
dr y	m y	d y	—	b y	n y	
br y			q			bl y
gr y	j y		s y	z y	gl y
kr y	g y	g	k y	c y	s y	kl y
cr y		ghy	c	ç		cl y
chr y	gn y	(ch y)	ch y	chl y

4

HUITIEME CLASSE, PREMIERE SUBDIVISION, N° XI. (N° 11.)

Dans *ea*, *e* est nul comme *u* dans *ua*; pourquoi ? parce que c'est la case d'*a*, et non celle d'*e*, ni celle d'*u*. Continuer à appliquer le Tableau à jours.

			a			a	
				a			
a				a			a
a	a	a		a	a	a	a
a				a			a
a							
a				a			a
a	a	a			a	a	a
a							a
a	a	ua	ua	a	a	a
a	ea	a	a		a	a
a		a	a	a		a
a	a		a)		a	a

HUITIEME CLASSE, PREMIERE SUBDIVISION, N° XII. (N° 12.)

Faire remarquer que *a* n'est pas toujours dans les mêmes cases que les voyelles précédentes, ce qui indique que l'articulation de la consonne n'est pas la même, c'est-à-dire, que l'on ne prononce dans les livres que comme ici dans les cases seulement où il y a une voyelle.

	xa				illa	
		ha				
vra			fa			fla
fra	ra	va		ta	la	
phra			pha			phla
tra						
pra			pa			pla
dra	ma	da		ba	na	
bra			q			bla
gra	ja	gua	qua	sa	za	gla
kra	gea	ga	ka	c	sa	kla
cra		gha	ca	ça		cla
chra	gna	(cha)		cha		chla

De même que *u* nul ne se trouve qu'après ces consonnes (q et g), *e* nul ne se rencontre à son tour qu'après celle-ci (g), dans la case de j.

HUITIEME CLASSE, PREMIERE SUBDIVISION, N° XIII. (N° 13.)

Mêmes règles que pour la voyelle *a*, N° XI.

HUITIEME CLASSE, PREMIERE SUBDIVISION, N° XIV. (N° 14.)

Mêmes règles qu'au N° XII.

	xo				illo	
			ho			
vro fro phro tro	ro	vo	fo pho	to	lo	flo phlo
pro dro bro	mo	do	po q	bo	no	plo blo
gro kro cro chro	jo geo gno	guo go gho (cho)	quo ko co cho	so c ço	zo so	glo klo clo chlo

HUITIEME CLASSE, PREMIERE SUBDIVISION, N° XV.   (N° 15.)

Comme aux N°ˢ XI et XIII.
eu se prononce *u*, par la raison ci-dessus expliquée.
u n'est plus nul dans cette page après les consonnes q et g. Puisque c'est la page des *u*, on doit les prononcer tous.

	u			u	
		u			
u					
u	u	u	u	u	u
u			u		u
u					
u			u		u
u	u	u	u	u	u
u					u
u	u		u	u	u
u	eu	u	u		u	u
u		u	u	u	u
u		u	u		u	u

HUITIEME CLASSE, PREMIERE SUBDIVISION, N° XVI. (N° 16.)

Comme pour a et o, (N°ˢ XII et XIV).

		xu			illu		
			hu				
vru				fu			flu
fru		ru	vu		tu	lu	
phru				phu			phlu
tru							
pru				pu			plu
dru		mu	du		bu	nu	
bru				qu			blu
gru		ju			su	zu	glu
kru		geu	gu	ku	c	su	klu
cru			ghu	cu	çu		clu
chru		gnu	(chu)		chu		chlu

HUITIEME CLASSE, PREMIERE SUBDIVISION, N° XVII.   (N° 17.)

Ici, il n'y a rien parce qu'il n'y a pas de voyelles. Mais s'il y avait *a*, comment devrait-on syllaber? Comment, s'il y avait *i*? Comment, avec *o*, etc?

h

| r | v | f
ph | t | l |

| m | d | p
q | b | n |

| j
g | g'
gh | k
c | s
c | z
s |
| gn | (ch) | | ch | |

Pour donner, si l'on veut, un nom aux consonnes, on n'a qu'à prononcer maintenant comme s'il y avait *e*. Certaines consonnes auront donc deux noms, comme c, s, g et ch, qui s'appelleront *ce-que, se-ze, je-que, che-que*. Remarquer cependant que ce n'est que pour nommer les consonnes qu'on sous-entend *e* partout. Pour lire, ce serait différent. On n'a, pour preuve, qu'à revenir aux Tableaux précédents, où *e* ne se rencontre pas en effet dans toutes les cases.

UNION DES CONSONNES

AVEC CHAQUE VOYELLE SIMPLE.

1º Suite de la 1re Partie.

RELEVÉ SYNOPTIQUE
Des Syllabes formées à l'aide des Consonnes de l'Édifice du Régulateur.

HUITIEME CLASSE, PREMIERE SUBDIVISION, N° XVIII. (N° 18.)

Relevé synoptique des syllabes de l'édifice du Régulateur.
Lire d'abord par colonnes verticales ; puis par lignes horizontales ; puis par syllabes prises au hazard.
Toutes les syllabes d'une même case se prononcent toujours de même.

	e	é	è	i	y	a	o	u
h	he	hé	hè	hi	hy	ha	ho	hu
d	de	dé	dè	di	dy	da	do	du
b	be	bé	bè	bi	by	ba	bo	bu
p	pe	pé	pè	pi	py	pa	po	pu
q	»	»	»	»	»	»	»	qu
q (u)	que	qué	què	qui	»	qua	quo	»
k	ke	ké	kè	ki	ky	ka	ko	ku
c	»	»	»	»	»	ca	co	cu
(ch)	(che)	(ché)	(chè)	(chi)	(chy)	(cha)	(cho)	(chu)
ch	che	ché	chè	chi	chy	cha	cho	chu
s	se	sé	sè	si	sy	sa	so	su
c	ce	cé	cè	ci	cy	»	»	»
ç	»	»	»	(ti)	»	ça	ço	çu
z	ze	zé	zè	zi	zy	za	zo	zu
s	se	sé	sè	si	sy	sa	so	su

HUITIEME CLASSE, PREMIERE SUBDIVISION, SUITE DU N° XVIII. (N° 19.)

Si l'Elève se trompe de voyelle, remonter jusqu'à la voyelle seule; s'il se trompe de consonne, revenir à gauche à la consonne, qu'on peut nommer comme si après il y avait *e*.
Rappeler que *c* et *g* ne se marient dans les cases de *k* et *g* qu'avec *a*, *o*, *u* ; et, dans les cases de *se* et *je*, qu'avec un *e* ou un *i*.

	e	é	è	i	y	a	o	u
j	je	jé	jè	ji	jy	ja	jo	ju
g	ge	gé	gè	gi	gy	»	»	»
g(e)	»	»	»	»	»	gea	geo	geu
g(u)	gue	gué	guè	gui	»	gua	guo	»
g	»	»	»	»	»	ga	go	gu
gh	ghe	ghé	ghè	ghi	ghy	gha	gho	ghu
gn	gne	gné	gnè	gni	gny	gna	gno	gnu
m	me	mé	mè	mi	my	ma	mo	mu
n	ne	né	nè	ni	ny	na	no	nu
r	re	ré	rè	ri	ry	ra	ro	ru
v	ve	vé	vè	vi	vy	va	vo	vu
f	fe	fé	fè	fi	fy	fa	fo	fu
ph	phe	phé	phè	phi	phy	pha	pho	phu
t	te	té	tè	ti	ty	ta	to	tu
l	le	lé	lè	li	ly	la	lo	lu

HUITIEME CLASSE, PREMIERE SUBDIVISION, N° XIX. (N° 20.)

Même Tableau vuide, pour habituer l'Elève à composer lui-même les syllabes.
Faire toujours attention à ce qu'il ne marie la consonne avec la voyelle que dans les cases voulues.
En cas d'erreur, revenir au Tableau XVIII, et même s'il le faut, aux premiers Tableaux.

	e	é	è	i	y	a	o	u
h								
d								
b								
p								
q								
q(u)								
k								
c								
(ch)								
ch								
s								
c								
ç								
z								
s								

HUITIEME CLASSE, PREMIERE SUBDIVISION, SUITE DU N° XIX.   (N° 21.)

Dans le N° XVIII comme dans celui-ci, on peut faire indiquer par l'Elève, avec la baguette, plusieurs mots faciles qu'on lui fait détacher d'abord vocalement par syllabes, dont il doit montrer le nombre avec les doigts.

	e	é	è	i	y	a	o	u
j								
g								
g·(e)								
g·(u)								
g								
gh								
gn								
m								
n								
r								
v								
f								
ph								
t								
l								

HUITIEME CLASSE, PREMIERE SUBDIVISION, N° XX. (N° 22.

Faire montrer, par un Élève tenant la baguette, la case de la consonne qui avec *e* fait *re* ; celle de la consonne qui avec *e* fait *que* ; toutes les cases enfin.

HUITIEME CLASSE, PREMIERE SUBDIVISION, N.° XXI.   (N.° 23.)

Les consonnes de ce Tableau, quoique faites différemment que celles de l'édifice du Régulateur, suivent les mêmes règles, puisqu'elles sont dans les mêmes cases.

Si donc ici il y avait *e*, on dirait *re*, ici *ve*, ici *fe*, etc.

H

R | **V** | **F** | **T** | **L**

M | **D** | **P** / **Q** | **B** | **N**

J / **G** | **K** / **C** | **S** | **Z**

On peut revenir au Tableau préliminaire, et faire remarquer que ces sortes de lettres s'y trouvent, chacune dans une même fenêtre avec une autre consonne déjà connue.

Il est, au reste, inutile de s'appesantir sur ce Tableau, N.° XXI. Il vaut mieux y revenir, en cas de besoin.

HUITIEME CLASSE, PREMIERE SUBDIVISION, N° XXII. (N° 24.)

Faire montrer par un Elève la case vuide de la voyelle *a*, celle de la voyelle *o*, ainsi de suite.

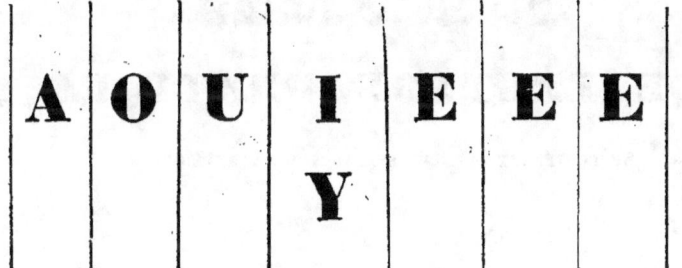

Les voyelles majuscules, par cela seul qu'elles occupent des cases correspondant à celles déjà connues, doivent avoir même nom, et suivre mêmes règles.

Revenir au Tableau préliminaire, pour remarquer qu'elles se trouvent dans les portes, chacune avec une des voyelles déjà connues.

UNION DES CONSONNES

AVEC CHAQUE VOYELLE SIMPLE.

2ᵉ Suite de la 1ʳᵉ Partie.

EXERCICES
DE LECTURE PRATIQUE

NE CONTENANT QUE DES SYLLABES DÉJA EXPLIQUÉES.

HUITIÈME CLASSE, DEUXIÈME SUBDIVISION, N° I. (N° 25.

SYLLABES.

Syllabes à consonnes invariables, et Mots de une, de deux, de trois et de quatre Syllabes.

De, bè, ki, fa, mu, ké, pe, zu, ny, re, vé, è, jo, tè, lè, zé, va, ty, dè, bi, mo, nu, fi, ni, za, ro, lu, té, mi, na, fo, ly, fa, fè, zy, né, ri, to, mè, no, ja, du, vu, ze, lo, ju, fy, fe, nè, fè, dy, zi, do, la, du, by, di, ma, dé, y, zo, bé, li, ba, bo, vu, my, mé, vo, zé, be, pi, po, ne, vè, pa, ru, me, ta, py, pè, tu, rè, te, ré, pu, ra, vy, lo, ry, ve, jy, ka, vi, le, jè, ma, ko, ji, vé, je, pè, kè, ki, mo, je, ku.

MOTS.

Mots d'une seule Syllabe.

a	ma	du	vu	me
y	je	ta	va	le
o	de	ni	là	te

HUITIÈME CLASSE, DEUXIÈME SUBDIVISION, SUITE DU N° I. (N° 26.)

Faire remarquer qu'un mot est, en quelque sorte, un morceau de parole, donnant toujours l'idée de quelque chose.
En faire souvent détacher par syllabes comptées sur les doigts.

MOTS.

Mots de deux Syllabes.

pa-pa	ta-ta	da-da	ma-ma
bo-bo	a-mi	pa-vé	ju-da
zo-zo	é-té	la-vé	ve-nu
ma-ri	zo-é	u-ni	dé-fi
mi-di	mi-ra	jo-li	le-vé
é-pi	ri-ra	pu-ni	di-né

Mots de trois Syllabes.

a-va-lé	ré-u-ni	dé-vo-ré
fa-vo-ri	po-te-lé	dé-pa-vé
mo dé-ré	dé-fi-lé	a-li-té
dé-mo-li	a-vi-li	re-le-vé
é-le-vé	de-ve-nu	a-do-ré

Mots de quatre Syllabes.

di-vi-ni-té	é-vi-te-ra
ra-pi-di-té	na-ti-vi-té
a-ri-di-té	ma-jo-ri-té
a-va-le-ra	ré-a-li-té
mo-ra-li-té	a-do-re-ra
mi-no-ri-té	a-vi-di-té

HUITIÈME CLASSE, DEUXIÈME SUBDIVISION, N° II. (N° 27.)

e est toujours faible à la fin d'un mot de plusieurs syllabes.
Pour le prononcer ainsi, il n'y a qu'à appuyer légèrement sur l'avant-dernière syllabe, et laisser aller la dernière.

SYLLABES.

a-be	é-ve	è-ne	o-e	u-fe
a-de	é-ze	è-re	o-de	u-ve
a-pe	é-je	è-te	o-be	u-ze
a-fe	é-me	è-le	o-pe	u-je
a-ve	é-ne		o-fe	u-me
a-ze	é-re	i-e	o-ve	u-ne
a-je	é-te	i-pe	o-ze	u-re
a-me	é-le	i-de	o-je	u-te
a-ne		i-be	o-me	u-le
a-re	è-e	i-fe	o-ne	
a-te	è-de	i-ve	o-re	y-e
a-le	è-be	i-ze	o-te	y-de
a-e	è-pe	i-je	o-le	y-be
	è-fe	i-me		y-pe
é-e	è-le	i-ne	u-e	y-fe
é-de	è-ze	i-re	u-de	y-ve
é-be	è-je	i-te	u-be	y-ze
é-pe	è-me	i-le	u-pe	y-re
é-fe				

HUITIÈME CLASSE, DEUXIÈME SUBDIVISION, N° III.   (N° 28.)

MOTS.

Mots de deux Syllabes.

pa-pe	lu-ne	di-re	li-me
pi-pe	la-me	zè-le	da-te
pè-re	ra-ve	ju-pe	ri-re
mè-re	ro-be	mi-ne	fi-le
u-ne	ro-me	vi-te	pi-le
da-me	ly-re	vu-e	fi-ne

Mots de trois Syllabes.

é-tu-de	re-mè-de	o-li-ve
é-to-le	fa-mi-ne	ma-da-me
u-ti-le	fo-li-e	ma-la-de
pa-ro-le	mo-ru-e	na-ri-ne
pa-ra-de	tu-li-pe	pa-ru-re
mo-dè-le	bé-vu-e	do-ru-re

Mots de quatre Syllabes.

i-ta-li-e	a-mé-li-e
li-ta-ni-e	é-mi-li-e
li-mo-na-de	fa-vo-ri-te
pa-ra-bo-le	dé-mé-ri-te
li-bé-ra-le	é-ta-mi-ne
a-ni-mé-e	dé-li-é-e.

HUITIÈME CLASSE, DEUXIÈME SUBDIVISION, N° IV. (N° 29.)

Phrases détachées à couper par mots après chaque blanc, et par syllabes après chaque voyelle.
Rappeler qu'une voyelle seule peut faire syllabe ; mais qu'une consonne ne le peut qu'en se mariant avec la voyelle sa voisine de droite.
Faire remarquer que la phrase exprime une *pensée* complète, tandis que le mot n'en exprime qu'une *idée*.
Une phrase se marque sur les livres par une lettre Capitale au commencement, et par un Point à la fin.

PHRASES.

(a) Adore la Divinité.
(j) Je me fie à ta parole.
    Jule a été à Rome.
    Jule a vu le Pape.
(b) Bélizy va à la parade.
(l) La parade a fini.
(é) Emile a bu.
(p) Papa a diné.
(z) Zoé fera la limonade.
(r) René a tué une vipère.
(m) Marie a lavé le pavé.
    Maria, lave ma robe.
    La lune a paru.
    Benini a fumé une pipe.
    Je fume.
    Madame Daru file.
    Le père de Korali la punira.
    La dorure durera.

HUITIÈME CLASSE, DEUXIÈME SUBDIVISION, N° IV *bis*. (N° 30.)

Mêmes phrases coupées par Syllabes.

(A)   a|do|re la di|vi|ni|té.
(J)   je me fi|e à ta pa|ro|le.
      ju|le a é|té à ro|me.
      ju|le a vu le pa|pe.
(B)   bé|li|zy va à la pa|ra|de.
(L)   la pa|ra|de a fi|ni.
(E)   é|mi|le a bu.
(P)   pa|pa a di|né.
(Z)   zo|é fe|ra la li|mo|na|de.
(R)   ré|né a tu|é u|ne vi|pè|re.
(M)   ma|ri|e a la|vé le pa|vé.
      ma|ri|a, la|ve ma ro|be.
      la lu|ne a pa|ru.
      be|ni|ni a fu|mé u|ne pi|pe.
      je fu|me.
      ma|da|me da|ru fi|le.
      le pè|re de ko|ra|li la pu|ni|ra.
      la do|ru|re du|re|ra.

(t) Ta folie fera rire.
La rue a été dépavée.
Adeline a la mine mutine.
Mira a fini ta robe.
Adèle a vu Julia rire.
Le dada de papa va vite.
Léonie va lire de là là.
Ma petite a vite lu.
La mariée a été ramenée à midi.
Evite la marée.
Zémire a avalé une épine.
Ta maladie finira.
Le remède a déja opéré.

(k) Kora a tué la pie.
Mélite te le dira.
La pie a volé une rave.
Zémire a avalé le diné.
Papa punira Zémire.
Ma Zélie a été malade.
Je file.

HUITIÈME CLASSE, DEUXIÈME SUBDIMISION. SUITE DU N° IV *bis*. (N° 39.)

Les mêmes phrases coupées par Syllabes.

(T) ta fo|li|e fe|ra ri|re.
la ru|e a é|té dé|pa|vé|e.
a|de|li|ne a la mi|ne mu|ti|ne.
mi|ra a fi|ni ta ro|be.
a|dè|le a vu Ju|li|a ri|re.
le da|da de pa|pa va vi|te.
lé|o|ni|e va li|re de là là.
ma pe|ti|te a vi|te lu.
la ma|ri|é|e a é|té ra|me|né|e à mi|di.
é|vi|te la ma|ré|e.
zé|mi|re a a|va|lé u|ne é|pi|ne.
ta ma|la|di|e fi|ni|ra.
le re|mè|de a déjà o|pé|ré.

(K) ko|ra a tu|é la pi|e.
mé|li|te te le di|ra.
la pi|e a vo|lé u|ne ra|ve.
zé|mi|re a a|va|lé le di|né.
pa|pa pu|ni|ra zé|mi|re.
ma zé|li|e a é|té ma|la|de.
je fi|le.

7

HUITIÈME CLASSE, DEUXIÈME SUBDIVISION, N° V. (N° 33.)

Rappeler que cette consonne c fait syllabe, dans la case de *que*, avec un *a*, un *o*, ou un *u*.
Revenir aux premiers Tableaux, en cas d'oubli de la part de l'Élève.

SYLLABES.

ca, co, cu, co, ca, cu, ca, co, cu.

MOTS.

— a —	— o —	— u —
ca-ba-ne.	co-lè-re	cu-ré
ma-ca-ro-ni	é-co le	cu-ba
a-ca-dé-mi-e	co-pi-e	cu-be
ca-fé	co lo ré	cu-ré-e
ca-ma-ra-de	ni-co-dè-me	re cu-le
ca-ca-o	co-mé-di-e	ré-cu-pé-ré

PHRASES.

La colère tue.
Zénobie a bu du cacao.
Le camarade a une carabine.
(c)Caroline fera le café.
Le Curé a une cave délicate.
La caravane a été de Carie à Cuba.

Les mêmes phrases par Syllabes coupées.

la co|lè|re tu|e.
zé|no|bi|e a bu du ca|ca|o.
le ca|ma|ra|de a u|ne ca|ra|bi|ne.
(C) ca|ro|li|ne fe|ra le ca|fé.
le cu|ré a u|ne ca|ve dé|li|ca|te.
la ca|ra|va|ne a é|té de ca|ri|e à cu|ba.

HUITIÈME CLASSE, DEUXIÈME SUBDIVISION, N° VI.   (N° 34.)

Rappeler que cette consonne g fait aussi syllabe, quand elle est seule, dans la case de gue, avec un a, un o, ou un u.

SYLLABES.

ga, go, gu, go, ga, go, ga, gu.

MOTS.

— a —	— o —	— u —
ga-le-ri-e	a-go-ni-e	fi-gu-re
ga-ze	go-go	fi-gu-ré
ga-li-lé-e	ga-la-go	fi-gu-ré-e
ga-la	go-bi-e	ra-gu-ze
é-ga-ré	go-de	ro-do-gu-ne
é-ga-li-té.	go-bé	

PHRASES.

Lave ta figure.
La gabare a été à Jafa.
Madame Rémi a diné à gogo.
(f) Favori a gobé le diné de Jule.
Ta galerie, je me la figure jolie.
(g) Raguze a vu Galilée.

Les mêmes phrases coupées par Syllabes.

la|ve ta fi|gu|re.
la ga|ba|re a é|té à Ja|fa.
ma|da|me Ré|mi a di|né à go|go.
(F) fa|vo|ri a go|bé le di|né de Ju|le.
ta ga|le|ri|e, je me la fi|gu|re jo|li|e.
(G) ra|gu|ze a vu ga|li|lé|e.

HUITIÈME CLASSE, DEUXIÈME SUBDIVISION, N° VII.   (N° 35.)

Ce n'est que lorsque cette consonne *c* est suivie d'un *e*, (accentué ou non,) ou d'un *i*, qu'elle fait Syllabe dans la case de *se*, et non dans celle de *que*, dans laquelle d'ailleurs on ne la trouverait pas mariée.

Quand cette même consonne est armée d'une cédille, c'est aussi dans cette case qu'elle fait Syllabe, quoiqu'elle se marie seulement avec un *a*, un *o*, ou un *u*, et jamais avec un *e* ni avec un *i*.

SYLLABES.

ce, cè, cé, ci, cy, ça, ço, çu, cy,
ci, cè, cé, ce, çu, ço, ça.

MOTS.

ce-ci	ra-pa-ci-té	ça
ce-la	cé-ré-a-le	me-na-ça
ra-ci-ne	ci-ga-le	re-çu
fé-li-ci-té	ci-li-ce	a-ca-ci-a
ta-ci-te	cé-ré-mo-ni-e	ci-vi-li-té

PHRASES.

La cérémonie a fini.
Cyrile te fera le reçu.
Madame Boniface a la face ridée.
Je te menace de ça.
Amicie a de la civilité.
Cécile cèdera Racine à Félicité.

Les mêmes phrases coupées par Syllabes.

la cé|ré|mo|ni|e a fi|ni.
cy|ri|le te fe|ra le re|çu.
ma|da|me bo|ni|fa|ce a la fa|ce ri|dé|e.
je te me|na|ce de ça.
a|mi|ci|e a de la ci|vi|li|té.
cé|ci|le cè|de|ra ra|ci|ne à fé|li|ci|té.

HUITIÈME CLASSE, DEUXIÈME SUBDIVISION, N° VIII. (N° 36.)

Ce n'est de même que lorsque cette consonne g est suivie d'un e (accentué ou non) ou d'un i, qu'elle fait Syllabe dans la case de je.

SYLLABES.

ge, gé, gè, gi, gy, gè, gi, gé, gy, ge.

MOTS.

gé-ni-e	a-gi-li-té	gé-mi
ju-ge	pa-ge	gé-o-go-ni-e
bo-ca-ge	ci-to-lé-gi-e	gé-o-lo-gi-e
po-ta-ge	é-ty-mo-lo-gi-e	gé-né-ra-li-té
ca-ge	ge-lé-e	gi-ra-fe

PHRASES.

Rome révère le génie de Numa.
Zozo a avalé le potage.
Gare à la cage.
Le page, je gage, fera tapage.
Le Juge de la cité jugera cela.
Etudie la géologie.

Les mêmes phrases coupées par Syllabes.

ro|me ré|vè|re le gé|ni|e de nu|ma.
zo|zo a a|va|lé le po|ta|ge.
ga|re à la ca|ge.
le pa|ge, je ga|ge, fe|ra ta|pa|ge.
le Ju|ge de la ci|té ju|ge|ra ce|la.
é|tu|di|e la gé|o|lo|gi|e.

HUITIÈME CLASSE, DEUXIÈME SUBDIVISION, N° IX.

Rappeler : 1° qu'après *q*, la voyelle *u* ne se prononce que quand elle n'est suivie d'aucune autre voyelle, ce qui ne se rencontre même a-peu-près jamais ;
2° Qu'il en est de même après la consonne *g* qui se marie, toujours en ce cas, dans la case de *ghe*, de quelque voyelle qu'elle soit suivie.

SYLLABES.

que, gua, qui, gu, quo, gue, què, guo, qué, qua, gué, guè, gui.

MOTS.

é-qui-té	qui-na	gui-de
qua-li-té	qui-ne	fi-gue
a-mé-ri-que	ba-ra-que	do-gue
é-po-que	quo-ti-té	vo-gue
é-qui-pa-ge	gué-ri	fa-ti-gue
é-qui-vo-que	gué	gué-ri-te

PHRASES.

(q) Qui va là ? ma dague le punira.
Ma vogue te fatigue.
(n) Ni ça, ni ça ne te guérira.
Jérome logera le guide fatigué.
(u) Une figue à ce dogue.
Quérine dira la qualité de ceci.

Les mêmes phrases coupées par Syllabes.

(Q) qui va là ? ma da|gue le pu|ni|ra.
ma vo|gue te fa|ti|gue.
(N) ni ça, ni ça ne te gué|ri|ra.
jé|ro|me lo|ge|ra le gui|de fa|ti|gué.
(U) u|ne fi|gue à ce do|gue.
qué|ri|ne di|ra la qua|li|té de ce|ci.

HUITIÈME CLASSE, DEUXIÈME SUBDIVISION, N° X. (N° 38.)

La voyelle *e* n'est ici que pour indiquer qu'il faut marier la consonne *g*, dans la case de *j*, quoique suivie d'un *a*, d'un *o*, ou d'un *u*. On prononcera donc comme s'il y avait ja, jo, ju, syllabes qui, excepté *ju*, s'écrivent aussi quelquefois avec l'*e* nul.

SYLLABES.

gea, geo, geu, geo, gea, geu, jea.

MOTS.

— a —	— o —	— u —
na-gea	geo le	ga-geu-re
dé-ga-gea		
fi-gea		

PHRASES.

Qui jugera la gageure ?
Madame de la Jeanoterie a bu.
Tityre nagea.
Le Doge me dégagea de ma parole.
Le liquide se figea.
Lucie a été menée à la geole.

Les mêmes phrases coupées par Syllabes.

qui ju'ge'ra la ga'geu're ?
ma'da'me de la jea'no'te'ri'e a bu.
ti'ty're na'gea.
le do'ge me dé'ga'gea de ma pa'ro'le.
le li'qui'de se fi'gea.
lu'ci'e a é'té me'né'e à la geo'le.

HUITIÈME CLASSE, DEUXIÈME SUBDIVISION, N° XI. (N° 39.)

La Syllabe ti, quand elle n'est pas suivie d'une voyelle, se prend dans la case de *ti* et non dans celle de *ci*.

SYLLABES.
ti.

MOTS.

na-ti-vi-té
ti-mi-di-té
ma-ti-né-e
po-li-ti-que
re-ti-ré-e
u-ti-li-té

ti-mo-ré-e
ti-ra-ge
ti-ra-de
lé-vi-ti-que
lu-na-ti-que

pe-ti-te
ti-te-li-ve
mu-ti-lé
mu-ti-ne-ri-e

PHRASES.

Récite ta tirade.
Médite le Lévitique.
Korali a de la timidité.
Zénobie a vu le tirage de la loterie.
Jule mutile Tite-Live.
Evite la futilité.

Les mêmes phrases coupées par Syllabes.

ré|ci|te ta ti|ra|de.
mé|di|te le lé|vi|ti|que.
ko|ra|li a de la ti|mi|di|té.
zé|no|bi|e a vu le ti|ra|ge de la lo|te|ri|e.
ju|le mu|ti|le ti-te-li|ve.
é|vi|te la fu|ti|li|té.

HUITIÈME CLASSE, DEUXIÈME SUBDIVISION, N° XII.   (N° 40.)

C'est seulement devant une voyelle que quelquefois *ti* se prononce comme *ci*.
Encore n'y a-t-il d'autre règle que l'usage, qui puisse indiquer à l'Élève s'il faut prendre, en ce cas, cette Syllabe dans la case de *ti* ou dans celle de *ci*.
Le Maître doit donc prononcer lui même avant de faire syllaber.

SYLLABES.

(ti) **ti-e , ti-é , ti-è , ti-a , ti-o , ti-u.**
(ci) **ti-e , ti-é , ti-è , ti-a , ti-o , ti-u.**

MOTS.

— ci —	— ti —
i-ni-ti-é	ti-a-re
fa-cé-ti-e	lo-ti
bé-o-ti-e	lo-ti-e
pé-ri-pé-ti-e	

PHRASES.

Eléonore a vu la Béotie.
Ta facétie fera rire.
Cela a paru une minutie.
Le Pape a une tiare.
Ta péripétie a été une facétie.

Les mêmes phrases coupées par Syllabes indiquant la prononciation.

é|lé|o|no|re a vu la bé|o|ci|e.
ta fa|cé|ci|e fe|ra ri|re.
ce|la a pa|ru u|ne mi|nu|ci|e.
le pa|pe a u|ne ti|a|re.
ta pé|ri|pé|ci|e a é|té u|ne fa|cé|ci|e.

8

HUITIÈME CLASSE, DEUXIÈME SUBDIVISION. N° XIII. (N° 41.)

Cette consonne s fait Syllabe dans la case de *ce*, au commencement des mots, (ou après une consonne *).

SYLLABES.

sa, se, si, so, su, sé, sè, sy, sè, sé, su, so, si, se, sa.

MOTS.

sa-la-de	so-no-re	sé-ré-na-de
sa-me-di	so-ci-é-té	su-a-vi-té
so-li-tu-de	so-li-di-té	su-i-ci-de
so-fa	sé-cu-ri-té	sy-no-ni-me
sé-vé-ri-té	so-li-ve	sy-no-de

PHRASES.

(s) Sale la salade.
Sara sera sage.
Sabine ira à Samarie.
La sérénade de samedi sera jolie.
(o) Onésipe a salué la société.
Ce sofa a de la solidité.

Les mêmes phrases coupées par Syllabes.

(S) sa|le la sa|la|de.
sa|ra se|ra sa|ge.
sa|bi|ne i|ra à sa|ma|ri|e.
la sé|ré|na|de de sa|me|di se|ra jo|li|e.
(O) o|né|si|pe a sa|lu|é la so|ci|é|té.
ce so|fa a de la so|li|di|té.

* Sauf quelques exceptions justifiées par l'étymologie, ce que l'Élève ne doit pas apprendre encore.

HUITIÈME CLASSE, DEUXIÈME SUBDIVISION, N° XIV.   (N° 42.)

Cette consonne se prend, au contraire, dans la case de *se*, au milieu d'un mot (après une voyelle.*).

SYLLABES.

a-sa, o-sa, u-sa, è-sa, i-so, o-so, u-su, o-su, i-su, è-su, i-se, a-se, a-so, u-so, è-so, é-so, a-si, u-si, o-si, o-se, a-se, o-sè, a-sé, o-sé, a-sè, i-sé, i-sè, è-si, i-si, a-su.

MOTS.

vi-sa-ge	a-si-le	mu-si-que
ra-sa-de	ro-se	cé-sa-ri-ne
re-mi-se	bi-se	é-li-sa
ba-se	jo-su-é	re-po-se
ro-sa-li-e	u-sa-ge	u-si-ne
va-se	a-si-e	co-li-sé-e

PHRASES.

    Papa se rase.
    Rosalie se repose.
(d) Denise se frise.
(i) Isidore a bu rasade.
    Une rose pare Lise.

Les mêmes phrases coupées par Syllabes.

    pa|pa se ra|se.
    ro|sa|li|e se re|po|se.
(D) de|ni|se se fri|se.
(I) i|si|do|re a bu ra|sa|de.
    u|ne ro|se pa|re li|se.

* Sauf aussi quelques exceptions justifiées par l'étymologie, comme *désuétude* qui est composé de deux mots : *dé*. *suétude*.

HUITIÈME CLASSE, DEUXIÈME SUBDIVISION, N° XV.   (N° 43.)

Consonnes-Consonnes mariées, c'est-à-dire, ayant changé leurs noms et ne formant qu'un son à elles deux.

ph correspond à *f* ; *gn* n'a pas de correspondant ; *ch* non plus, si ce n'est quand il se prononce *ke*, ce qui est très rare, et ce que l'Élève ne doit faire qu'après avoir entendu le Maître prononcer ainsi.

SYLLABES.

gna, pho, chu, cha, phy, gnu, pha, gno, gny, phè, phu, cho, ché, chi, gne, phe, chi, cho, phè, che, gnè, gni, phi, gné.

MOTS.

— gn —	— ph —	— ch —
si-gne	é-pi-pha-ni-e	che-mi-né-e
ci-go-gne	pho-que	cha-ri-té
ma-gni-fi-que	phé-no-mè-ne	— (ch) —
li-gne	i-phi-gé-ni-e	é-cho
		a-na-cho-rè-te

PHRASES.

Ta charité te fera riche.
Ma cheminée fume.
Iphigénie a une physionomie lutine.
Ignace a magnétisé une cigogne.
Anachorète, Zacharie te salue.

Les mêmes phrases coupées par Syllabes.

ta cha|ri|té te fe|ra ri|che.
ma che|mi|né|e fu|me.
i|phi|gé|ni|e a u|ne phy|si|o|no|mi|e lu|ti|ne.
i|gna|ce a ma|gné|ti|sé u|ne ci|go|gne.
a|na|cho|rè|te, za|cha|ri|e te sa|lu|e.

HUITIÈME CLASSE, DEUXIÈME SUBDIVISION, N° XVI. (N° 44.)

h consonne toujours muette, quand elle est seule devant une voyelle.

SYLLABES.

**ha, hé, hi, ho, hu, hè, he, hy,
he, hu, hè, ho, hi, hé, ha.**

MOTS.

ho-no-ré	hé-lè-ne	ho-mo-ny-me
ha-bi-tu-de	ho-mi-ci-de	hi-la-ri-té
ha-bi-le	ha-que-né-e	ho-no-ri-fi-que
hé-ri-ta-ge	hu-ma-ni-té	hé-ré-di-té
ho-mè-re	hé-bé-té	hé-ré-si-e
hy-mé-né-e	ho-là	hu-é-e
hy-è-ne	hu-mi-li-té	hy-gi-è-ne.

PHRASES.

(h) Holà ! holà ! que signifie cela ?
Honorine hésite à dire la vérité.
Honorine sera huée.
Homère a été cité.
Héléna a été honorée de ta visite.
Ma haquenée est habituée à cela.

Les mêmes phrases coupées par Syllabes.

(H) ho|là ! ho|là ! que sig|ni|fi|e ce|la ?
ho|no|ri|ne hé|si|te à di|re la vé|ri|té.
ho|no|ri|ne se|ra hu|é|e.
ho|mè|re a é|té ci|té.
hé|lé|na a é|té ho|no|ré|e de ta vi|si|te.
ma ha|que|né|e est ha|bi|tu|é|e à ce|la.

HUITIÈME CLASSE, DEUXIÈME SUBDIVISION, N° XVII.   (N° 45.)

Relevé des règles précédentes.

SYLLABES.

Ké, pe, ku, je, mo, ki, kè, pè, je, vé, ca, go,
ji, ko, gu, ma, jé, ga, le, vi, ka, jy, ve, co,
ry, lo, vy, ra, cu, pu, ré, ce, te, rè, tu, cé,
pè, cy, ta, me, py, ge, gy, ru, pa, vè, ça,
po, ne, py, ço, cè, gi, çu, que, pha, gni,
be, vo, zé, ci, mé, my, gé, gè, quo, vu, bo,
qu, va, geu, qua, geo, gué, sa, à-sa, ha,
gno, ghi, phu, gnu, gu, li, bé, zo, y, dé,
ma, di, by, du, què, gui, o-sé, si, i-si, ha,
gna, ê-so, zu, mu, fa, i-sa, u, ky, u-su, é,
bé, o, de, o-so, cha, ghé, (chè), (té), hé,
pho, gea, gua, (cha), gna, hi, ghè, sa, qué,
gui, u-se, ti, va, zé, u-si, ho, gné, se, qui,
u-se, lè, tè, jo, e, lé, guo, o-si, hu, phi,
gne, ghu, re, ny, té, so, gni, hé, gho, ché,
è-sé, gué, phy, é-sè, i-de, ghe, hè, si, què,
lu, ro, fi, mo, su, guè, qua, phè, hi, gne,
za, ni, i-re, i-me, sé, ni, dè, chi, té, sy,
phé, gha, o-so, è-te, zy, fè, cho, sè, nu,
bi, phy, (cho), né, fu, ly, fo, chu, a-ze,
mi, na, da, a-de, u-be, ze, y-e, chè, i-pe,
u-ne, lo, vu, ja, a-de, no, mè, u-ve, ché,
a-re, é-e, to, ri.

HUITIÈME CLASSE, DEUXIÈME SUBDIVISION, N° XVIII.   (N° 46.)

MOTS.

é-pé-e	ca-ni-che	ma-gné-si-e
lu-tè-ce.	ba-ro-que	a-mi-ca-le
ma-ni-a-que	co-co	ba-ra-que
cha-ma-de	co-qui-ne	pa-cha
cha-ro-gne	ti-sa-ne	ro-sa-ce
é-qui-pa-ge	cho-se	si-gni-fi-e
ra-do-ta-ge	cho-pi-ne	pa-ci-fi-que
to-que	ca-sa-que	si-nu-o-si-té
ca-va-le	ga-va-che	so-ci-a-bi-li-té
dé-jà	bi-che	ba-di-na-ge
mi-*che*-li-ne	li-gna-ge	ca-va-le-ri-e
li-gni-fi-é	ma-gi-que	so-le
li-ma-ce	si-mi-li-tu-de	ba-ga-ge
mi-*ché*-la-de	ba-di-geo-né	pi-ka
pi-gno-né	qui-é-tu-de	quo-ti-té
qui-no-la	co-ca-gne	cé-ci-té
bi-ri-bi	ba-na-ne	é-bè-ne
re-çu.	a-phé-rè-se	ha-che
a-pho-ni-e	a-po-co-pe	ra-re-té
ghi-a-ma-la	gui	ho-mo-pho-ni-e
fu-gi-ti-ve	ca-ché-e	ti-re-li-re
ca-li-fe	bo-ni-fi-é	ti-re-li-gne.

PHRASES.	Les mêmes phrases coupées par syllabes.
Le sage mène une vie retirée.	Le sa|ge mè|ne u|ne vi|e re|ti|ré|e
Qui va là ? qui vive ? Michélina.	Qui va là ? qui vi|ve ? Mi|ché|li|na.
La malade a bu une chopine de tisane.	La ma|la|de a bu u|ne cho|pi|ne de ti|sa|ne.
Rémi a déchiré la casaque de Réné.	Ré|mi a dé|chi|ré la ca|sa|que de Ré|né.
Jule a doné une chamade à Emile.	Ju|le a do|né u|ne cha|ma|de à E|mi|le.
Ta cavale me mènera à ta baraque.	Ta ca|va|le me mè|ne|ra à ta ba|ra|que.
La cavalerie a reçu le bagage de Tolosa.	La ca|va|le|ri|e a reçu le ba|ga|ge de Tolo|sa.
Rosine a caché la hache.	Ro|si|ne a ca|ché la ha|che.
Céphise te dira ce que cela signifie.	Cé|phi|se te di|ra ce que ce|la sig|ni|fi|e.
Ceci te guérira de ta cécité.	Ce|ci te gué|ri|ra de ta cé|ci|té.
Onésipe a diné à satiété.	O|né|si|pe a di|né à sa|ti|é|té.
Le Pacha a visité le bagne.	Le Pa|cha a vi|si|té le ba|gne.
La capitale a été Lutèce.	La ca|pi|ta|le a é|té Lu|tè|ce.
Le dogue nagea.	Le do|gue na|gea.

Je salue Madame.

Je ramène la petite Joséphine qui a ri, qui a étudié, qui a lu sa page, qui a été polie, zélée, qui a été si sage que Madame de la Fare a acheté à Joséphine une robe rose, le papa une jolie image dorée, la tata une cigogne de cire. Joséphine a cela ici. Joséphine donera chaque chose à sa mère, qui évitera que la robe ne se déchire, que la jolie image ne se tache, que la cigogne ne se défigure.

La petite camarade de Joséphine, Hélène de Ghiagie, qui a désobéi, qui a sali sa figure, a été punie.

Que dira de ça sa mère ? Que chacune a reçu ce que chacune a mérité.

Je sa|lu|e Ma|da|me.

Je ra|mè|ne la pe|ti|te Jo|sé|phi|ne, qui a ri, qui a é|tu|di|é, qui a lu sa pa|ge, qui a é|té po|li|e, zé|lé|e, qui a é|té si sa|ge, que Ma|da|me de la Fa|re a a|che|té à Jo|sé|phi|ne u|ne ro|be ro'se, le pa|pa u|ne jo|li|e i|ma|ge do|ré|e, la ta|ta u|ne ci|go|gne de ci|re. Jo|sé|phi|ne a ce|la i|ci. Jo|sé|phi|ne do|ne|ra cha|que cho|se à sa mè|re, qui é|vi|te|ra que la ro|be ne se dé|chi|re, que la jo|li|e i|ma|ge ne se ta|che, que la ci|go|gne ne se dé|fi|gu|re.

La pe|ti|te ca|ma|ra|de de Jo|sé|phi|ne, Hé|lè|ne de Ghi|a|gi|e, qui a dé|so|bé|i, qui a sa|li sa fi|gu|re, a é|té pu|ni|e.

Que di|ra de ça sa mè|re ? Que cha|cu|ne a re|çu ce que cha|cu|ne a mé|ri|té.

UNION DES CONSONNES

AVEC CHAQUE VOYELLE SIMPLE.

2.º Partie.

CONSONNES

DE L'ENCADREMENT DU RÉGULALEUR, DITES CONSONNES LIÉES.

SEPTIEME CLASSE, N° I.   (N° 49.)

Toute consonne formée soit d'une seule lettre, soit de deux, se lie avec *r* ou *l* dont elle est suivie, de manière à se marier ensemble avec la voyelle à droite.
Les consonnes liées ne comptent jamais que pour une.
Retourner aux premiers Tableaux pour l'application du Tableau à jour.
c et *ch* devant une consonne, se prennent toujours dans la case de *k*; et *g* dans celle de *gh*.

SEPTIÈME CLASSE, N° II.

Relevé synoptique des syllabes et consonnes liées avec r.

	e	é	è	i	y	a	o	u
pr	pre	pré	prè	pri	pry	pra	pro	pru
br	bre	bré	brè	bri	bry	bra	bro	bru
dr	dre	dré	drè	dri	dry	dra	dro	dru
kr	kre	kré	krè	kri	kry	kra	kro	kru
cr	cre	cré	crè	cri	cry	cra	cro	cru
chr	chre	chré	chrè	chri	crhy	chra	chro	chru
tr	tre	tré	trè	tri	try	tra	tro	tru
vr	vre	vré	vrè	vri	vry	vra	vro	vru
gr	gre	gré	grè	gri	gry	gra	gro	gru
fr	fre	fré	frè	fri	fry	fra	fro	fru
phr	phre	phré	phrè	phri	phry	phra	phro	phru

SEPTIÈME CLASSE, N° III. (N° 51.)

Relevé synoptique des syllabes à consonnes liées avec *l*.

»	e	é	è	i	y	a	o	u
pl	ple	plé	plè	pli	ply	pla	plo	plu
bl	ble	blé	blè	bli	bly	bla	blo	blu
dl	«	«	«	«	«	«	«	«
kl	kle	klé	klè	kli	kly	kla	klo	klu
cl	cle	clé	clè	cli	cly	cla	clo	clu
chl	chle	chlé	chlè	chli	chly	chla	chlo	chlu
tl	«	«	«	«	«	«	«	«
vl	«	«	«	«	«	«	«	«
gl	gle	glé	glè	gli	gly	gla	glo	glu
fl	fle	flé	flè	fli	fly	fla	flo	flu
phl	phle	phlé	phlè	phli	phly	phla	phlo	phlu

SEPTIÈME CLASSE, N° IV. (N° 59.)

Exercice pratique sur les consonnes liées avec *r* ou *l*, et ne comptant que pour une.

SYLLABES.

flu, pre, dru, blu, vra, gro, phré, kle,
chli, cre, bru, pré, ple, dra, blo, vru,
glo, fre, phlo, cré, tre, bro, prè, plé, dro,
bla, tru, vro, grè, phri, crè, fru, kla, tré,
bra, pri, plè, dry, blè, vri, gra, fri, chla,
cro, kry, gle, trè, brè, pry, plé, dré, bly,
vré, phry, phro, kli, fra, cly, gre, tri,
bry, pra, ply, drè, bli, ble, vri, phlé,
kra, klè, clé, phra, clé, gré, tra, bre,
pru, plo, dre, phli, klu, cla, glu, cli,
phru, fla, glè, tro, gla, vre, plu, phly,
flé, cru, chra, chré, phle, klo, cri,
chru, fly, chry, kre, clu, klé, kro,
chro, cry, flé, chre, phlè, chle, chri,
chlé, chlu, chle, chre, chrè, chlo, kré.

SEPTIÈME CLASSE, N° V.

MOTS.

pré	cri	glu
pli	clé	blé
li-vre	su-cre	sa-cri-fi-ce
plu-me	gra-ce	cra-va-te
bro-de-ri-e	pro-phé-ti-e	cra-pu-le
fro-ma-ge	gre-na-de	gri-ma-ce
phri-né	chro-no-lo-gi-e	mi-sé-ra-ble
phra-se	chri-sa-li-de	ca-pri-ce
phri-gi-e	pla-ce	a-cri-mo-ni-e
phré-né-si-e	phlo-go-se	é-gru-geu-re
chro-no-mè-tre	phlé-bo-to-mi-e	vi-tri-fi-é
é-gli-se	chry-so-chlo-re	vi-tre
gla-ce	so-bri-é-té	vi gno-ble
fla-vi-e	a-po-cri-phe	bé-si-cle
mi-ra-cle	a do-ra-ble	ta-bla-tu-re
cha-ri-ta-ble	dé-li-vre-ra	o-ra-cle
flo-re	cha-gri-ne	bri-de
dé-plo-re	pré-ci-pi-ce	tri-ni-té
é-ta-ble	pré-pa-ré	bri-que
chlo-re	pro-té-e	frè-re
chlo-ro-se	cro-qué	bro-che
chla-mi-de	pa-tro-cle	pra-ti-que

PHRASES.

Evite la prodigalité.
Dupré a une place lucrative.
Flavie a déplacé la glace.
Frère, sucre le thé.
Chaque Patrice a une chlamide.
Ce trio fera le caprice de Phryné.
Placide a une cravate brodée.
Le sacrifice se fera à la place publique.
La phlébographie a précédé la phlébotomie.
Le zèle de Flavie a opéré le miracle.
La chrysalide crèvera sa coque.
Flore a préparé sa broderie.
Le chlore purifie.
La prière élève l'ame.
Qui a brisé la cloche du fromage?
Le caniche qui a brifé le fromage.
Prépare la chasuble du Curé.
Iphigénie a place à ma table.
La musique de Grétry a plu.

SEPTIÈME CLASSE, N° VI *bis*. (N° 55.)

Les mêmes phrases toutes coupées.

E|vi|te la pro|di|ga|li|té.
Du|pré a u|ne pla|ce lu|cra|ti|ve.
Fla|vi|e a dé|pla|cé la gla|ce.
Frè|re, su|cre le thé.
Cha|que Pa|tri|ce a u|ne chla|mi|de.
Ce tri|o fe|ra le ca|pri|ce de Phry|né.
Pla|ci|de a u|ne cra|va|te bro|dé|e.
Le sa|cri|fi|ce se fe|ra sur la pla|ce pu|bli|que.
La phlé|bo|gra|phi|e a pré|cé|dé la phlé|bo|to|mi|e.
Le zè|le de Fla|vi|e a o|pé|ré le mi|ra|cle.
La chry|sali|de crè|ve|ra sa co|que.
Flo|re a pré|pa|ré sa bro|de|ri|e.
Le chlo|re pu|ri|fi|c.
La pri|è|re é|lè|ve l'a|me.
Qui a bri|sé la clo|che du fro|ma|ge?
Le ca|ni|che qui a bri|fé le fro|ma|ge,
Pré|pa|re la cha|su|ble du Cu|ré.
I|phi|gé|ni|e a pla|ce à ma ta|ble.
La mu|si|que de Gré|try a plu.

SEPTIÈME CLASSE, N° VII.   (N° 56.)

Consonnes liées avec une muette, laquelle n'ajoute par conséquent rien à la prononciation.
Rappeler que ce n'est que dans les consonnes mariées *ph* et *ch*, que cette consonne *h* indique une modification de son.
Ne faire remarquer à l'enfant que la consonne lh se prend quelquefois dans la case de ill (notamment après un i), que lorsqu'on aura enseigné le Tableau N° 65.

(lh)

rh | vh | th | lh

mh | dh | — | | nh

gh | sh
(ch) | (sh)

SEPTIÈME CLASSE, N° VIII.

L'Apostrophe ne change rien non plus à la prononciation.
Ce signe muet ne sert qu'à indiquer que la consonne qui le précède, appartient originairement à un autre mot (dont on a suprimé la voyelle), que celui auquel elle s'unit au moyen de l'apostrophe.

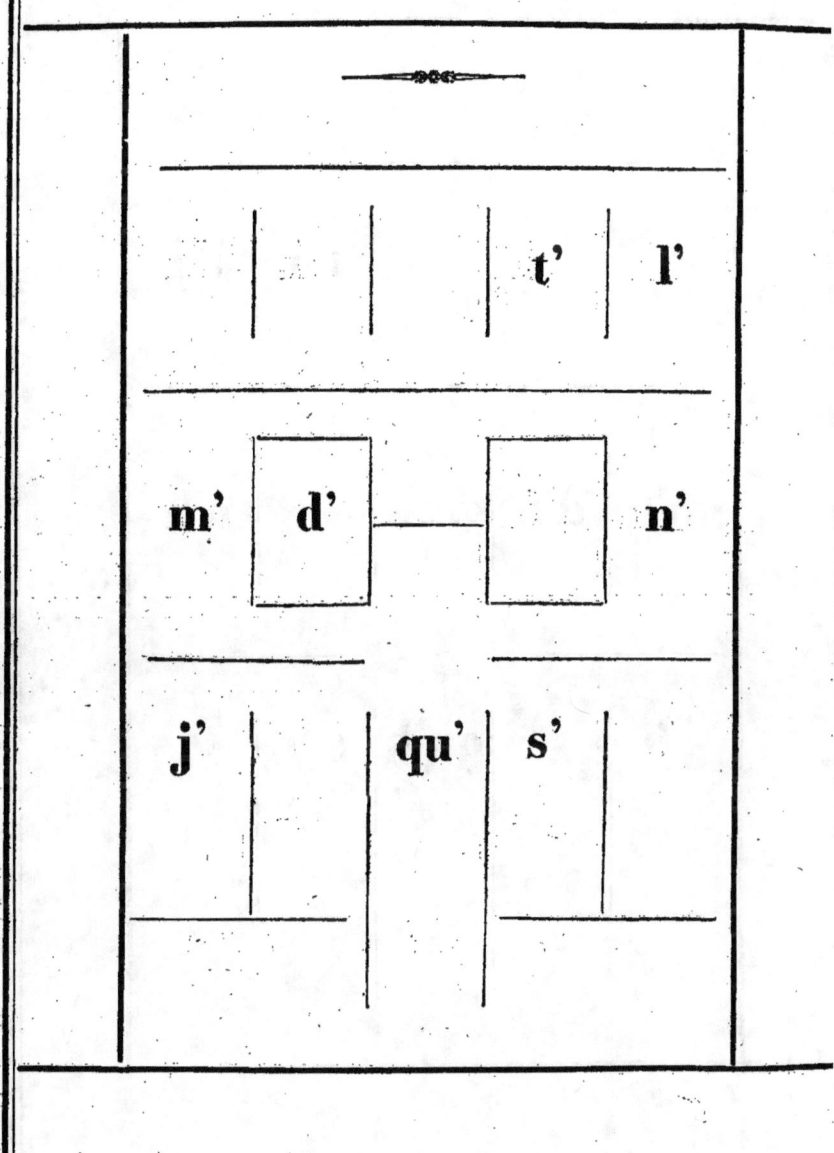

PTIÈME CLASSE, N° IX. (N° 58.)

L'Apostrophe indique encore ici que le mot est un composé de deux mots dont le 1er n'a plus sa voyelle. La consonne muette n'ajoute donc rien non plus à la prononciation, quoiqu'après une Apostrophe.

			t'h	l'h

m'h	d'h	—		n'h

j'h		qu'h	s'h	

SEPTIÈME CLASSE, N° X.

Résumé synoptique des syllabes à consonnes liées avec une muette.

	e	é	è	i	y	a	o	u
h	he	hé	hè	hi	hy	ha	ho	hu
d	de	dé	dè	di	dy	da	do	du
dh	dhe	dhé	dhè	dhi	dhy	dha	dho	dhu
l	le	lé	lè	li	ly	la	lo	lu
lh	lhe	lhé	lhè	lhi	lhy	lha	lho	lhu
m	me	mé	mè	mi	my	ma	mo	mu
mh	mhe	mhé	mhè	mhi	mhy	mha	mho	mhu
n	ne	né	nè	ni	ny	na	no	nu
nh	nhe	nhé	nhè	nhi	nhy	nha	nho	nhu
r	re	ré	rè	ri	ry	ra	ro	ru
rh	rhe	rhé	rhè	rhi	rhy	rha	rho	rhu
s	se	sé	sè	si	sy	sa	so	su
sh	she	shé	shè	shi	shy	sha	sho	shu
t	te	té	tè	ti	ty	ta	to	tu
th	the	thé	thè	thi	thy	tha	tho	thu
v	ve	vé	vè	vi	vy	va	vo	vu
vh	vhe	vhé	vhè	vhi	vhy	vha	vho	vhu

SEPTIÈME CLASSE, No XI. (No 60.)

Relevé synoptique des syllabes à apostrophe et h muette.

	e	é	è	i	y	a	o	u
c'	c'e	c'é	c'è	c'i	c'y	ç'a	ç'o	ç'u
d' d'h	d'e d'he	d'é d'hé	d'è d'hè	d'i d'hi	d'y d'hy	d'a d'ha	d'o d'ho	d'u d'hu
j' j'h	j'e j'he	j'é j'hé	j'è j'hè	j'i j'hi	j'y j'hy	j'a j'ha	j'o j'ho	j'u j'hu
l' l'h	l'e l'he	l'é l'hé	l'è l'hè	l'i l'hi	l'y l'hy	l'a l'ha	l'o l'ho	l'u l'hu
m' m'h	m'e m'he	m'é m'hé	m'è m'hè	m'i m'hi	m'y m'hy	m'a m'ha	m'o m'ho	m'u m'hu
n' n'h	n'e n'he	n'é n'hé	n'è n'hè	n'i n'hi	n'y n'hy	n'a n'ha	n'o n'ho	n'u n'hu
qu' qu'h	qu'e qu'he	qu'é qu'hé	qu'è qu'hè	qu'i qu'hi	qu'y qu'hy	qu'a qu'ha	qu'o qu'ho	qu'u qu'hu
s' s'h	s'e s'he	s'é s'hé	s'è s'hè	s'i s'hi	s'y s'hy	s'a s'ha	s'o s'ho	s'u s'hu
t' t'h	t'e t'he	t'é t'hé	t'è t'hè	t'i t'hi	t'y t'hy	t'a t'ha	t'o t'ho	t'u t'hu

SEPTIÈME CLASSE, N° XII.

Exercice pratique sur l'Apostrophe et la consonne (h) muette.

Exercices pratiques.

SYLLABES.

s'hu, t'ho, l'é, l'ha, l'i, n'o, m'é, lha,
nhy, sho, shy, dhe, qu'u, ç'a, rhi, l'é,
m'é, mha, m'ha, t'è, dhé, qu'a, ç'o, m'é,
nhè, s'o, n'hé, j'o, dhè, qu'o, ç'u, j'he,
n'è, t'o, t'u, s'ho, j'a, dhi, qu'o, c'é, jha,
s'e, nho, lhy, s'é, vhi, j'u, dhy, qu'è, c'i,
jhu, thé, n'ha, s'è, rhu, j'o, dha, qu'i, c'è,
jho, m'hu, n'u, n'a, m'u, nha, jhi, t'é, lhè,
vhè, j'i, dho, qu'y, c'è, n'ho, m'o, s'ha,
m'i, mhè, t'u, c'y, dhu, qu'é, shu, n'è,
qu'ha, j'y, s'a, m'hé, n'i, rhé, j'hy, l'o,
thu, mho, thè, qu'ho, j'é, rhe, n'hu, j'hè,
m'ho, mhy, t'i, qu'hu, j'è, rha, lhe, j'hè,
rhy, l'he, tha, lho, qu'hi, vho, mhe, l'hu,
l'ho, m'u, l'hu, nhu, s'u, m'hu, s'hé, rho,
m'he, l'a, nhe, qu'hy, vhu, t'hu, shè, tha,
m'è, s'i, she, qu'ho, vha, mhu, vhe, nhe,
vhy, rhè, the, thy, sha, t'a, s'ho, l'é,
thu, m'a, l'hé, qu'hè, tho, qu'hé, s'i,

SEPTIÈME CLASSE, N° XIII.   (N° 62.)

she, qu'hè, vha, mhu, vhẹ, nhe, vhy, rhè,
the, qu'hé, thy, sha, t'a, s'he, l'è, the,
m'a, l'hé, qu'hè, tho.

MOTS.

— h —	— ' —	— 'h —
rhé-to-ri-que	l'a-mi	l'hu-mi-li-té
a-tha-na-sa	l'é-té	d'ha-bi-tu-de
ca-tho-li-que	j'a-do-re	n'hu-mi-li-e
i-nha-bi-le	t'a-do-re	m'hu-mi-li-e
i-nha-bi-té-e	l'a-si-e	l'hy-è-ne
thé-o-do-re	d'a-mé-ri-que	d'hy-gi-è-ne
mé-tho-de	d'a-si-e	l'hu-ma-ni-té
a-dhé-ré	n'ha-bi-te	l'ha-bi-le-té
thé-o-phi-le	m'a	d'ho-no-ri-fi-que
i-nhu-mé	c'a é-té	d'ho-no-ré
thé-ré-si-a	qu'a-gi-te	l'hé-té-ro-cli-te
ca-the-ri-ne	n'a	l'ho-no-ra-ble
i-nhu-ma-ni-té	m'é-lè-ve	qu'ho-no-re
rhu-me	d'a-fri-que	n'ho-mi-ci-de
a-dhi-ré	d'-ani-mo-si-té	l'ho-ro-gra-phi-e
da-lhi-a	l'é-gli-se	l'ho-mo-gé-né-i-té
a-thé-e	l'a-na-cho-rè-te	l'hé-ri-ta-ge

PHRASES.

Théophile a fini sa rhétorique.
Catherine a sali sa robe.
L'inhabileté de Jule le ruinera.
Le catha arabique paralisera l'épidémie.
Ta mazure inhabitée menace ruine.
Théodore a visité Athanasa.
J'adore la Divinité.
J'habite la cité de Suze.
Qui n'a de l'humanité?
Léonie a une robe d'alépine.
L'habileté de Jule l'honore.
D'habitude, l'été, je nage.
L'avare thésaurise.
Le rhume te fatigue, ma chère Thérésia.
Léonie, sucre le café de Catherine.
La pratique unie à la théorie facilite l'étude.
Athénodore a visité l'Asie, l'Afrique, l'Amérique.
Ta thèse de théologie sera reçue.
L'honorable député de l'Isère a péri du choléra.
L'héritage d'Honoré te déshonorera.

SEPTIÈME CLASSE, N° XIV *bis*. (N° 64.)

Les mêmes phrases coupées par Syllabes écrites comme on les prononce.

Té|o|fi|le a fi|ni sa ré|to|ri|que.
Ka|te|ri|ne a sa|li sa ro|be.
Li|na|bi|le|té de ju|le le ru|i|ne|ra.
Le ka|ta a|ra|bi|que pa|ra|li|se|ra lé|pi|dé|mi|e.
Ta ma|zu|re i|na|bi|té|e me|na|ce ru|i|ne.
Té|o|do|re a vi|zi|té a|ta|na|za.
Ja|do|re la di|vi|ni|té.
Ja|bi|te la si|té de su|ze.
Qui na de lu|ma|ni|té ?
Lé|o|ni|e a u|ne ro|be da|lé|pi|ne.
La|bi|le|té de ju|le lo|no|re.
Da|bi|tu|de, lé|té, je na|je.
La|va|re té|zo|ri|ze.
Le ru|me te fa|ti|gue, ma chè|re té|ré|zi|a.
Lé|o|ni|e, su|cre le té de ka|te|ri|ne.
La pra|ti|que u|ni|e à la té|o|ri|e fa|ci|li|te lé|tu|de.
A|té|no|do|re a vi|zi|té la|si|e, la|fri|que, la|mé|ri|que.
Ta tè|se de té|o|lo|gi|e se|ra re|çu|e.
Lo|no|ra|ble dé|pu|té de li|zè|re a pé|ri du ko|lé|ra.
Lé|ri|ta|je do|no|ré te dé|zo|no|re|ra.

UNION DES CONSONNES
AVEC CHAQUE VOYELLE SIMPLE.

3° Partie.

CONSONNES

HORS ET EN DESSUS DE L'ÉDIFICE DU RÉGULALEUR, DITES-CONSONNES MIXTES;

et

GROUPES DE CONSONNES

non compris au Tableau à jours, quoique ne comptant que pour une.

SEPTIÈME CLASSE, N° XV.   (N° 65.)

x représente *gz* ou *qs*. Faire donc syllaber des deux manières.
Éviter soigneusement de faire prononcer *ille* comme *ieu*, c'est à-dire, comme si la consonne n'y était pas.
On doit la mouiller et non l'éviter.
Revenir aux premiers Tableaux, pour marier *x* et *ill* du Tableau à jours avec chaque voyelle simple.
Relevé synoptique des syllabes formées par *x* ou *ill* marié à une voyelle simple.

| xe | xé | xè | xi | xy | xa | xo | xu |
| ille | illé | illè | illi | illy | illa | illo | illu |

12

SEPTIÈME CLASSE, N° XVI. (N° 66.)

e, devant *x*, se prononce *è*, et *x* se prononce *gz*, quand *e* n'est précédé lui-même d'aucune consonne autre que la muette.* Dans le cas contraire, ainsi qu'après toute autre voyelle, *x* est égal à *qs*.

SYLLABES.

e-xe, e-xé, e-xè, e-xi, e-xy, e-xa, e-xo, e-xu.
he-xe, he-xé, he-xé, he-xi, he-xy, he-xa, he-xo, he-xu.
ne-xe, le-xé, me-xè, re-xi, de-xi, me-xa, pe-xo, se-xu.
a-xe, o-xe, i-xe, y-xi, u-xy, a-xa, u-xo, u-xu.

MOTS.

— (è-gz) —	— è-qs —	— qs —
e-xa-mi-né	se-xe	lu-xe
e-xa-gé-ré	ve-xé	ta-xe
e-xi-lé	me-xi-que	fi-xe
he-xa-go-ne	le-xi-que	ma-xi-me
he-xa-mè-tre		

PHRASES.

Le luxe d'Alexia l'a ruinée.
Maximia se fixera ici.
Une taxe exagérée a été exigée.
Ce dé a une figure hexaèdre.
Taxile a été examiné.
(x) Xénophile a une idée fixe.

Les mêmes phrases par Syllabes écrites comme on prononce.

le lu|kse d'a|le|ksi|a l'a ru|i|né|e.
ma|ksi|mi|a se fi|kse|ra i|ci.
u|ne ta|kse è|gza|gé|ré|e a é|té è|gzi|gé|e.
ce dé a u|ne fi|gu|re è|gza|è|dre.
ta|ksi|le a é|té e|gza|mi|né.
(X) xé|no|fi|le a u|ne i|dé|e fi|kse.

* Et encore quand le mot commence par *i-n* (*i* privatif et *n* euphonique).

SEPTIÈME CLASSE, N° XVII.

e , qui précède *ill*, se prononce *è*.
ue se prononce *eu*, quoique d'ailleurs *u* soit ici nul.
i fait partie de la consonne *ill*, mais il s'en détache pour servir de voyelle à la consonne de gauche, qui n'en a pas d'autre.

SYLLABES.

(è) e-ille, e-illé, e-illè, e-illi, e-illy, e-illa, e-illo, e-illu.

(e) ue-ille, ue-illé, ue-illè, ue-illi, ue-illy, ue-illa, ue-illo, ue-illu.

(i) f$^{(i)}$-ille, p$^{(i)}$-illé, qu$^{(i)}$-illè, d$^{(i)}$-illi, b$^{(i)}$-illa, gu$^{(i)}$-illo, z$^{(i)}$-illu, g$^{(i)}$-illy.

MOTS.

(*lieu* faible et mouillé.)	— (è) —	— (i) —
pa-ille	o-re-ille	f-ille
ca-ille	tre-ille	fa-m-ille
te-na-ille	pa-re-ille	qu-ille
ba-ta-ille	— (e) —	che-v-ille
vo-la-ille	re-cue-illi	gr-ille
é ca-ille	a-ccue-illi	ba-b-ille

SYLLABES.

Qui sème, recueille.
Ma fille, habille la fille de la fille de ta fille.
Cette canaille a livré bataille à ma volaille.
Ivanhoé a recueilli l'héritage de ma famille.
Qui a vu une treille pareille ?

Les mêmes phrases par Syllabes écrites comme on prononce.

ki sè|me , re|keu|ille.
ma fi|ille , a|bi|ille la fi|ille de la fi|ille de ta fi|ille.
sè|te ca|na|ille a li|vré ba|ta|ille à ma vo|la|ille.
i|va|no|é a re|keu|illi l'é|ri|ta|ge de ma fa|mi|ille.
ki a vu u|ne trè|ille pa|rè|ille ?

SEPTIÈME CLASSE, N° XVIII.   (N° 68.)

Deux consonnes sœurs, c'est-à-dire deux consonnes semblables, ou prises dans une même case quoique faites différemment, ne comptent que pour une.

gg, cc, ss, et sc suivent la règle de leurs cases dans leur mariage avec une voyelle.

ffr **ttr**	rr		ff	tt	ll	**ffl**
ppr **ddr** **bbr**	mm	dd	pp	bb	nn	**ppl** **bbl**
ggr		gg $\{^a_{o\,u}\}$	cq ck cc $\{^a_{o\,u}\}$	ss sc $\{^e_i\}$		**ggl**
ccr						**ccl**
cchr			cch			**cchl**

SEPTIÈME CLASSE, N° XIX.

Relevé synoptique des syllabes à consonnes sœurs.

	e	é	è	i	y	a	o	u
pp	ppe	ppé	ppè	ppi	ppy	ppa	ppo	ppu
dd	dde	ddé	ddè	ddi	ddy	dda	ddo	ddu
bb	bbe	bbé	bbè	bbi	bby	bba	bbo	bbu
cqu **ck**	cque cke	cqué cké	cquè ckè	cqui cki	cquy cky	cqua cka	cquo cko	cqu cku
cc	«	«	«	«	«	cca	cco	ccu
gg	«	«	«	«	«	gga	ggo	ggu
mm	mme	mmé	mmè	mmi	mmy	mma	mmo	mmu
nn	nne	nné	nnè	nni	nny	nna	nno	nnu
rr	rre	rré	rrè	rri	rry	rra	rro	rro
tt	tte	tté	ttè	tti	tty	tta	tto	ttu
ff	ffe	ffé	ffè	ffi	ffy	ffa	ffo	ffu
sc	sce	scé	scè	sci	scy	«	«	«
ss	sse	ssé	ssè	ssi	ssy	ssa	sso	ssu
ll	lle	llé	llè	lli	lly	lla	llo	llu

SEPTIÈME CLASSE, N° XX. (N° 70.)

Relevé des syllabes à consonnes sœurs liées avec un *r* ou un *l*.

	e	é	è	i	y	a	o	u
ppr	ppre	ppré	pprè	ppri	ppry	ppra	ppro	ppru
bbr	bbre	bbré	bbrè	bbri	bbry	bbra	bbro	bbru
ddr	ddre	ddré	ddrè	ddri	ddry	ddra	ddro	ddru
ccr	ccre	ccré	ccrè	ccri	ccry	ccra	ccro	ccru
cchr	cchre	cchré	cchrè	cchri	cchry	cchra	cchro	cchru
ttr	ttre	ttré	ttrè	ttri	ttry	ttra	ttro	ttru
ggr	ggre	ggré	ggrè	ggri	ggry	ggra	ggro	ggru
ffr	ffre	ffré	ffrè	ffri	ffry	ffra	ffro	ffru
ppl	pple	pplé	pplè	ppli	pply	ppla	pplo	pplu
bbl	bble	bblé	bblè	bbli	bbly	bbla	bblo	bblu
ccl	ccle	cclé	cclè	ccli	ccly	ccla	cclo	cclu
cchl	cchle	cchlé	cchlè	cchli	cchly	cchla	cchlo	cchlu
ggl	ggle	gglé	gglè	ggli	ggly	ggla	gglo	gglu
ffl	ffle	fflé	fflè	ffli	ffly	ffla	fflo	fflu

SEPTIÈME CLASSE, N° XXI.

e se prononce è devant deux consonnes semblables, si ce n'est devant deux *m*, où il se prononce *a* ; devant deux *f*, où il se prononce é ; et devant deux *s*, où il se prononce tantôt è, tantôt é, tantôt e, suivant les cas ci-après rappelés.

	e-xe			**e-ille**	
e-ffr **e-ttr**	**e-rre**		**e-ffe** (é)	**e-tte**	**e-lle**	**e-ffl**
e-ppr **e-ddr** **e-bbr**	**e-mme** (a)	**e-dde**	**e-ppe**	**e-bbe**	**e-nne**	**e-ppl** **e-bbl**
e-ggr **e-ccr**	**e-gg**	**e-cque** **e-cke** **e-cc** **e-cche**	**e-sse** (è) (é) (e) **e-sc**			**e-ggl** **e-ccl**

SEPTIÈME CLASSE, N° XXII. (N° 72.)

Exercice pratique sur les Syllabes à consonnes semblables, ou prises dans une même case et ne comptant que pour une.

MOTS.

a-nné-e	*e se prononce è devant deux consonnes semblables, autres que f et m.*	*l appartient ici en qualité de voyelle à la syllabe de gauche ; la consonne de droite n'étant pas ill, mais ll, qui se prononce comme l seul. L'usage et le sens de la phrase apprendront seuls à distinguer, en attendant d'être guidé par l'étymologie.*
a-cca-blé		
a-bbé	pe-lle	
ba-ccha-na-le	ve-rre	
a-ppe-lé	je-tte	vi-lle
a-lle-ma-gne	re-me-ttre	vi-lla-ge
a-ssu-ré	é-mi-li-e-nne	mi-lle
a-tta-che	e-nne-mi	a-chi-lle
a-rro-sa-ge	se-lle	os-ci-lle
a-ffli-ge		a-bbe-vi-lle
ho-mme	*Devant deux s, e ne se prononce è que quand le mot ne commence pas par de ou re.*	
po-mme		
so-tti-se	me-sse	
é-to-ffe	pro-me-sse	
co-rri-ge	a-bbe-sse	
o-ppo-se		
o-ccu-pe	*Dans la syllabe initiale de, e se prononce è devant deux s.**	*e se prononce é devant deux f.*
co-ffre	de-ssi-né	e-ffa-cé
o-ffi-ce	de-ssé-ché	e-ffi-gi-e
ru-ssi-e	de-sce-llé.	e-ffi-lé
nu-lle	de-ssa-lé	e-ffa-ré
pru-sse	de-sse-rré	
su-ffi-re		*e, non précédé d'un j ou g initial, se prononce a devant deux m.**
di-ffi-ci-le	* *Excepté dans les mots dessus et dessous*	
di-sci-ple	*Dans la syllabe initiale re, e se prononce é devant deux s.*	fe-mme
po-li-sso-nne-rie	re-sse-mé	
hy-ppo-po-ta-me	re-ssa-ssé	* *On excepte de cette règle le mot di-le-mme.*
phi-li-ppe	*L'usage a fait excepter le mot re-ssu-sci-té.*	

13

SEPTIÈME CLASSE, N° XXIII.   (N° 73.)

PHRASES.

L'homme qui s'occupe réussira.
L'année passe vite.
Sépare chaque syllabe.
Quelle sottise de rire comme une folle !
Jeannette, ramasse cette pomme.
L'abbé d'Olonne dira la Messe.
Attache la selle à l'anesse.
La Russie a battu l'Allemagne.
Ma femme m'a donné une fille qui a été nommée Emilienne.
L'Abbesse a été assassinée.
L'accusé sera acquitté.
La ville de Lille a été saccagée.
L'ennemi a occupé cette ville.
Ce socque me blesse.
Achille s'unira à Ulyssia issue d'une bonne famille.
Ce village possède une belle fille.
Efface cette ligne.
Dessine l'effigie de Philippe.
Cette terre a été ressemée.

SEPTIÈME CLASSE, N° XXIII bis.   (N° 74.)

Les mêmes phrases coupées par Syllabes indiquant la prononciation.

Lo|me ki so|ku|pe ré|u|ci|ra.
La|né|e pa|ce vi|te.
Sé|pa|re cha|ke sy|la|be.
Kè|le so|ti|ze de ri|re co|me u|ne fo|le !
Ja|nè|te, ra|ma|ce cè|te po|me.
La|bé do|lo|ne di|ra la mè|ce.
A|ta|che la sè|le à la|nè|ce.
La ru|ci|e a ba|tu la|le|ma|gne.
Ma fa|me ma do|né une fi|ille ki a é|té no|mé|e é|mi|li|è|ne.
La|bè|ce a é|té a|ça|ci|né|e.
La|ku|sé se|ra a|ki|té.
La vi|le de li|le se|ra sa|ka|jé|e.
Lè|ne|mi a o|ku|pé cè|te vi|le.
Ce so|ke me blè|ce.
A|chi|le su|ni|ra à u|ly|ci|a i|ou|e du|ne bo|ne fa|mi|lle.
Ce vi|la|je po|cè|de u|ne bè|le fi|ille.
E|fa|ce cè|te li|gne.
Dé|ci|ne lé|fi|ji|e de fi|li|pe.
Cè|te tè|re a é|té re|ce|mé|e.

SEPTIÈME CLASSE, N° XXIV. (N° 75.)

Consonnes semblables prises dans deux cases différentes.
Quand il y a deux *c* ou deux *g* devant un *e* ou un *i*, le premier *c* ou *g* se prend dans la case de *k* ou *gh*, parce qu'il n'est pas devant une voyelle (voir la Règle du N° I de la 7e classe); et l'autre dans celle de *s* ou *j*, parce qu'il est devant un *e* ou un *i*, (suivant la règle des N°s IV et X de la 8e classe, 1re subdivision).

cc [ks]   gg [ghj]

―――――

SYLLABES.

ggé, cce, ggi, ccé, ggy, ccè, gge, cci, ggè, ccy.

MOTS.

va-cci-ne   su-ggé-ré
a-ccé-dé

PHRASES.

Ulysse sera vacciné.
Qui t'a suggéré cela ?
J'accède à ce qu'elle désire.
Celle qui occira occise sera.
Accède à cela, je te prie.

Les mêmes phrases par Syllabes écrites comme on prononce.

u|li|ce se|ra va|ksi|né.
qui t'a su|ghjé|ré se|la ?
j'a|ksè|de à se kè|le dé|zi-re.
sè|le qui o|ksi|ra, o|ksi|ze se|ra.
a|ksè|de à se|la, je te pri|e.

SEPTIÈME CLASSE, N° XXV. (N° 76.)

Consonnes sifflantes. *e* qui les précède se prononce toujours è. Le s n'indique ici qu'un très léger sifflement devant précéder la syllabe, et se perdre avec douceur dans la prononciation de celle-ci.

s vr			s f			s fl
s fr	s r	s v		s t	s l	
s phr			s ph			s phl
s tr						

s pr			s p			s pl
s dr	s m	s d		s b	s n	
s br						s bl

s gr			s qu			s gl
s kr		s g	s k			s kl
s cr			s c			s cl
s chr			s ch	s ch		s chl

gn	ps	mn	pht
Au commencement des mots, *gn* devient consonne *liée*, au lieu de *mariée*, et se prononce *gh n*.		*e* qui précède se prononce *a*.	

SEPTIÈME CLASSE, N° XXVI.

Relevé synoptique des syllabes à consonnes sifflantes.

sp	spe	spé	spè	spi	spy	spa	spo	spu
sb	sbe	sbé	sbè	sbi	sby	sba	sbo	sbu
sd	sde	sdé	sdè	sdi	sdy	sda	sdo	sdu
sk **squ** **sc**	ske sque «	ské squé «	skè squè «	ski squi «	sky squy «	ska squa sca	sko squo sco	sku squu scu
sch	sche	sché	schè	schi	schy	scha	scho	schu
sm	sme	smé	smè	smi	smy	sma	smo	smu
sn	sne	sné	snè	sni	sny	sna	sno	snu
sr	sre	sré	srè	sri	sry	sra	sro	sru
st	ste	sté	stè	sti	sty	sta	sto	stu
sl	sle	slé	slè	sli	sly	sla	slo	slu
sg	«	«	«	«	«	sga	sgo	sgu
sv	sve	své	svè	svi	svy	sva	svo	svu
sf **sph**	sfe sphe	sfé sphé	sfè sphè	sfi sphi	sfy sphy	sfa spha	sfo spho	sfu sphu
gn	g-ne	g-né	g-nè	g-ni	g-ny	g-na	g-no	g-nu
ps	pse	psé	psè	psi	psy	psa	pso	psu
mn	mne	mné	mnè	mni	mny	mna	mno	mnu
phth	phthe	phthé	phthè	phthi	phthy	phtha	phtho	phthu

SEPTIÈME CLASSE, N° XXVII. (N° 78.)

Relevé des syllabes à consonnes sifflantes liées à un *r* ou un *l*.

spr	spre	spré	sprè	spri	spry	spra	spro	spru
sbr	sbre	sbré	sbrè	sbri	sbry	sbra	sbro	sbru
sdr	sdre	sdré	sdrè	sdri	sdry	sdra	sdro	sdru
skr	skre	skré	skrè	skri	skry	skra	skro	skru
scr	scre	scré	scrè	scri	scry	scra	scro	scru
schr	schre	schré	schrè	schri	schry	schra	schro	schru
str	stre	stré	strè	stri	stry	stra	stro	stru
svr	svre	svré	svrè	svri	svry	svra	svro	svru
sgr	sgre	sgré	sgrè	sgri	sgry	sgra	sgro	sgru
sfr	sfre	sfré	sfrè	sfri	sfry	sfra	sfro	sfru
sphr	sphre	sphré	sphrè	sphri	sphry	sphra	sphro	sphru
spl	sple	splé	splè	spli	sply	spla	splo	splo
sbl	sble	sblé	sblè	sbli	sbly	sbla	sblo	sblu
skl	skle	sklé	sklè	skli	skly	skla	sklo	sklu
scl	scle	sclé	sclè	scli	scly	scla	sclo	sclu
schl	schle	schlé	schlè	schli	schly	schla	schlo	schlu
sgl	sgle	sglé	sglè	sgli	sgly	sgla	sglo	sglu
sfl	sfle	sflé	sflè	sfli	sfly	sfla	sflo	sflu
sphl	sphle	sphlé	sphlè	sphli	sphly	sphla	sphlo	sphlu
sphth	sphthe	sphthé	sphthè	sphthi	sphthy	sphtha	sphtho	sphthu

SEPTIÈME CLASSE, N° XXVIII.

Exercice-pratique sur les consonnes sifflantes.

MOTS.

spa.	a-po-stro-phe.	Groupes de consonnes liées, ne comptant aussi que pour une.
stro-phe.	hé-mis-ti-che.	
sto-ma-chi-que.	hé-mi-sphè-re.	psy-ché.
sque-le-tte.	a-po-sto-li-que.	psy-co-lo-gue.
sphè-re.		pso-ra-gi-e.
sbi-re.	*e*, qui précède une consonne sifflante, se prononce è	ptè-ne.
stu-pi-di-té.		phthi-si-e.
scru-pu-le.	pe-ste.	
spi-ri-tu-e-lle.	dé-te-ste.	a-mni-sti-e.
smi-lle.	ma-ni-fe-ste.	o-mni-vo-re.
scri-be.		ca-lo-mni-e.
stra-té-gi-e.		mné-mo-ni-que.
sta-tu-e.		so-mni-fè-re.
sty-le.		hy-mne.
smi-la-cé-e.		gy-mna-se.
sla-bre.		
sca-ra-bé-e.		*gn*, au commencement des mots, se prononce *gh-n*.
scy-lla.		
sci-e.		gno-me.
scè-ne.		gni-di-e.
sce-llé.		gna-ve-lle.
scé-lé-ra-te-sse.		gni-de.

SEPTIÈME CLASSE, N° XXIX.   (N° 80.)
PHRASES.

La gnomonique se lie à la physique mathématique.
Jule a la phtysie.
Psyché a le psora.
Ce platine a du ptène.
Ce sbire a scié la belle statue de Psyché.
Quelle stupide scélératesse !
Le Juge de Spa a- opéré la levée du scellé.
Ce remède sera stomachique.
Le Philosophe Anatole a étudié la psycologie.
Le scribe copiera ta lettre.
Le style du livre a paru stérile.
Le frère de Rosa a écrasé le squelette du scarabée.

Les mêmes phrases coupées par Syllabes indiquant la prononciation.

La ghno|mo|ni|ke se li|e à la fi|si|ke ma|té|ma|ti|ke.
Ju|le a la fti|si|e.
Psi|ché a le pso|ra.
Ce pla|ti|ne a du ptè|ne.
Ce sbi|re a si|é la bè|le sta|tu|e de psi|ché.
Kè|le stu|pi|de sé|lé|ra|tè|ce !
Le ju|je de spa a o|pé|ré la le|vé|e du sè|lé.
Se re|mè|de se|ra sto|ma|chi|ke.
Le fi|lo|zo|fe a|na|to|le a é|tu|di|é la psi|ko|lo|ji|e.
Le scri|be ko|pi|e|ra ta lè|tre.
Le sti|le du li|vre a pa|ru sté|ri|le.
Le frè|re de ro|sa a é|cra|zé le ske|lè|te du ska|ra|bé|e.

Deuxième grande Division.

SYLLABES A VOYELLES-VOYELLES.

(6ᵐᵉ et 5ᵐᵉ Classes.)

1°
VOYELLES CONJOINTES
OU MARIÉES.

(Monophtongues plurilittères.)

VOYELLES-VOYELLES MARIEES.

Les voyelles *e*, *a*, *o*, perdent leurs noms quand elles sont suivies d'un *u* ou d'un *i*, et, se mariant ensemble, ne comptent plus avec lui que pour une seule voyelle indiquant un son nouveau.

eu se prononce à peu près comme *e* qui est dessus, et quelquefois comme *u*; *œ* se prononce comme *e*; *au* et *eau* comme *o* (fermé); *ai* et *ei* comme *é* dans la case correspondant à celle d'*é*, et comme *è* dans celle correspondant à *è*.

ou ne peut être indiqué par aucune combinaison de sons simples.

oi ne peut être indiqué si ce n'est d'une manière approximative que voici : *o͡a*

œ est aussi une voyelle mariée. Les deux lettres qui la composent, se tenant, ne doivent compter que pour une.

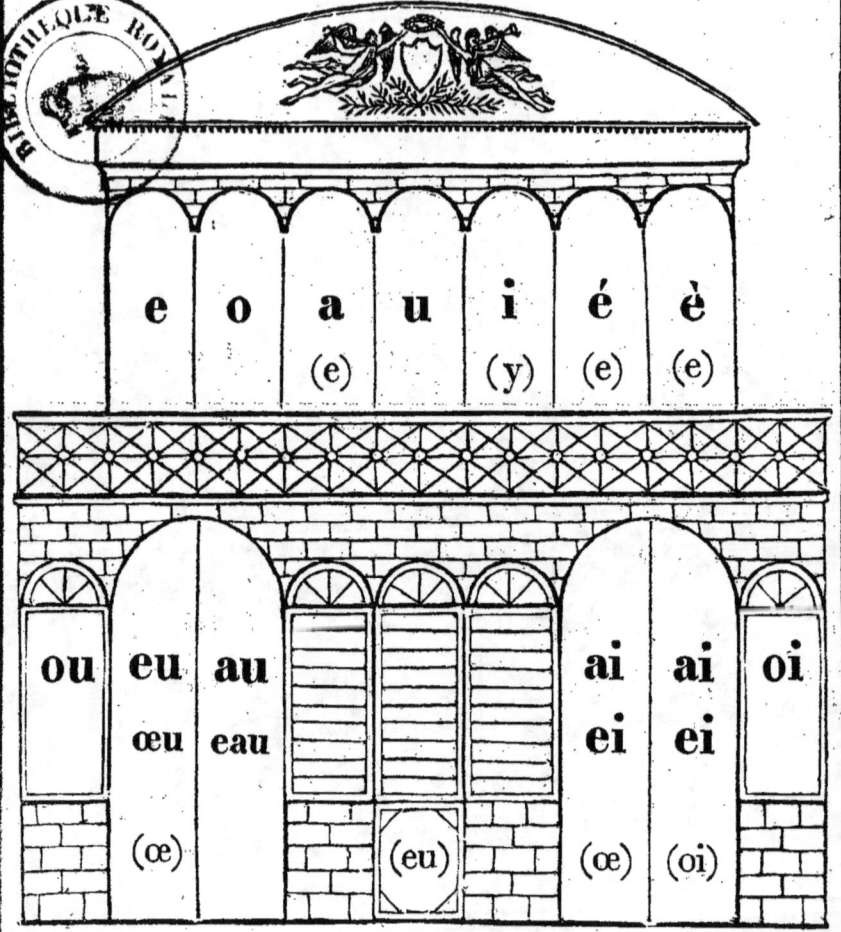

Les voyelles suivantes, on se le rappelle, ne comptent aussi que pour une après *g* ou *q*; non point qu'elles se marient ensemble, mais parce que l'*u* ou l'*e* étant nuls en ce cas, il ne reste plus qu'une voyelle simple.

$\left.\begin{array}{c} q \\ g \end{array}\right\}$ *ue*   *uo*   *ua*   *ui*   *ué*   *uè*

   g   *eo*   *ea*   *eu*

NOTA. *oi* n'a place dans le Tableau ci-dessus que parce que c'est la seule Diphtongue *mariée*, la seule, par conséquent, qui suive les mêmes règles que les Monophtongues unilittères.

SIXIÈME CLASSE, N° II.

Exercice pratique sur chaque Voyelle-voyelle mariée.

Ou, eu, au, eau, œu, ai, oi, œu, ei, œ, (œ), eu, (eu), ai, ei, (oi), oi, ou, au, eu, eau, oi, œu, ou, eu, ai, eau, ei, eu, ai, ei, oi, eu, au, ou.

è : ai	ô : au	eu : œ
é : ai	ô : eau	é : œ
è : ei		
é : ei		

o, u : **ou**	a, i : **ai** (è)
a, u : **au** (ô)	a, i : **ai** (é)
e, a, u : **eau** (ô)	o, i : **(oi)** (è)
e, u ; **eu** (e)	e, i : **ei** (è)
o, e, u : **œu** (e)	e, i : **ei** (é)
o, e : **œ** (e)	o, i : **oi** (óă)

UNION DES CONSONNES

AVEC CHAQUE VOYELLE CONJOINTE.

SIXIÈME CLASSE, N° III.   (N° 83

Appliquer le Tableau à jours.
La voyelle mariée *ou*, commençant par la lettre *o*, occupe dans ce numéro les mêmes cases que *o* dans le N° 43.

			ou			ou
ou						
ou	ou	ou	ou	ou	ou	ou
ou			ou			ou
ou						
ou			ou			ou
ou	ou	ou		ou	ou	
ou						ou
ou	ou	uou	uou	ou	ou	ou
ou	eou	ou	ou		ou	ou
ou		ou	ou	ou		ou
ou		ou	ou)		ou	ou

SIXIÈME CLASSE, N° IV. (N° 84.)

dhou, lhou, mhou, nhou, rhou, thou, shou, vhou.

	x ou				ill ou	
vr ou fr ou phrou tr ou	r ou	v ou	f ou ph ou	t ou	l ou	fl ou phl ou
pr ou dr ou br ou	m ou	d ou	p ou q	b ou	n ou	pl ou bl ou
gr ou kr ou cr ou	j ou geou	guou g ou gh ou	quou k ou c ou	s ou c ç ou	z ou s ou	gl ou kl ou cl ou
chrou	gn ou	(ch ou)		ch ou		chl ou

d'ou, j'ou, l'ou, m'ou, n'ou, qu'ou, t'ou, s'ou.
d'hou, j'hou, l'hou, m'hou, n'hou, qu'hou, t'hou, s'hou.

SEPTIÈME CLASSE, N° V. (N° 85)

eu se prononce à peu près comme *e* (fort). La nuance est trop délicate pour pouvoir être indiquée ici. Cette Voyelle-voyelle mariée, commençant par la lettre *e*, se trouve ici dans les mêmes cases que *e* dans le N° 3.

	eu				eu	
eu						
eu			eu			eu
eu	eu	eu		eu	eu	eu
eu			eu			
eu						
eu						eu
eu	eu	eu	eu	eu	eu	
eu						eu
eu	eu	ueu	ueu	eu	eu	eu
eu	eu		eu	eu	eu	eu
eu			eu			eu
eu		eu	eu)		eu	eu

On verra bientôt dans quel cas *geu* se prononce *je* au lieu de *ju*; dans quel cas aussi *eu*, commençant certains mots, se prononce *u*.

SIXIÈME CLASSE, N° VI. (N° 86.)

dheu, lheu, mheu, nheu, rheu, theu, sheu, vheu.

	x eu				ill eu	
vr eu						
fr eu	r eu	v eu	f eu	t eu	l eu	fl eu
phreu			ph eu			phl eu
tr eu						
pr eu			p eu			pl eu
dr eu	m eu	d eu		b eu	n eu	
br eu			q			bl eu
gr eu	j eu	gueu	queu	s eu	z eu	gl eu
kr eu	g eu	g	k eu	c eu	s eu	kl eu
cr eu		gh eu	c	ç		cl eu
chreu	gn eu	(ch eu)		ch eu		chl eu

d'eu, j'eu, l'eu, m'eu, n'eu, qu'eu, t'eu, s'eu.
d'heu, j'heu, l'heu, m'heu, n'heu, qu'heu, t'heu, s'heu.

SIXIÈME CLASSE, N° VII. (N° 87)

Continuer à appliquer le Tableau à jours.
Cette voyelle, ayant un *o* pour première lettre, se trouvera ici dans les mêmes cases que *o* dans le N° 43.

	œu				œu	
œu						
œu			œu			œu
œu	œu	œu	œu	œu	œu	œu
œu						œu
œu						
œu						œu
œu	œu	œu	œu	œu	œu	
œu						œu
œu	œu	œu	œu	œu	œu	œu
œu	œu	œu	œu		œu	œu
œu		œu	œu	œu		œu
œu		œu	œu)		œu	œu

SIXIÈME CLASSE, N° VIII. (N° 88.)

dhœu, lhœu, mhœu, nhœu, rhœu, thœu, shœu, vhœu.

	x œu			ill œu	
vr œu					fl œu
fr œu	r œu	v œu	f œu	t œu	l œu	phl œu
phr œu			ph œu		
tr œu					
pr œu					pl œu
dr œu	m œu	d œu	p œu	b œu	n œu	
br œu			q			bl œu
gr œu	j œu	guœu	quœu	s œu	z œu	gl œu
kr œu	geœu	g œu	k œu	c	s œu	kl œu
cr œu		gh œu	c œu	ç œu		cl œu
chr œu	gn œu	(ch œu)	ch œu	chl œu

d'œu, j'œu, l'œu, m'œu, n'œu, qu'œu, t'œu, s'œu.
d'hœu, j'hœu, l'hœu, m'hœu, n'hœu, qu'hœu, t'hœu, s'hœu.

SIXIÈME CLASSE, N° IX.   (N° 89)

Cette Voyelle se trouve dans les mêmes cases que la lettre *a* par laquelle elle commence.
On doit la prononcer la bouche un peu fermée, comme on ferait si on avait à prononcer la lettre *o* surmontée d'un accent aigu.

		au				au	
au							
au		au	au	au	au	au		au
au				au				au
au							
au				au				au
au		au	au		au	au	
au								au
au	au	uau	uau	au	au	au
au	eau	au	au		au	au
au		au	au	au		au
au	au	au)	au		au

SIXIÈME CLASSE, N° X.

dhau, lhau, mhau, nhau, rhau, thau, shau, vhau.

	x au		ill au	
	h au			

vr au			f au			fl au
fr au	r au	v au		t au	l au	
phrau			ph au			phl au
tr au						

pr au			p au			pl au
dr au	m au	d au		b au	n au	
br au			q			bl au

gr au	j au	guau	quau	s au	z au	gl au
kr au	geau	g au	k au	c	s au	kl au
cr au		gh au	c au	ç au		cl au
chrau	gn au	(ch au		ch au		chl au

d'au, j'au, l'au, m'au, n'au, qu'au, t'au, s'au.
d'hau, j'hau, l'hau, m'hau, n'hau, qu'hau, t'hau, s'hau.

SIXIÈME CLASSE, N° XI. (N° 91.)

Cette Voyelle mariée, quoique se prononçant de même que la précédente, ne se trouve pas toujours dans les mêmes cases; mais dans celles au contraire de la lettre e par laquelle elle commence.

			eau			eau	
				eau			
eau							
eau			eau				eau
eau		eau	eau	eau	eau	eau	eau
eau							
eau							eau
eau	eau	eau	eau		eau	eau	
eau							eau
eau	eau	ueau	ueau	eau	eau		eau
eau	eau		eau	eau	eau		eau
eau		eau					eau
eau	eau	eau)		eau			eau

SIXIÈME CLASSE, N° XII.

dheau, lheau, mheau, nheau, rheau, theau, sheau, vheau.

	x eau			ill eau	
		h eau			
vr eau					
fr eau	r eau	v eau	f eau	t eau	l eau	fl eau
phr eau			ph eau			phl eau
tr eau						
pr eau			p eau			pl eau
dr eau	m eau	d eau	——	b eau	n eau	
br eau			q			bl eau
gr eau	j eau	gueau	queau	s eau	z eau	gl eau
kr eau	geau	g	k eau	c eau	s eau	kl eau
cr eau		gh eau	c	ç		cl eau
chr eau	gneau	(cheau)		ch eau		chl eau

d'eau, j'eau, l'eau, m'eau, n'eau, qu'eau, t'eau, s'eau.
d'heau, j'heau, l'heau, m'heau, n'heau, qu'heau, t'heau, s'heau.

SEPTIÈME CLASSE, N° XIII.

Cette Voyelle, qui se prononce tantôt è tantôt é, occupe les mêmes cases que a.
Faire syllaber des deux manières.

			ai			
					ai	
			ai			
ai						
ai			ai			ai
ai	ai	ai		ai	ai	ai
ai			ai			
ai						
ai			ai			ai
ai	ai	ai		ai	ai	
ai						ai
ai	ai	uai	uai	ai	ai	ai
ai	eai	ai	ai		ai	ai
ai		ai	ai	ai		ai
ai		ai	ai)		ai	ai

SIXIÈME CLASSE, N° XIV.   (N° 94.)

dhai, lhai, mhai, nhai, rhai, thai, shai, vhai.

	x ai	—		ill ai	
		h ai			
vrai	r ai	v ai	f ai / ph ai	t ai	l ai	fl ai
frai						phl ai
phrai						
trai						
prai	m ai	d ai	p ai / q	b ai	n ai	pl ai
drai						
brai						bl ai
grai	j ai	guai	q uai	s ai	z ai	gl ai
krai	g eai	g ai	k ai	c	s ai	kl ai
crai		gh ai	c ai	ç ai		cl ai
chrai	gn ai	(ch ai)		ch ai		chl ai

d'ai, j'ai, l'ai, m'ai, n'ai, qu'ai, t'ai, s'ai.
d'hai, j'hai, l'hai, m'hai, n'hai, qu'hai, t'hai, s'hai.

SIXIÈME CLASSE, N° XV.

Cette Voyelle, qui se prononce comme la précédente, occupe les mêmes cases que *e*.

	ei				ei	
			ei			
ei						
ei			ei			ei
ei	ei	ei	ei	ei	ei
ei			ei			ei
ei						
ei			ei			ei
ei	ei	ei		ei	ei	ei
ei						ei
ei	ei	uei	uei	ei	ei	ei
ei	ei		ei	ei	ei	ei
ei		ei				ei
ei	ei	ei)	ei	ei

SIXIÈME CLASSE, N° XVI.   (N° 96.)

dhei, lhei, mhei, nhei, rhei, thei, shei, vhei.

	x ei				ill ei	
vr ei		h ei				fl ei
fr ei	r ei	v ei	f ei	t ei	l ei	
phrei			ph ei			phl ei
tr ei						
pr ei			p ei			pl ei
dr ei	m ei	d ei		b ei	n ei	
br ei			q			bl ei
gr ei	j ei	g uei	q uei	s ei	z ei	gl ei
kr ei	g ei	g	k ei	c ei	s ei	kl ei
cr ei		gh ei	c	ç		cl ei
chr ei	gn ei		(ch ei)	ch ei		chl ei

d'ei, j'ei, l'ei, m'ei, n'ei, qu'ei, t'ei, s'ei.
d'hei, j'hei, l'hei, m'hei, n'hei, qu'hei, t'hei, s'hei.

SIXIÈME CLASSE, N° XVII.

Cette Voyelle mariée occupe les mêmes cases que *o*.
Faire syllaber seulement en prononçant *oi*. L'ancienne prononciation *è* a trop vieilli pour s'en occuper beaucoup.

		oi			oi	
			oi			
oi						
oi			oi			oi
oi	oi	oi	oi	oi	oi	oi
oi			oi			oi
oi						
oi						oi
oi	oi	oi	oi		oi	oi
oi						oi
oi	oi	uoi	uoi	oi	oi	oi
oi	eoi	oi	oi		oi	oi
oi			oi	oi	oi	oi
oi		oi	oi)		oi	oi

SIXIÈME CLASSE, N° XVIII.   (N° 98.)

dhoi, lhoi, mhoi, nhoi, rhoi, thoi, shoi, vhoi.

	x oi			ill oi	
		h oi			
vr oi					fl oi
fr oi	r oi	v oi	f oi	t oi	l oi
phroi			ph oi		phl oi
tr oi					
pr oi			p oi		pl oi
dr oi	m oi	d oi	───	b oi	n oi
br oi			q		bl oi
gr oi	j oi	guoi	quoi	s oi	z oi	gl oi
kr oi	geoi	g oi	k oi	c	s oi	kl oi
cr oi		gh oi	c oi	ç oi		cl oi
chroi	gn oi	(ch oi)	ch oi		chl oi

d'oi, j'oi, l'oi, m'oi, n'oi, qu'oi, t'oi, s'oi.
d'hoi, j'hoi, l'hoi, m'hoi, n'hoi, qu'hoi, t'hoi, s'hoi.

17

SIXIÈME CLASSE, N° XIX. (N° 99.)

Relevé synoptique des Syllabes formées par l'union des Consonnes (ordinaires, mariées ou liées) avec les Voyelles simples ou mariées.

	e	eu	œu	è	ai	ei	é	œ
h	he	heu	hœu	hè	hai	hei	hé	hœ
d	de	deu	dœu	dè	dai	dei	dé	dœ
b	be	beu	bœu	bè	bai	bei	bé	bœ
p	pe	peu	pœu	pè	pai	pei	pé	pœ
q	»	»	»	»	»	»	»	»
q(u)	que	queu	quœu	què	quai	quei	qué	quœ
k	ke	keu	kœu	kè	kai	kei	ké	kœ
c	»	»	cœu	»	cai	»	»	cœ
(ch)	(che)	»	chœu	(chè)	»	»	(ché)	chœ
ch	che	cheu	»	chè	chai	chei	ché	»
c	ce	ceu	»	cè	»	cei	cé	»
ç	»	»	çœu	»	çai	»	»	çœ
s	se	seu	sœu	sè	sai	sei	sé	sœ
z	ze	zeu	zœu	zè	zai	zei	zé	zœ
s	se	seu	sœu	sè	sai	sei	sé	sœ
f	fe	feu	fœu	fè	fai	fei	fé	fœ
ph	phe	pheu	phœu	phè	phai	phei	phé	phœ

SIXIÈME CLASSE, N° XX.   (N° 100.)

Suite du Tableau 99.

i	y	a	o	au	eau	u	ou	oi
hi	hy	ha	ho	hau	heau	hu	hou	hoi
di	dy	da	do	dau	deau	du	dou	doi
bi	by	ba	bo	bau	beau	bu	bou	boi
pi	py	pa	po	pau	peau	pu	pou	poi
»	»	»	»	»	»	qu	»	»
qui	quy	qua	quo	quau	queau	qu'u	quou	quoi
ki	ky	ka	ko	kau	keau	ku	kou	koi
»	»	ca	co	cau	»	cu	cou	coi
(chi)	(chy)	(cha)	(cho)	»	»	(chu)	»	»
chi	chy	cha	cho	chau	cheau	chu	chou	choi
ci	cy	»	»	»	ceau	»	»	»
(ti)	»	ça	ço	çau	»	çu	çou	çoi
si	sy	sa	so	sau	seau	su	sou	soi
zi	zy	za	zo	zau	zeau	zu	zou	zoi
si	sy	sa	so	sau	seau	su	sou	soi
fi	fy	fa	fo	fau	feau	fu	fou	foi
phi	phy	pha	pho	phau	pheau	phu	phou	phoi

SIXIÈME CLASSE, N° XXI.   (N° 101.)

Suite du Tableau 100.

	e	eu	œu	è	ai	ei	é	œ
j	je	jeu	jœu	jè	jai	jei	jé	jœ
g	ge	geu	»	gè	»	gei	gé	»
g(e)	»	»	geœu	»	geai	»	»	(geœ)
gh	ghe	gheu	ghœu	ghè	ghai	ghei	ghé	ghœ
g	»	»	gœu	»	gai	»	»	(gœ)
g(u)	gue	gueu	guœu	guè	guai	guei	gué	(guœ)
gn	gne	gneu	gnœu	gnè	gnai	gnei	gné	(gnœ)
m	me	meu	mœu	mè	mai	mei	mé	mœ
n	ne	neu	nœu	nè	nai	nei	né	nœ
l	le	leu	lœu	lè	lai	lei	lé	lœ
v	ve	veu	vœu	vè	vai	vei	vé	vœ
r	re	reu	rœu	rè	rai	rei	ré	rœ
rh	rhe	rheu	rhœu	rhè	rhai	rhei	rhé	rhœ
t	te	teu	tœu	tè	tai	tei	té	tœ
th	the	theu	thœu	thè	thai	thei	thé	thœ
x	xe	xeu	xœu	xè	xai	xei	xé	xœ
ill	ille	illeu	illœu	illè	illai	illei	illé	illœ

DIXIÈME CLASSE, N° XXII. (N° 102.)

Suite du Tableau 101.

i	y	a	o	au eau	u	ou	oi
ji	jy	ja	jo	jau jeau	ju	jou	joi
gi	gy	»	»	» geau	»	»	»
»	»	gea	geo	geau »	geu	geou	geoi
ghi	ghy	gha	gho	ghau gheau	ghu	ghou	ghoi
»	»	ga	go	gau »	gu	gou	goi
gui	guy	gua	guo	guau gueau	»	guou	guoi
gni	gny	gna	gno	gnau gneau	gnu	gnou	gnoi
mi	my	ma	mo	mau meau	mu	mou	moi
ni	ny	na	no	nau neau	nu	nou	noi
li	ly	la	lo	lau leau	lu	lou	loi
vi	vy	va	vo	vau veau	vu	vou	voi
ri	ry	ra	ro	rau reau	ru	rou	roi
rhi	rhy	rha	rho	rhau rheau	rhu	rhou	rhoi
ti	ty	ta	to	tau teau	tu	tou	toi
thi	thy	tha	tho	thau theau	thu	thou	thoi
xi	xy	xa	xo	xau xeau	xu	xou	xoi
illi	illy	illa	illo	illau illeau	illu	illou	illoi

SIXIÈME CLASSE, N° XXIII. (N° 103

Suite du Tableau 102.

	e	eu	œu	è	ai	ei	é	œ
pr	pre	preu	prœu	prè	prai	prei	pré	prœ
dr	dre	dreu	drœu	drè	drai	drei	dré	drœ
br	bre	breu	brœu	brè	brai	brei	bré	brœ
cr	cre	creu	crœu	crè	crai	crei	cré	crœ
chr	chre	chreu	chrœu	chrè	chrai	chrei	chré	chrœ
tr	tre	treu	trœu	trè	trai	trei	tré	trœ
gr	gre	greu	grœu	grè	grai	grei	gré	grœ
vr	vre	vreu	vrœu	vrè	vrai	vrei	vré	vrœ
fr	fre	freu	frœu	frè	frai	frei	fré	frœ
phr	phre	phreu	phrœu	phrè	phrai	phrei	phré	phrœ
pl	ple	pleu	plœu	plè	plai	plei	plé	plœ
bl	ble	bleu	blœu	blè	blai	blei	blé	blœ
cl	cle	cleu	clœu	clè	clai	clei	clé	clœ
chl	chle	chleu	chlœu	chlè	chlai	chlei	chlé	chlœ
gl	gle	gleu	glœu	glè	glai	glei	glé	glœ
fl	fle	fleu	flœu	flè	flai	flei	flé	flœ
phl	phle	phleu	phlœu	phlè	phlai	phlei	phlé	phrœ

IXIÈME CLASSE, N° XXIV. (N° 104.)

Suite du Tableau 103.

i	y	a	o	au	eau	u	ou	oi
pri	pry	pra	pro	prau	preau	pru	prou	proi
dri	dry	dra	dro	drau	dreau	dru	drou	droi
bri	bry	bra	bro	brau	breau	bru	brou	broi
cri	cry	cra	cro	crau	creau	cru	crou	croi
chri	chry	chra	chro	chrau	chreau	chru	chrou	chroi
tri	try	tra	tro	trau	treau	tru	trou	troi
gri	gry	gra	gro	grau	greau	gru	grou	groi
vri	vry	vra	vro	vrau	vreau	vru	vrou	vroi
fri	fry	fra	fro	frau	freau	fru	frou	froi
phri	phry	phra	phro	phrau	phreau	phru	phrou	phroi
pli	ply	pla	plo	plau	pleau	plu	plou	ploi
bli	bly	bla	blo	blau	bleau	blu	blou	bloi
cli	cly	cla	clo	clau	cleau	clu	clou	cloi
chli	chly	chla	chlo	chlau	chleau	chlu	chlou	chloi
gli	gly	gla	glo	glau	gleau	glu	glou	gloi
fli	fly	fla	flo	flau	fleau	flu	flou	floi
phli	phly	phla	phlo	phlau	phleau	phlu	phlou	phloi

SIXIÈME CLASSE, N° XXV.　　　　　　　　　(N° 105.)

SYLLABES.

— ou —

Hou, dou, bou, quou, çou, sou, zou, kou, a-sou, cou, è-sou, i-sou, jou, é-sou, u-sou, fou, o-sou, phou, plou, gou, gnou, geou, mou, nou, lou, vou, rou, tou, thou, xou, illou, prou, brou, drou, chrou, trou, clou, crou, phrou, blou, frou, phlou, glou, chlou, vrou, grou.

MOTS.

cou	jou-jou	cou-ra-ge
pou	sou-pe	cou-ro-nne
	ge-nou	nou-rri-ce
chou	trou-ble	tou-pi-e
		bou-ta-de
sou	pou-le	chou-crou-te
	mou-che	ou-vra-ge
trou	bou-cle	sou-cou-pe
fou	fou-dre	sou-ta-ne
	cou-che	cou-che-tte
clou		a-vou-é
	rou-ge	rou-cou-le
ou	bi-jou	cou-vé-e
	trou-pe	pou-pé e

SIXIÈME CLASSE, N° XXVI. (N° 106.)

PHRASES.

Que la chèvre broute où elle se trouve attachée.
Qui soupire, désire.
Qu'une couronne pèse !
L'abbé a déchiré sa soutane.
La nourrice de chloé l'a piquée à la bouche.
Comme cette boule roule !
Alice a couché sa poupée.
Ma cousine a cassé la soucoupe.
Ce joujou s'appelle une toupie.
Débouche cette bouteille.

Les mêmes phrases coupées par Syllabes indiquant la prononciation.

Ke la chè|vre brou|te où è|le se trou|ve a|ta|ché|e.
Ki sou|pi|re, dé|zi|re.
K'u|ne kou|ro|ne pè|ze !
L'a|bé a dé|chi|ré sa sou|ta|ne.
La nou|ri|ce de klo|é l'a pi|ké|e à la bou|che.
Ko|me cè|te bou-le rou|le !
A|li|ce a cou|ché sa pou|pé|e.
Ma kou|zi|ne a ka|cé la sou|kou|pe.
Se jou|jou s'a|pè|le u|ne tou|pi|e.
Dé|bou|che sè|te bou|tè|ille.

SIXIÈME CLASSE, N° XXVII. (N° 107.)

Exercice pratique des Voyelles *au* et *eau*, se prononçant toutes les deux comme ó fermé.

SYLLABES.

— au , eau —

rau, illau, xau, teau, rhau, vau, tau, lau, mau, nau, gnau, gneau, veau, jeau, gau, jau, phlau, flau, glau, chlau, clau, blau, plau, phrau, frau, vrau, grau, trau, crau, drau, chrau, brau, prau, phau, fau, zau, çau, sau, a-sau, é-seau, è-seau, i-seau, o-sau, u-seau, meau, cau, chau, kau, quau, pau, peau, bau, beau, dau, hau, sceau.

MOTS.

peau	cha-meau	au-na-ge
beau	ré-seau	é-pau-le
eau	a-gneau	chau-ssu-re
veau	ju-meau	au-da-ce
sceau	ro-seau	cha-pi-teau
—	ri-deau	au-ro-re
sau-ce	trou-sseau	au-bade
flé-au	psau-me	au-gu-re
ci-seau	trou-peau	—
ha-meau	—	au-bé-pi-ne
tau-reau	i-sa-beau	au-to-ri-té
cha-peau	au-tru-che	é-pau-le-tte
mu-seau	au-cu-ne	au-to-ma-te

PHRASES.

Faute avouée, à demi réparée.
Notre pauvre poule a la pépie.
L'avoué Chauveau a là une bonne cause.
Rosette a avoué sa faute.
Isabelle, tire ce rideau, je te prie.
La sauce de l'épaule d'agneau a été trouvée bonne.
Isabeau aura ce beau trousseau.
Le chapiteau de cette colonne n'a aucune solidité.
Qui aura cette audace, réussira.
Pauline a reçu une aubade de Vilhaume.

Les mêmes phrases coupées par Syllabes indiquant la prononciation.

fô|te a|vou|é|e, à de|mi ré|pa|ré|e.
no|tre pô|vre pou|le a la pé|pi|e.
l'a|vou|é chô|vô a là u|ne bo|ne kô|ze.
ro|zè|te a a|vou|é sa fô|te.
i|za|bè|le, ti|re se ri|dô, je te pri|e.
la sô|ce de l'é|pô|le d'a|gnô a é|té trou|vé|e bo|ne.
i|sa|bô ô|ra se bô trou|çô.
le cha|pi|tô de sè|te ko|lo|ne n'a ô|cu|ne so|li|di|té.
ki ô|ra sè|te ô|da|ce, ré|u|ci|ra.
pô|li|ne a re|çu u|ne ô|ba|de de vi|ill|ô|me.

SIXIÈME CLASSE, N° XXIX. (N° 109.)

eu et *œu* se prononcent comme *e* fort, plus ou moins fermé selon le cas.
œ se prononce aussi *eu* devant la consonne mouillée *ill*.

SYLLABES.

veu, xeu, illeu, vœu, leu, lœu, thœu, teu, œ-illa, reu, theu, nœu, meu, gneu, neu, gueu, gheu, œ-illè, jeu, feu, zeu, pheu, ceu, çœu, cœu, sœu, seu, a-seu, ou-seu, au-seu, hœu, deu, heu, bœu, beu, peu, queu, keu, kœu, (chœu), cheu, preu, breu, fleu, gleu, phleu, cleu, chlœu, dreu, chreu, creu, treu, greu, vreu, bleu, pleu, freu, phreu.

MOTS.

jeu	ne-veu	œ-illè-re
vœu	beu-rre	œ-illa-de
feu	peu-ple	
peu	—	
bleu	eu-gè-ne	
—	eu-phra-te	
fleu-ve	heu-reu-se	
meu-ble	eu-ro-pe	
heu-re	—	
jeu-di	eu-phro-si-ne	
che-veu	eu-co-lo-ge	

SIXIÈME CLASSE, N° XXX.   (N° 110.)

PHRASES.

Cette nouvelle a couru l'Europe.
Le vœu du peuple a été exaucé.
Le neveu de Guillaume arrivera jeudi.
Eudoxe a gagné au jeu de pomme.
Celle qu'épousera Eugène sera heureuse.
Le feu a dévoré ma boutique.
Amilhau a donné à sa fille une robe neuve.
Eudore a la preuve de ce qu'a soutenu Eulalie.
Euphrosine pleure.
Ce fleuve s'appelle l'euphrate.

Mêmes phrases coupées par Syllabes indiquant la prononciation.

sè|te nou|vè|le a kou|ru l'e|ro|pe.
le ve du pe|ple a é|té è|gzô|cé.
le ne|veu de ghi|illô|me a|rri|ve|ra je|di.
e|do|qse a ga|gné ô je de pô|me.
sè|le k'é|pou|ze|ra e|jè|ne se|ra e|re|ze.
le fe a dé|vo|ré ma bou|ti|ke.
a|mi|illô à do|né à sa fi|ille u|ne ro|be ne|ve.
e|do|re a la pre|ve de ce k'a sou|te|nu e|la|li|e.
e|fro|zi|ne ple|re.
se fle|ve s'a|pè|le l'e|fra|te.

SIXIÈME CLASSE, N° XXXI.   (N° 111.)

eu se prononce *u* au commencement d'un mot (autre que *eux*) qui n'a qu'une ou deux syllabes et pas de majuscules.*

Après *g*, pour distinguer si c'est la voyelle mariée *eu*, ou la voyelle simple *u* (écrite avec l'*e* nul pour empêcher le *g* de se prononcer gutturalement), on n'a qu'à considérer la terminaison du mot : si elle est variable, c'est *je* qu'il faut prononcer ; si elle est invariable, c'est *ju*.

MOTS.

eu [u]	eu [eu]	geu [je]
eu	Eu (ville)	cou-ra-geu-se
eu-e	Eu-re (rivière)	o-ra-geu-se
eu-sse	Eu-se	

geu [ju]

é-gru-geu-re

PHRASES.

Qui a eu l'audace de dire cela ?
Moi, Eudore, je l'ai eue.
L'eussé-je voulu, je ne l'eusse pu.
Eugène gagnera sa gageure.
Une troupe courageuse a attaqué la ville d'Eu.
L'eau de l'Eure arrose ma terre.

Les mêmes phrases coupées par Syllabes indiquant la prononciation.

ki a eu l'ô|da|ce de di|re ce|la ?
moi, e|do|re, je l'è u|e.
l'u|cé-je vou|lu, je ne l'u|ce pu.
e|jè|ne gha|gne|ra sa gha|ju|re.
u|ne trou|pe kou|ra|je|ze a a|ta|ké la vi|lle d'eu.
l'ô de l'e|re a|ro|ze ma tè|re.

* Ou, pour parler grammaticalement, dans tous les temps du verbe *avoir*.

SIXIÈME CLASSE, N° XXXII.

La Voyelle-voyelle *oi* se prononce comme s'il y avait un *ó* très-fermé suivi d'un *à* ouvert, prononcés en une seule émission de voix.

SYLLABES.

— oi —

phloi, loi, bloi, geoi, guoi, noi, gnoi, cloi, chroi, croi, chloi, proi, broi, droi, ploi, troi, froi, gloi, voi, toi, roi, illoi, ghoi, moi, joi, choi, quoi, hoi, doi, poi, phroi, coi, çoi, soi, zoi, è-soi, a-soi, foi, phoi, u-soi, koi.

MOTS.

moi	toi-le	toi-le-tte
toi	poi-re	ci-boi-re
roi	voi-le	é-toi-le
quoi	gloi-re	gré-goi-re
loi	boi-re	—
foi	droi-te	de-moi-se-lle

PHRASES.

La foi sauve.
Oisiveté mère du vice.
Grégoire, donne-moi à boire.
Qui fera la loi ? toi, ou moi ?
Ce ne sera ni toi, ni moi, ce sera le roi.

Les mêmes phrases coupées par Syllabes indiquant la prononciation.

la fôà sô|ve.
ôà|zi|ve|té, mè|re du vi|ce.
gré|gôà|re, do|ne môà à bôà|re.
ki fe|ra la lôà ? tôà, ou môà ?
se ne se|ra ni tôà, ni môà ; se sè|ra le rôà.

SIXIÈME CLASSE, N° XXXIII.

Les Voyelles-voyelles mariées *ai* et *ei* se prononcent ordinairement è. *oi* se rencontre aussi pour *ai* dans quelques anciens livres.

SYLLABES.

ai, ei, (oi)

hai, tai, rai, thai, rhei, lai, vei, vai, lei, xai, illai, nai, mai, hai, dai, pei, nei, plai, clei, jai, rei, çai, trai, crai, hei, dei, bei, pai, bai, kai, cai, cei, chai, cai, sai, zai, o-sai, a-sai, fai, u-sai, ou-ssai, flai, fai, phlei, chlai, clai, qu'ai, geai, gei, tei, illei, xei, vrai, guai, glai, gnai, mei, blei, plai, grai, frai, phrei, chrei.

(geoi, goi, guoi, joi, gnoi, moi, noi, roi, toi, loi, voi, xoi, illoi, gloi, floi, cloi, croi, froi, droi, proi, quoi, coi, çoi, choi, soi, zoi, foi).

MOTS.

[ai : è]	[ei : è]	(oi : è)
ma-rrai-ne	ha-lei-ne	foi-ble
gra-mmai-re	pei-ne	roi-de
cha-tai-gne	vei-ne	pa-roi-tre
au-bai-ne	nei-ge	co-nnoi-tre
se-mai-ne	rei-ne	
vrai	ba-lei-ne	
mau-vai-se	sei-ne	
chai-se	sei-gle	

SIXIÈME CLASSE, N° XXXIV. (N° 114.)

PHRASES.

Toute peine mérite salaire.
Aime la sagesse.
Le taureau qui a couru jeudi a crevé la bedaine du pauvre bedeau de la paroisse.
Laisse-moi faire : je le jetterai roide à terre.
J'aime que Camille s'occupe de grammaire.
Une saignée à cette veine sera nécessaire.
Cette pauvre malade a l'haleine mauvaise.
Cette semaine ta marraine peignera la jeune reine.
La neige couvre la colline voisine.
Valérie a eu la faiblesse de le dire à Claire.

<small>Les mêmes phrases coupées par Syllabes indiquant la prononciation.</small>

tou|te pè|ne mé|ri|te sa|lè|re.
è|me la sa|jè|ce.
le tô|rô ki a kou|ru je|di a kre|vé la be|dè|ne du pô|vre be|dô de la pa|rôà|ce.
lè|ce-môà fè|re : je le jè|te|ré rè|de à tè|re.
j'è|me ke ka|mi|lle s'o|ku|pe de gra|mè|re.
u|ne sè|gné|e à sè|te vè|ne se|ra né|cè|cè|re.
sè|te pô|vre ma|la|de a l'a|lè|ne mô|vè|ze.
sè|te se|mè|ne ta ma|rè|ne pè|gne|ra la je|ne rè|ne.
la nè|ge kou|vre la ko|li|ne vôà|zi|ne.
va|lé|ri|e a eu la fè|blè|ce de le di|re à clè|re.

SIXIÈME CLASSE, N° XXXV.

ai et *ei* se prononcent *é* dans certains cas que l'usage et la grammaire apprennent seuls à connaître.
œ non suivi de *ill* se prononce *é*, notamment au commencement des mots.

SYLLABES.

ai, ei, œ : (é)

thai, chrai, phrei, frai, grai, plai, blei, mei, quai, glai, guai, vrai, xei, illei, lei, gei, geai, qu'ai, clai, chlai, phlei, fai, flai, ou-ssai, u-sai, fai, a-ssai, o-sai, zai, sai, çai, chai, cei, cai, kai, bai, pei, pai, bei, dei, hei, crai, trai, rei, j'ai, clei, plei, nei, pei, dai, hai, mai, nai, illai, xai, lei, vai, vei, lai, rhei, rhai, rai, tai.

MOTS.

(ai : é)	(ei : é)	(œ : é)
quai	tei-gne	œ-di-pe
geai	sei-gneu-ri-e	œ-so-pha-ge
je sou-pe-rai	pei-gné	œ-de-mè-re
blai-reau	pei-gné-e	œ-cu-mé-ni-que
ai-ma-ble		a-ssa-fœ-ti-da
je di-rai		
j'ai		
j'a-che-tte rai		
je ré-ci-te-rai		
j'o-se-rai		

SIXIÈME CLASSE, N° XXXVI.   (N° 116.)

PHRASES.

J'ai salué votre seigneurie.
Je t'achetterai le joujou que ta mère a vu à la foire de Beaucaire.
Je te dirai ce que je ferai.
Je guérirai ta teigne, ou je ne le pourrai,
Je sai qu'OEdipe sera joué jeudi.
L'aimable fille que Toinette !
Je ferai du jeune Claude ce que je voudrai.
J'ai reçu ta lettre au style si soigné, si peigné, que j'ai aimé à la relire.
De l'assa-fœtida se tire une gomme résineuse.

Mêmes phrases coupées par Syllabes indiquant la prononciation.

jé sa|lu|é vo|tre sé|gne|ri|e.
je t'a|chè|te|ré le jou|jou ke ta mè|re a vu à la fòà|re de bó|kè|re.
je te di|ré ce ke je fe|ré.
je ghé|ri|ré ta tè|gne, ou je ne le pou|ré.
je sé k'é|di|pe se|ra jou|é je|di.
l'é|ma|ble fi|lle que tôà|nè|te !
je fe|ré du je|ne klô|de ce ke je vou|dré.
jé re|çu ta lè|tre ô sti|le si sôà|gné, si pé|gné, ke j'é é|mé à la re|li|re.
de l'a|ça-fé|ti|da se ti|re u|ne gho|me ré|zi|ne|ze.

SIXIÈME CLASSE, N° XXXVII.   (N° 117.)

Dans la Consonne-consonne *ill*, l'*i*, par cela seul qu'il fait partie intégrante de cette consonne, ne saurait se marier avec aucune Voyelle à la droite de laquelle il peut se trouver. Il est sans influence sur elle. On doit seulement se rappeler que *ill* fait prononcer *œ* comme *eu*, et *e* comme *è*, s'il n'est précédé d'un *u*, auquel cas il se prononce toujours *eu*.

SYLLABES.

— a-ille, e-ille —

a-ille, ou-ille, e-ille, œ-illé, a-illo, ou-illé, œ-ille, œ-illè, ou-illi, e-illo, ue-illi, a-illou, eu-ille.

MOTS.

	(e : è)	(ue : e) (œ : e)
mu-ra-ille	bou-te-ille	a-ccue-illi
ba-ta-ille	gro-se-ille	re-cue-illi
ca-na-ille	a-be-ille	
é-ca-ille	o-re-ille	œ-illa-de.
té-na-ille	pa-re-ille	
pa-ille	tre-ille	
ca-illou	ve-ille	
gre-nou-ille	so-mme-ille	
ci-trou-ille	o-se-ille	
bou-illi		
feu-ille		
brou-ille-ri-e		
rou-illé		

SIXIÈME CLASSE, N° XXXVIII. (N° 118.)

PHRASES.

Le caillou donne du feu.
Du sage qui ouvre la bouche approche l'oreille.
Qui ne travaille, à sa paillasse a peu de paille.
Donne-moi cette bouteille d'eau de groseille.
Je veillerai à ce que la chose se fasse.
Quelle belle treille ! ai-je vu sa pareille ?
Donne cette baleine à mademoiselle Fanny.
Vaille que vaille ! Si l'ennemi gagne la bataille, je mettrai feu à la flotille.
Eloigne du ménage toute brouillerie.

Les mêmes phrases coupées par Syllabes indiquant la prononciation.

le ka|illou do|ne du fe.
du sa|je ki ou|vre la bou|che a|pro|che l'o|rè|ille.
ki ne tra|va|ille, à sa pa|illa|ce a pe de pa|ille.
do|ne môà sè|te bou|tè|ille d'ô de gro|zè|ille.
je vè|ille|ré à ce ke la cho|ze se fa|ce.
kè|le bè|le trè|ille ! é-je vu sa pa|rè|ille ?
do|ne sè|te ba|lè|ne à ma|de|môà|zè|le fa|ni.
va|ille ke va|ille ! Si l'è|ne|mi ga|gne la ba|ta|ille, je mè|tré fe à la flo|ti|ille.
é|lôà|gne du mé|na|je tou|te brou|ille|rie.

SIXIÈME CLASSE, N° XXXIX.   (N° 119.)

e est muet, au milieu des mots, soit avant soit après une Voyelle mariée, soit même avant ou après une Voyelle simple ne pouvant se marier avec lui.

e terminant un mot n'est nul qu'après une Voyelle mariée. Encore se fait-il légèrement sentir après *ou* et *eu*.

SYLLABES.

(*e* muet devant une voyelle.)

ea, eo, eou, eoi, eau.

(*e* muet après une voyelle au milieu d'un mot.)

ou-e-rai, u-e-ma, i-e-rai.

(*e* terminatif tout-à-fait muet.)

ai-e, oi-e.

(*e* terminatif très faible.)

ou-e, eu-e.

MOTS.

peau	je jou-e-rai	mo-nnai-e
beau	je dé-nou-e-rai	crai-e
geai	je dé-ni-e-rai	plai-e
jea-nne-tte	tu-e-ra	joi-e
jeau-me		soi-e
trou-sseau		proi-e
		rou-e
		mou-e
		dé-nou-e
		queu-e
		bleu-e

SIXIÈME CLASSE, N° XL.

PHRASES.

L'oiseau nommé geai a le plumage bigarré.
L'oiseau mouche a une jolie petite queue bleue.
Tire une raie qui aille de là là.
Cette monnoie passera-t-elle ?
Ploie l'étoffe que voilà.
Ta plaie se cicatrisera.
J'ai abattu l'oie ; juge de ma joie.
Le beau trousseau qu'a Jeannette !
Je t'assure que je dénouerai cette ficelle.
Le pauvre Eugène va se battre à l'épée : Jeaume
  le tuera.

Mêmes phrases par Syllabes indiquant la prononciation.

l'ôà|so no|mé jé a le plu|ma|je bi|gha|ré.
l'ôà|so mou|che a u|ne jo|li|e pe|ti|te ke|e ble|e.
ti|re u|ne rè ki a|ille de là là.
sè|te mo|nè pa|ce|ra tè|le ?
plôà l'é|to|fe que vôà|là.
ta plè se si|ka|tri|ze|ra.
jé a|ba|tu l'ôà ; ju|ge de ma jôà.
le bô trou|çô k'a ja|nè|te.
je t'a|çu|re ke je dé|nou|ré sè|te fi|cè|lle.
le pô|vre e|gè|ne va se ba|tre à l'é|pé|e : jô|me
  le tu|ra.

2°
VOYELLES LONGUES
MARIÉES OU NON.

CINQUIÈME CLASSE, N° I.   (N° 121.)

Voyelles longues ou paresseuses à traîner en parlant. Leur espèce de bonnet de nuit, qui du reste ne les empêche pas de se marier suivant les cas expliqués à la Classe précédente, se nomme Accent *circonflexe*, c'est-à-dire tombant des deux côtés.

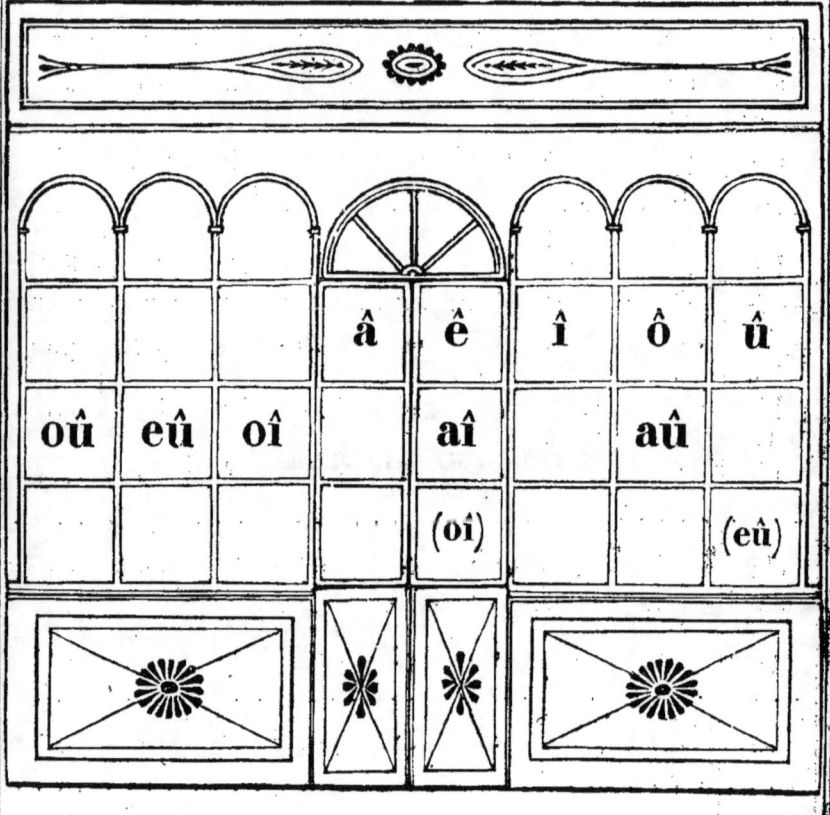

á et é sont placés dans la porte pour indiquer qu'on doit les prononcer ouverts, é surtout. ô se prononce au contraire fermé. L'o ouvert est la voyelle simple o non surmontée d'un accent ou ayant l'accent grave.

CINQUIÈME CLASSE, N° II.   (N° 122.)

Relevé synoptique des syllabes à voyelles surmontées d'un accent circonflexe.

â	ê	aî	î	ô	aû	û	eû	oî
hâ	hê	haî	hî	hô	haû	hû	heû	hoî
dâ	dê	daî	dî	dô	daû	dû	deû	doî
bâ	bê	baî	bî	bô	baû	bû	beû	boî
pâ	pê	paî	pî	pô	paû	pû	peû	poî
quâ	quê	quaî	quî	quô	quaû	«	queû	quoî
kâ	kê	kaî	kî	kô	kaû	kû	keû	koî
câ	«	caî	«	cô	caû	cû	«	coî
châ	chê	chaî	chî	chô	chaû	chû	cheû	choî
çâ	cê	çaî	cî	çô	çaû	çû	ceû	çoî
sâ	sê	saî	sî	sô	saû	sû	seû	soi
zâ	zê	zaî	zî	zô	zaû	zû	zeû	zoî
vâ	vê	vaî	vî	vô	vaû	vû	veû	voî
fâ	fê	faî	fî	fô	faû	fû	feû	foî
phâ	phê	phaî	phî	phô	phaû	phû	pheû	phoî

CINQUIÈME CLASSE, N° III.   (N° 123.)

suite

â	ê	aî	î	ô	aû	û	eû	oî
lâ	lê	laî	lî	lô	laû	lû	leû	loî
jâ	jê	jaî	jî	jô	jaû	jû	jeû	joî
geâ	gê	geaî	gî	geô	geaû	geû	geû	geoî
gâ	«	gaî	«	gô	gaû	gû	«	goî
guâ	guê	guaî	guî	guô	guaû	«	gueû	guoî
gnâ	gnê	gnaî	gnî	gnô	gnaû	gnû	gneû	gnoî
râ rhâ	rê rhê	raî rhaî	rî rhî	rô rhô	raû rhaû	rû rhû	reû rheû	roî rhoî
tâ thâ	tê thê	taî thaî	tî thî	tô thô	taû thaû	tû thû	teû theû	toî thoî
mâ	mê	maî	mî	mô	maû	mû	meû	moî
nâ	nê	naî	nî	nô	naû	nû	neû	noî
xâ	xê	xaî	xî	xô	xaû	xû	xeû	xoî
illâ	illê	illaî	illî	illô	illaû	illû	illeû	illoî

CINQUIÈME CLASSE, N° IV.   (N° 124.)

Exercice pratique sur les voyelles longues (ou paresseuses) mariées ou non.

MOTS.

grâ-ce	au-mô-ne	ho-nnê-te-té
chû-te	maî-tre-sse	pa-te-nô-tre
tâ-che	re-paî-tre	dé-chaî-né-e
cô-té	traî-ne-ra	a-pprê-té-e
pê-che	re-lâ-che	a-rrê-té-e
î-le	é-vê-que	a-pprê-teu-se
tê-tu	co-nnoî-tre	cô-te-le-tte
fé-ve	su-prê-me	dé-sho-nnê-te
â-me	sû-re-té	pâ-tu-ra-ge
chê-ne	châ-ti-é	plâ-tri-è-re
hô-te	pa-raî-tre	
maî-tre	brû-lu-re	
flû-te	a-ccroî-tre	
â-ne	lâ-che-té	
mê-me	prê-té-e	
jeû-ne	ca-rê-me	
hê-tre	jé-rô-me	
naî-tre	dé-pê-che	
croû-te	bâ-illeu-se	
bê-che	grê-lé-e	
di-né	dé-jeû-né	

PHRASES.

Préfère l'honnêteté à la richesse.
Riche, aime à faire l'aumône au pauvre honnête.
L'Evêque prêchera jeudi à la cathédrale.
Je te prêterai la même somme qu'à Eugène.
Ta brûlure n'exige d'autre remède que de l'eau.
Le théâtre donnera relâche samedi.
Grâce, grâce, ô maître suprême !
Père qui aime, châtie.
Je jeûnerai ce carême.
La fête sera belle.
La pêche a été bonne.
Le maître de flûte d'Eugène s'appelle Fabre.
Maurice, goûte de ce gâteau.
Vive Hilaire, le roi de la fève.
Ce têtu d'âne, qui va du côté opposé !
Je te ferai connaître Timothée.
Jérôme, mène la vache paître.
Ta lâcheté va être publiée.
Dépêche-toi, Nicaise, déjeûne vite.
Cette croisée bâille.
L'orage a grêlé la vigne de Dominique Oddou.
L'Abbesse a relâché la discipline.

CINQUIÈME CLASSE, N° VI.

Mêmes phrases coupées par Syllabes indiquant la prononciation.

pré|fè|re l'o|nè|te|té à la ri|chè|ce.
ri|che, è|me à fè|re l'ô|mô|ne ô pô|vre ô|nè|te.
lé|vè|ke prè|che|ra jeu|di à la ka|té|dra|le.
je te prè|te|ré la mè|me so|me ka e|jè|ne.
ta bru|lu|re nè|gzi|je d'ô|tre re|mè|de ke de l'ô.
le té|à|tre do|ne|ra re|là|che sa|me|di.
grà|ce, grà|ce, ô mè|tre su|prè|me.
pè|re qui è|me chà|ti|e.
je jeû|ne|ré se ka|rè|me.
la fè|te se|ra bè|le.
la pè|che a é|té bo|ne.
le mè|tre de flu|te d'e|jè|ne s'a|pè|le fa|bre.
mô|ri|ce, gou|te de se ghà|tô.
vi|ve i|lè|re, le rôà de la fè|ve!
se tè|tu d'à|ne ki va du kô|té o|po|zé.
je te fe|ré ko|nè|tre ti|mo|té|e.
jé|rô|me mè|ne la va|che pè|tre.
ta là|che|té va è|tre pu|bli|é|e.
dé|pè|che toà, ni|kè|ze, dé|jeû|ne vi|te.
sè|te croà|zé|e bà|ille.
l'o|ra|ge a grè|lé la vi|gne de do|mi|ni|ke o|dou.
l'a|bè|ce a re|là|ché la di|ci|pli|ne.

3°

VOYELLES DISJOINTES.

CINQUIÈME CLASSE, N° VII.   (N° 127.)

Voyelles disjointes par le Tréma, c'est-à-dire surmontées de deux points ayant pour but d'indiquer qu'au lieu de marier ces sortes de voyelles avec la voyelle voisine, on doit, au contraire, les prononcer séparément l'une de l'autre.

e qui précède une Voyelle à Tréma se prononce è.

CINQUIÈME CLASSE, Nᵒ VIII.

Relevé synoptiques des syllabes à Voyelles disjointes par le Tréma.

o-ü	a-ü	è-ü	o-ï	a-ï	è-ï	a-ë	o-ë	u-ë
hoü	haü	heü	hoï	haï	heï	haë	hoë	huë
doü	daü	deü	doï	daï	deï	daë	doë	duë
boü	baü	beü	boï	baï	beï	baë	boë	buë
poü	paü	peü	poï	paï	peï	paë	poë	puë
quoü	quaü	queü	quoï	quaï	queï	quaë	quoë	«
koü	kaü	keü	koï	kaï	keï	kaë	koë	kuë
coü	caü	«	coï	caï	«	caë	coë	cuë
choü	chaü	cheü	choï	chaï	cheï	chaë	choë	chuë
çoü	çaü	çeü	çoï	çaï	çeï	çaë	çoë	çuë
soü	saü	seü	soï	saï	seï	saë	soë	suë
zoü	zaü	zeü	zoï	zaï	zeï	zaë	zoë	zuë
foü	faü	feü	foï	faï	feï	faë	foë	fuë
phoü	phaü	pheü	phoï	phaï	pheï	phaë	phoë	phuë
voü	vaü	veü	voï	vaï	veï	vaë	voë	vuë

CINQUIÈME CLASSE, N° VIII *bis*. (N° 129.)

Suite du Tableau précédent.

o-ü	a-ü	è-ü	o-ï	a-ï	è-ï	a-ë	o-ë	u-ë
joü geoü	jaü geaü	jeü geü	joï geoï	jaï geaï	jeï geï	jaë geaë	joë geoë	juë geuë
goü guoü	gaü guaü	« gueü	goï guoï	gaï guaï	« gueï	gaë guaë	goë guoë	guë «
gnoü	gnaü	gneü	gnoï	gnaï	gneï	gnaë	gnoë	gnuë
roü rhoü	raü rhaü	reü rheü	roï rhoï	raï rhaï	reï rheï	raë rhaë	roë rhoë	ruë rhuë
loü	laü	leü	loï	laï	leï	laë	loë	luë
toü thoü	taü thaü	reü rheü	toï thoï	taï thaï	teï theï	taë thaë	toë thoë	tuë thuë
moü	maü	meü	moï	maï	meï	maë	moë	muë
noü	naü	noü	noï	naï	neï	naë	noë	nuë
xoü	xaü	xeü	xoï	xaï	xeï	xaë	xoë	xuë
illoü	illaü	illeü	illoï	illaï	illeï	illaë	illoë	illuë

CINQUIÈME CLASSE, N° IX.   (N° 130.)

Exercice pratique sur les voyelles disjointes par le Tréma.

MOTS.

— ï —   — ü —

a-mé-na-ï-de   é-sa-ü
hé-lo-ï-se
la ja-ma-ï-que
ju-da-ï-que
a-dé-la-ï-de
ca-ï-ca
hé-ro-ï-ne   *u*, précédant une Voyelle à Tréma, n'est pas
si-na-ï   nul quoique après la consonne *g*.
a-do-na-ï
mo-ï-se   ci-gu-ë
ca-ï-phe   e-xi-gu-ë
ha-ï-e   e-xi-gu-ï-té
a-cha-ï-e   ai-gu-ë
pro-sa-ï-que
hé-bra-ï-que
mo-sa-ï-que
a-ï
sto-ï-que
hé-mo-rro-ï-sse

CINQUIÈME CLASSE, N° X.   (N° 131.)

PHRASES.

L'héroïne de l'histoire que je te dirai s'appelle, comme toi, Aménaïde.

L'héroïde d'Héloïse m'a été citée comme prosaïque.

Adonaï appela Moïse au Sinaï.

Quoi ! le sage Socrate a avalé de la ciguë !

Adélaïde a reçu une lettre de la Jamaïque.

Caïque ou caïe signifie petite chaloupe de Cosaque.

Voici le caïca, oiseau venu de la Guiane.

Voilà l'aï, autre bête d'Amérique.

Qui a donné cette belle mosaïque au Musée ?

<small>Les mêmes phrases coupées par Syllabes indiquant la prononciation.</small>

lé|ro|i|ne de li|stôà|re ke je te di|ré s'a|pè|le, ko|me tôà, a|mé|na|i|de.

l'é|ro|i|de d'é|lo|i|ze ma é|té si|té|e ko|me pro|za|i|ke.

a|do|na|i a|pe|la mo|i|ze ô si|na|i.

kôà ! le sa|je so|kra|te a a|va|lé de la si|ghu|e !

a|dé|la|i|de a re|çu u|ne lè|tre de la ja|ma|i|ke.

ka|i|ke ou ka|i|e si|gni|fi|e pe|ti|te cha|lou|pe de ko|za|ke.

vôà|ci le ka|i|ka, ôà|zô d'a|mé|ri|ke.

vôà|là l'a|i, ô|tre bè|te d'a|mé|ri|ke.

ki a do|né sè|te bè|le mo|za|i|ke ô mu|zé|e ?

CINQUIÈME CLASSE, N° XI. (N° 131.)

Voyelles disjointes par déplacement, c'est-à-dire ne se mariant pas parce que l'*u* ou l'*i* se trouve à gauche au lieu d'être à droite.

u et *i* ne se marient jamais ensemble, par cette même raison que l'un des deux se trouve à gauche.

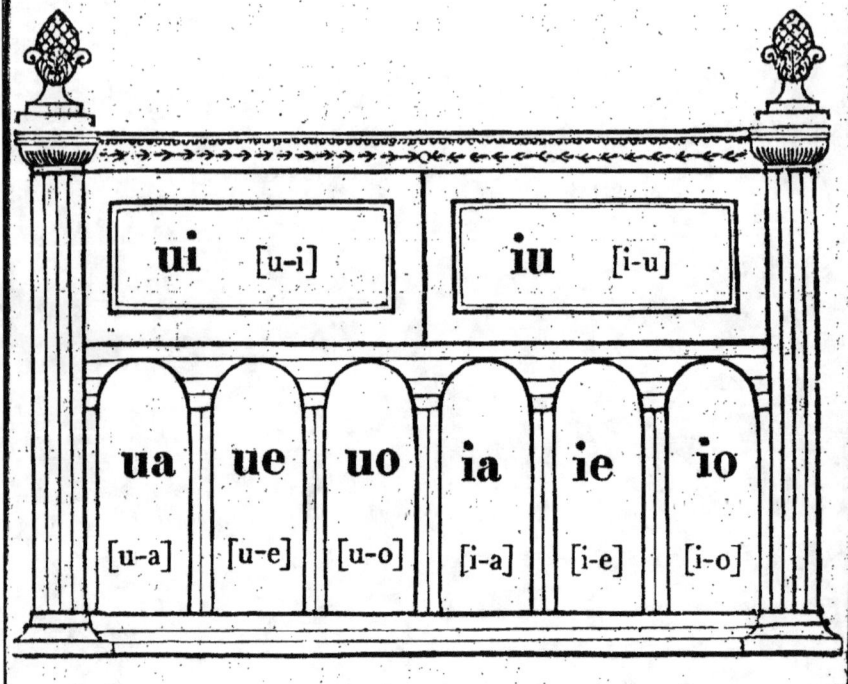

e après un *u* ou un *i* reste toujours *e* (faible à la fin des mots, suivant la règle du N° 26, et muet au milieu des mots, suivant celle du N° 119).

Ne pas confondre *u* voyelle disjointe par déplacement avec *u* voyelle muette après *q* ou *g*.

CINQUIÈME CLASSE, N° XII.

Relevé synoptique des syllabes à voyelles disjointes par déplacement.

	u-a	u-e	u-o	u-i	i-a	i-e	i-o	i-u
h	hua	hue	huo	hui	hia	hie	hio	hiu
d	dua	due	duo	dui	dia	die	dio	diu
b	bua	bue	buo	bui	bia	bie	bio	biu
p	pua	pue	puo	pui	pia	pie	pio	piu
q(u)	«	«	«	«	quia	quie	quio	quiu
k	kua	kue	kuo	kui	kia	kie	kio	kiu
c	cua	cue	cuo	cui	«	«	«	«
ch	chua	chue	chuo	chui	chia	chie	chio	chiu
ç	çua	çue	çuo	çui	cia	cie	cio	ciu
s	sua	sue	suo	sui	sia	sie	sio	siu
z	zua	zue	zuo	zui	zia	zie	zio	ziu
v	vua	vue	vuo	vui	via	vie	vio	viu
f	fua	fue	fuo	fui	fia	fie	fio	fiu
ph	phua	phue	phuo	phui	phia	phie	phio	phiu

CINQUIÈME CLASSE, N° XIII. (N° 133.)

Suite du Tableau précédent.

	u-a	u-e	u-o	u-i	i-a	i-e	i-o	i-u
j	jua	jue	juo	jui	jia	jie	jio	jiu
g	»	»	»	»	gia	gie	gio	giu
g	(gua)	(gue)	(guo)	(gui)	»	»	»	»
g(u)	»	»	»	»	guia	guie	guio	guiu
gn	gnua	gnue	gnuo	gnui	»	»	»	»
r	rua	rue	ruo	rui	ria	rie	rio	riu
rh	rhua	rhue	rhuo	rhui	rhia	rhie	rhio	rhiu
l	lua	lue	luo	lui	lia	lie	lio	liu
t	tua	tue	tuo	tui	tia	tie	tio	tiu
th	thua	thue	thuo	thui	thia	thie	thio	thiu
m	mua	mue	muo	mui	mia	mie	mio	miu
n	nua	nue	nuo	nui	nia	nie	nio	niu
x	xua	xue	xuo	xui	xia	xie	xio	xiu
ill	illua	illue	illuo	illui	illia	illie	illio	illiu

CINQUIÈME CLASSE, N° XIV.   (N° 134.)

Exercice pratique sur les voyelles disjointes par déplacement.

MOTS.

ma-ri-a	pli-a	cri-e
pri-a	bi-ai-sé	pi-e
dé-li-e	plu-e	ru-e
prai-ri-e	ba-bi-o-le	cru-e
ou-bli-e	ca-ri-e	cli-o
nu-a-ge	di-a-bo-li-que	vu-e
ou-i-e	re-mu-e	a-pplau-di-e
a-mi-e	j'é-tu-di-e	cri-a-ille-ri-e
co-mé-di-e	a-tha-li-e	ma-ri-a-ge
tra-gé-di-e	ki-ri-e-lle	quo-ti-di-e-nne
ga-bri-e-lle	ca-ri-a-ti-de	flu-i-de
ma-gi-ci-e-nne	ru-i-ne	su-i-ci-de
o-bé-i-e	ru-e-lle	re-li-u-re
tra-hi-e	é-pi-pha-ni-e	phti-si-e
a-ri-e-tte	dry-a-de	cru-e-lle
hy-po-cri-si-e	plé-bé-i-e-nne	i-o-ni-e
my-o-pi-e	pro-phé-ti-e	i-na-ppré-ci-a-ble
so-ci-a-bi-li-té	sou-ve-nu-e	châ-ti-a-ble

PHRASES.

Qui se passionne au jeu se ruine.
La prière de Maria sera exaucée.
J'ai la vue basse.
Ma mie la pie, voici de la mie.
Délie a oublié sa promesse à Eulalie.
Amélie se marie, Emilie aussi.
Ta jolie comédie sera applaudie.
Aurélie, récite, je te prie, une tirade de la tragédie d'Athalie.
Ne remue ou je te tue.
Mariette réussira à ce qu'elle voudra.
Cette musique sera diabolique à lire, étudie-la.
Ta cruelle prophétie m'a émue.
Qui joue au jeu de cache-cache? je plue.
Gabrielle, déplie la nappe.
La Quotidienne? — je l'ai lue.
La petite Rosine babille comme une pie.
Voilà une jolie prairie.
Laisse là la babiole, travaille.
Le mariage de Chloé a été arrêté.
La Muse qui préside à l'histoire s'appelle Clio.
De grâce, que votre criaillerie finisse.

Les mêmes phrases coupées par Syllabes indiquant la prononciation.

ki se pa|ci|o|ne ô je se ru|i|ne.
la pri|è|re de ma|ri|a se|ra è|ghzô|cé|e.
jé la vu|e ba|ce.
ma mi|e la pi|e, vôà|ci de la mi|e.
dé|li|e a ou|bli|é sa pro|mè|ce à eu|la|li|e.
a|mé|li|e se ma|ri|e, é|mi|li|e ô|ci.
ta jo|li|e co|mé|di|e se|ra a|plô|di|e.
ô|ré|li|e, ré|ci|te, je te pri|e, u|ne ti|ra|de de la tra|jé|di|e d'a|ta|li|e.
ne re|mu|e ou je te tu|e.
ma|ri|è|te ré|u|ci|ra à se kè|le vou|dra.
sè|te mu|zi|ke se|ra di|a|bô|li|ke à li|re, é|tu|di|e la.
ta kru|è|le pro|fé|ci|e m'a é|mu|e.
ki jou ô je de ka|che ka|che ? je plu|e.
gha|bri|è|le, dé|pli|e la na|pe.
la ko|ti|di|è|ne ! je lé lu|e.
la pe|ti|te ro|zi|ne ba|bi|le ko|me u|ne pi|e.
vôà|là u|ne jo|li|e prè|ri|e.
lè|ce là la ba|bi|o|le, tra|va|ille.
le ma|ri|a|je de klo|é a é|té a|rè|té.
la mu|ze ki pré|zi|de à l'i|stôà|re s'a|pè|le kli|o.
de ghra|ce, ke vo|tre kri|a|ille|ri|e fi|ni|ce.

4°

VOYELLES LIÉES.

(Diphtongues.)

CINQUIÈME CLASSE, N° XVII. (N° 137.)

DIPHTONGUES.

Les lettres qui composent ces voyelles ne perdent pas leurs noms primitifs, mais elles sont si intimément liées entr'elles, qu'elles ne font qu'une seule syllabe, et sont, par conséquent, prononcées en une seule émission de voix.

L'usage seul apprendra à ne pas confondre les Voyelles-voyelles liées avec les Voyelles disjointes formant deux syllabes.

a	é	e	è	i	o	ou
				aï		
				(ey)		
				eui		
				œi		
ia	ié		iè		io	iou
		ieu	iai		iau	
(oi)						
(oë)			oè			
ua			uè	ui		
oua			ouè			
			ouai	oui		

Remarquer que l'é ou l'è peuvent, malgré leurs accents, se lier avec une autre voyelle, mais non pas se marier; c'est-à-dire qu'ils ne perdent jamais leurs noms primitifs, quoique prononcés dans la même émission de voix qu'une autre voyelle.

CINQUIÈME CLASSE, N° XVIII.

Relevé synoptique des Syllabes à Voyelles-voyelles liées les plus usitées.

ia	ié	ieu	iè	iai	io	iau	iou	eui
hia	hié	hieu	hiè	hiai	hio	hiau	hiou	heui
dia	dié	dieu	diè	diai	dio	diau	diou	deui
bia	bié	bieu	biè	biai	bio	biau	biou	beui
pia	pié	pieu	piè	piai	pio	piau	piou	peui
quia	quié	quieu	quiè	quiai	quio	quiau	quiou	queui
kia	kié	kieu	kiè	kiai	kio	kiau	kiou	keui
«	«	«	«	«	«	«	«	cueui
chia	chié	chieu	chiè	chiai	chio	chiau	chiou	cheui
cia	cié	cieu	ciè	ciai	cio	ciau	ciou	ceui
sia	sié	sieu	siè	siai	sio	siau	siou	seui
zia	zié	zieu	ziè	ziai	zio	ziau	ziou	zeui
fia	fié	fieu	fiè	fiai	fio	fiau	fiou	feui
phia	phié	phieu	phiè	phiai	phio	phiau	phiou	pheui
via	vié	vieu	viè	viai	vio	viau	viou	veui

CINQUIÈME CLASSE, N° XVIII bis. (N° 139.)

Suite.

ia	ié	ieu	iè	iai	io	iau	iou	eui
jia gia	jié gié	jieu gieu	jiè giè	jiai giai	jio gio	jiau giau	jiou giou	jeui geui
« guia	« guié	« guieu	« guiè	« guiai	« guio	« guiau	« guiou	guei «
gnia	gnié	gnieu	gniè	gniai	gnio	gniau	gniou	gneui
ria rhia	rié rhié	rieu rhieu	riè rhiè	riai rhiai	rio rhio	riau rhiau	riou rhiou	reui rheui
lia	lié	lieu	liè	liai	lio	liau	liou	leui
tia thia	tié thié	tieu thieu	tiè thiè	tiai thiai	tio thio	tiau thiau	tiou thiou	teui theui
mia	mié	mieu	miè	miai	mio	miau	miou	meui
nia	nié	nieu	niè	niai	nio	niau	niou	neui
xia	xié	xieu	xiè	xiai	xio	xiau	xiou	xeui
illia	illé	illeu	illè	illai	illo	illau	illou	illeui

CINQUIÈME CLASSE, N° XIX.

Suite.

oi	oë	oè	ui	ua	oua	ouè	ouai	oui
hoi	hoë	hoè	hui	hua	houa	houè	houai	
doi	doë	doè	dui	dua	doua	douè	douai	
boi	boë	boè	bui	bua	boua	bouè	bouai	
poi	poë	poè	pui	pua	poua	pouè	pouai	
quoi	quoë	quoè	«	«	quoua	quouè	quouai	qu'oui
koi	koë	koè	kui	kua	koua	kouè	kouai	
coi	coë	coè	cui	cua	coua	couè	couai	
choi	choë	choè	chui	chua	choua	chouè	chouai	
çoi	çoë	çoè	çui	çua	çoua	çouè	çouai	
soi	soë	soè	sui	sua	soua	souè	souai	
zoi	zoë	zoè	zui	zua	zoua	zouè	zouai	
foi	foë	foè	fui	fua	foua	fouè	fouai	
phoi	phoë	phoè	phui	phua	phnua	phouè	phouai	
voi	voë	voè	vui	vua	voua	vouè	vouai	

CINQUIÈME CLASSE, N° XIX *bis*. (N° 141.)

Suite.

oi	oë	oè	ui	ua	oua	ouè	ouai	oui
joi	joë	joè	jui	jua	joua	jouè	jouai	
geoi	geoë	geoè	geui	geua	geoua	geouè	geouai	
goi	goë	goè	gui	gua	goua	gouè	gouai	
guoi	guoë	guoè	«	«	guoua	guouè	guouai	
gnoi	gnoë	gnoè	gnui	gnua	gnoua	gnouè	gnouai	
roi	roë	roè	rui	rua	roua	rouè	rouai	
rhoi	rhoë	rhoè	rhui	rhua	rhoua	rhouè	rhouai	
loi	loë	loè	lui	lua	loua	louè	louai	
toi	toë	toè	tui	tua	toua	touè	touai	
thoi	thoë	thoè	thui	thua	thoua	thouè	thouai	
moi	moë	moè	mui	mua	moua	mouè	mouai	
noi	noë	noè	nui	nua	noua	nouè	nouai	
xoi	xoë	xoè	xui	xua	xoua	xouè	xouai	
illoi	illoë	illoè	illui	illua	illoua	illouè	illouai	

CINQUIÈME CLASSE, N° XXI.

Exercice pratique sur les Diphtongues ou Voyelles-voyelles liées, c'est-à-dire ne formant qu'une syllabe, quoique ne perdant pas leurs noms primitifs.

MOTS.

Dieu	dia-ble	ai-guiè-re
pio-che	miau-le	
fio-le	oui	
lieu	pieu	ai-gui-lle
é-tui	dia-ble-ri-e	ai-gui-lle-tte
piè-ce	pie-rre	ai-gui-sé-e
chie-nne	ca-rriè-re	
ma-niè-re	vie-ille-sse	
a-mi-tié	pa-ri-sie-nne	
é-tie-nne	pré-vie-nne	
plui-e	pi-tié	
a-rriè-re	moi-tié	
mi-lliè-me	hui-tiè-me	
mi-lieu	a-cquie-sce	
ce-lui	e-ssieu	
ri-viè-re	ca-fe-tiè-re	
chau-diè-re	cri-niè-re	
ba-rriè-re	cou-te-liè-re	
lai-tiè-re	pa-ne-tiè-re	
ta-ba-tiè-re	dé-shou-liè-re	

CINQUIÈME CLASSE, N° XXII.   (N° 143.)

PHRASES.

Honore la vieillesse.

Véritable amitié, chose rare.

La chatte miaule de cette manière : *miaou*, *miaou*, *miaou*.

Voici comme la chienne aboie : *baou*, *baou*, *baou*, *baou*.

Cette carrière donne une bonne pierre.

Etienne, aiguise ce couteau.

L'essieu de la voiture a cassé à mi-route.

J'acquiesce à ce que celui-ci me propose.

J'ai pitié de cette pauvre diablesse.

Les mêmes phrases coupées par Syllabes indiquant la prononciation.

o|no|re la viè|illè|ce.

vé|ri|ta|ble a|mi|tié, cho|ze ra|re.

la cha|te miô|le de sè|te ma|niè|re : miaou, miaou, miaou.

vôà|ci ko|me la chiè|ne a|bôà : baou, baou, baou.

sè|te ka|riè|re do|ne u|ne bo|ne piè|re.

é|tiè|ne, é|gui|ze se kou|tô.

l'é|cieu de la vôà|tu|re a ka|cé à mi rou|te.

j'a|kiè|ce à se ke se|lui si me pro|po|ze.

jé pi|tié de sè|te pô|vre dia|blè|ce.

5°
VOYELLE DISSYLLABIQUE.

CINQUIÈME CLASSE, N° XXII.   (N° 144.)

Voyelle à deux syllabes, entre deux voyelles ; se mariant, par conséquent, avec celle de gauche, suivant le cas, et se liant avec celle de droite.

y [i-i]					
yă	ye	yé	yè	yo	
	yeu	yei	yai	yau	you
(i-ia)	(i-ieu)	(i-ié)	(i-iè)	(i-io)	(i-iou)
eya	eye	eyé	eyè	eyo	
	eyeu	eyei	eyai	eyau	eyou
aya	aye	ayé	ayè	ayo	
	ayeu	ayai	ayei	ayau	ayou
(ei-ia)	(ei-ie)	(ei-ié)	(ei-iè)	(ei-iau)	(ei-iou)
oya	oye	oyé	oyè	oyo	
	oyeu	oyei	oyai	oyau	oyou
(oi-ia)	(oi-ie)	(oi-ié)	(oi-iè)	(oi-iau)	(oi-iou)
uya	uye	uyé	uyè	uyo	
	uyeu	uyei	uyai	uyau	uyou
(ui-ia)	(ui-ie)	(ui-ié)	(ui-iè)	(ui-iau)	(ui-iou)

CINQUIÈME CLASSE, N° XXIII.   (N° 145.)

Exercice pratique sur *y* Voyelle à deux Syllabes, quand elle est entre deux autres Voyelles ou tout au moins après une, si ce n'est dans les monosyllabes.

MOTS.

y [i-i]	y [i-i]	y [i]
entre deux voyelles.	*après une voyelle.*	*Dans les monosyllabes y ne compte ordinairement que pour un i.*
roy-au-me	pay-sa-nne	
voy-e-lle	pay-sa-ge	Dey
a-loy-au	*à la fin des mots polisyllabes le second i fait diphtongue*	Bey
tuy-au	ma-they	

PHRASES.

Une voyelle sonne seule.
Ce tuyau m'amènera de l'eau.
Gare que le boyau ne crève.
L'eau anime ce paysage.
L'aloyau a été accommodé à ma guise.
Le Dey a reçu la visite du Bey.

Les mêmes phrases coupées par Syllabes indiquant la prononciation.

u|ne vôà|iè|lle so|ne se|le.
se tui|iô m'a|mè|ne|ra de l'ô.
gha|re ke le bôà|iô ne krè|ve.
l'ô a|ni|me se pè|i|za|je.
la|lôà|iô a é|té a|ko|mo|dé à ma ghi|ze.
le dé a re|çu la vi|zi|te du bé.

CINQUIÈME CLASSE, N° XXIV.   (N° 146.)

y se détache quelquefois de la voyelle de gauche : il devrait être en ce cas surmonté d'un tréma ; mais comme on n'en met pas, l'usage est à cet égard la seule règle a suivre.

Dans les livres nouvellement imprimés, on remplace l'*y* par un *ï* tréma ; il n'y a plus ainsi moyen de se tromper.

MOTS.

| ba-yo-nne-tte | ba-yo-nne | Mo-y-se |
| pa-ye-nne | ba-ya-dè-re | A-y (ville). |

PHRASES.

Cette payenne est devenue chrétienne.
Recule, ou je te donne de ma bayonnette.
J'ai visité la ville d'Ay.
J'ai vu une jolie bayadère.
Eudoxie arrive de Bayonne.

Les mêmes phrases coupées par Syllabes indiquant la prononciation.

sè|te pa|iè|ne è de|ve|nu|e kré|tiè|ne.
re|ku|le, ou je te do|ne de ma ba|io|nè|te.
jé vi|zi|té la vi|le da|i.
jé vu u|ne jo|li|e ba|ia|dè|re.
eu|do|ksi|e a|ri|ve de ba|io|ne.

CINQUIÈME CLASSE, N° XXV. (N° 147.)

PETIT CONTE

ne contenant que des Syllabes à Voyelles simples ou à Voyelles-voyelles.

(Résumé pratique des 8me, 7me, 6me et 5me Classes.)

Une petite fille, nommée Alexia Thibaudeau, qui habite la ville de Beaucaire, a trouvé à la promenade du pré, où sa bonne l'a menée, le livre de prière de sa voisine Chloé de Chataigneré.

Ce joli livre, à reliure de veau doré, a, à chaque office, une gravure coloriée.

Alexia toute joyeuse n'a eu d'autre idée que celle-ci : je couperai chaque feuille qui me donnera une image. L'image, je la mettrai à la chapelle que ma mère m'a faite. J'appellerai chaque

U|ne pe|ti|te fi|ille , no|mé|e a|lè|ksi|a ti|bô-dô , ki a|bi|te la vi|le de bô|kè|re, a trou|vé à la pro|me|na|de du pré , ou sa bo|ne l'a me|né|e , le li|vre de pri|è|re de sa vôà|zi|ne klo|é de cha|tè|gne|ré.

Se jo|li li|vre à re|li|u|re de vô do|ré, a , à cha|ke o|fi|ce , u|ne gra|vu|re ko|lo|ri|é|e.

a|lè|ksi|a tou|te jôà|ie|ze n'a u d'ô|tre i|dé|e ke sè|le si : je kou|pe|ré cha|ke feu|ille ki me do|ne|ra u|ne i|ma|je. l'i|ma|je, je la mè|tré à la cha|pè|le ke ma mè|re m'a fè-te. j'apè|le|ré cha|ke petite fille de la rue que j'habite, qui applaudira à ma trouvaille comme à l'adresse que j'aurai mise à faire ma chapelle aussi jolie.

Alexia, qui se livre à cette idée, oublie de cette manière que Chloé a seule la propriété de ce livre ; que chaque feuille, que chaque image n'a d'autre maîtresse que Chloé : elle déchire ce joli ouvrage de piété ; ne laisse que la peau qui le recouvre ; va à sa chapelle.

Sa joie sera de peu de durée.

A peine a-t-elle cloué ou attaché chaque image à la muraille, elle appelle Honorine, Thérésine, Occitanise,

pe|ti|te fi|ille de la ru|e ke j'a|bi|te, ki a|plô|di|ra à ma trou|va|ille ko|me à l'a|drè|ce ke j'ô|ré mi|ze à fè|re ma cha|pè|le ô|ci jo|li|e.

a|lè|ksi|a, ki se li|vre à sè|te i|dé|e, ou|bli|e de sè|te ma|niè|re que klo|é a se|le la pro|pri|é|té de se li|vre ; ke cha|ke feu|ille, ke cha|ke i|ma|je n'a d'ô|tre mè|trè|ce ke klo|é: è|le dé|chi|re se jo|li ou|vra|je de pi|é|té ; ne lè|ce ke la pô ki le re|kou|vre ; va à sa cha|pè|le.

sa jôà se|ra de pe de du|ré|e.

à pè|ne a tè|le klou|é ou a|ta|ché cha|ke i-ma|je à la mu|ra|ille, è|le a|pè|le o|no|ri|ne, té|ré|zi|ne, o|ksi|ta|ni|ze,

CINQUIÈME CLASSE, N° XXVII.   (N° 149.)

Athanasie, Joséphine, Eudoxie, Eugénie, même Chloé qu'elle mène à sa chapelle.

Chloé qui, aussi curieuse qu'une autre, examine chaque chose, a vite reconnu une gravure comme sienne. Elle se fâche; elle reproche à Alexia la faute qu'elle a commise. Celle-ci pleure; Chloé l'appelle voleuse : Alexia, outrée de cette idée, la chasse de sa chapelle.

Chloé, furieuse, va dire à sa mère ce qui se passe.

Madame de Chataigneré, étonnée, va faire une visite à la digne Madame Thibaudeau, qu'elle trouve désolée à la chapelle, où Alexia

a|ta|na|zi|e , jo|zé|fi|ne , e|do|ksi|e , e|jé|ni|e , mê|me klo|é qè|le mè-ne à sa cha|pè|le.

klo|é qi , ô|ci qu-ri|e|ze qu|ne ô|tre , è|gza|mi|ne cha|qe cho-ze , a vi|te re|qo|nu u|ne ghra|vu|re qo|me siè|ne. è|le se fà|che , è|le re|pro|che à a|lè-qsi|a la fô|te qè|le a qo|mi|ze. sè|le si ple|re; klo|é l'a|pè|le vo|le|ze : a|lè|qsi|a , ou|tré|e de sè|te i|dé|e , la cha|ce de sa cha|pè|le.

klo|é , fu|ri|e|ze , va di|re à sa mè|re se qi se pa|ce.

ma|da|me de cha|tè-gne|ré, é|to|né|e, va fè|re u|ne vi|zi|te à la di|gne ma|da|me ti|bô|dô, qè|le trou|ve dé|zo|lé|e à la cha|pè|le , où a|lè|qsi|a

25

pleure.

Alexia, qui a de la naïveté, avoue qu'elle a déchiré le livre. « Qui t'a suggéré cette sotte, cette coupable idée, ma fille ? » Je n'ai réfléchi, ma mère, qu'à une seule chose : je m'amuserai, j'amuserai Chloé, qui rira comme moi. Au lieu de rire, Chloé se fâche, Chloé m'accuse. L'ai-je mérité ?

« Oui, ma fille. Au reste, juge toi-même de ta faute : faire de la peine à ta mère, détruire une jolie chose, soustraire la chose d'autrui, se faire croire une voleuse.... ! »

O ! je n'aurai de ma vie, répliqua Alexia, la faiblesse de faire

ple|re.

a|lè|qsi|a, qi a de la na|i|ve|té, a|vou|e qè|le a dé|chi|ré le li|vre. qi ta su|ghjé|ré sè|te so|te, sè|te kou|pa|ble i|dé|e, ma fi|ille ? je n'é ré|flé|chi, ma mè-re, qa u|ne se|le cho|ze : je m'a|mu|ze|ré, j'a|mu|ze|ré klo|é, qi ri|ra qo|me môà. au lieu de ri|re, qloé se fà|che, qlo|é m'a|qu|ze. l'é-je mé|rité ?

oui, ma fi|ille. ô rè|ste, ju-je tôà mê|me de ta fô|te : fè|re de la pè|ne a ta mè|re, dé|trui|re u|ne jo|li|e cho|ze, sous|trè|re la cho|ze d'ô|trui, se fè|re crôà|re u|ne vo|le|ze...

o ! je n'ô|ré de ma vi|e, ré|pli|ka a|lè|kci|a, la fè|blè|ce de fè|re autre chose que ce à quoi ma mère m'aura autorisée. Qu'elle ne cesse d'être le guide d'Alexia ! Qu'ai je à faire ? Je brûle que ma sottise ne se répare. Madame de Chataigneré, que Chloé, à votre prière, redevienne l'amie d'Alexia; qu'elle oublie ma faute ; qu'elle reprenne ce que j'ai à elle. Je m'acquitterai comme je le pourrai ; je lui paierai le livre : j'ai une petite somme, grace à ma mère, qui, chaque semaine où j'ai été sage, me donne une jolie pièce de monnaie. Cette somme pourra suffire, si ma mère....

« Inutile, ma chère

ô|tre cho|ze ke ce a kôà ma mè|re mô|ra ô|tô|ri|zé|e. kè|le ne sè|ce dè|tre le ghi|de da|lè|ksi|a. qé|je a fè|re? je brû|le qe ma so|ti|ze ne se ré|pa|re. ma|da-me de cha|tè|gne|ré, qe klo|é, à vô|tre pri-è|re, re|de|viè|ne la|mi|e da|lè|ksi|a; qè|le ou|bli|e ma fô|te ; qè|le re|prè-ne se qe jé a è|le. je ma|qi|te|ré qo|me je le pou|ré ; je lui pè|ré le li|vre : jé u|ne pe|ti|te so|me, grà|ce a ma mè-re qi, cha|qe se|mè|ne ou jé é|té sa|je, me do-ne u|ne jo|li|e piè|ce de mo|nè. sè|te so|me pou-ra su|fi|re, si ma mè-re.....

i|nu|ti|le, ma chè|re

Alexia, s'écria Madame de Chataigneré émue. Laisse ta chapelle telle quelle. Je donnerai à Chloé le nouveau livre qu'elle voudra. »

Qu'elle reprenne chaque image, répéta Alexia. Cela fera que j'oublierai....

Oublie toute chose, ma petite, ajouta la mère de Chloé ; que cette brouillerie s'efface de ta mémoire. Adieu. Jeudi, je te ramènerai Chloé, qui sera heureuse d'être l'amie d'Alexia.

a|lè|qsi|a, sé|qri|a ma|da|me de chà|tè|gne|rè é|mu|e. lè|ce ta cha|pè|le tè|le qè|le. je do|ne|ré à klo|é le nou|vô li|vre qè|le vou|dra.

qè|le re|prè|ne cha|qe i|ma|je, ré|pé|ta a|lè|qsi|a. se|la fe|ra qe j'ou|bli|ré..

ou|bli|e toute cho|ze, ma pe|ti|te, a|jou|ta la mè|re de klo|é ; qe sè|te brou|ille|ri|e sé|fa|ce de ta mé|môà|re. a|dieu. je|di, je te ra|mè|ne|ré qlo|é qi se|ra e|re|ze dè|tre la|mi|e da|lè|qsi|a.

Troisième grande Division.

SYLLABES A VOYELLES-CONSONNES.

(4me et 3me Classes.)

1°

VOYELLES-CONSONNES NAZALES.

QUATRIÈME CLASSE, N° I. (N° 153.)

VOYELLES-CONSONNES NAZALES.

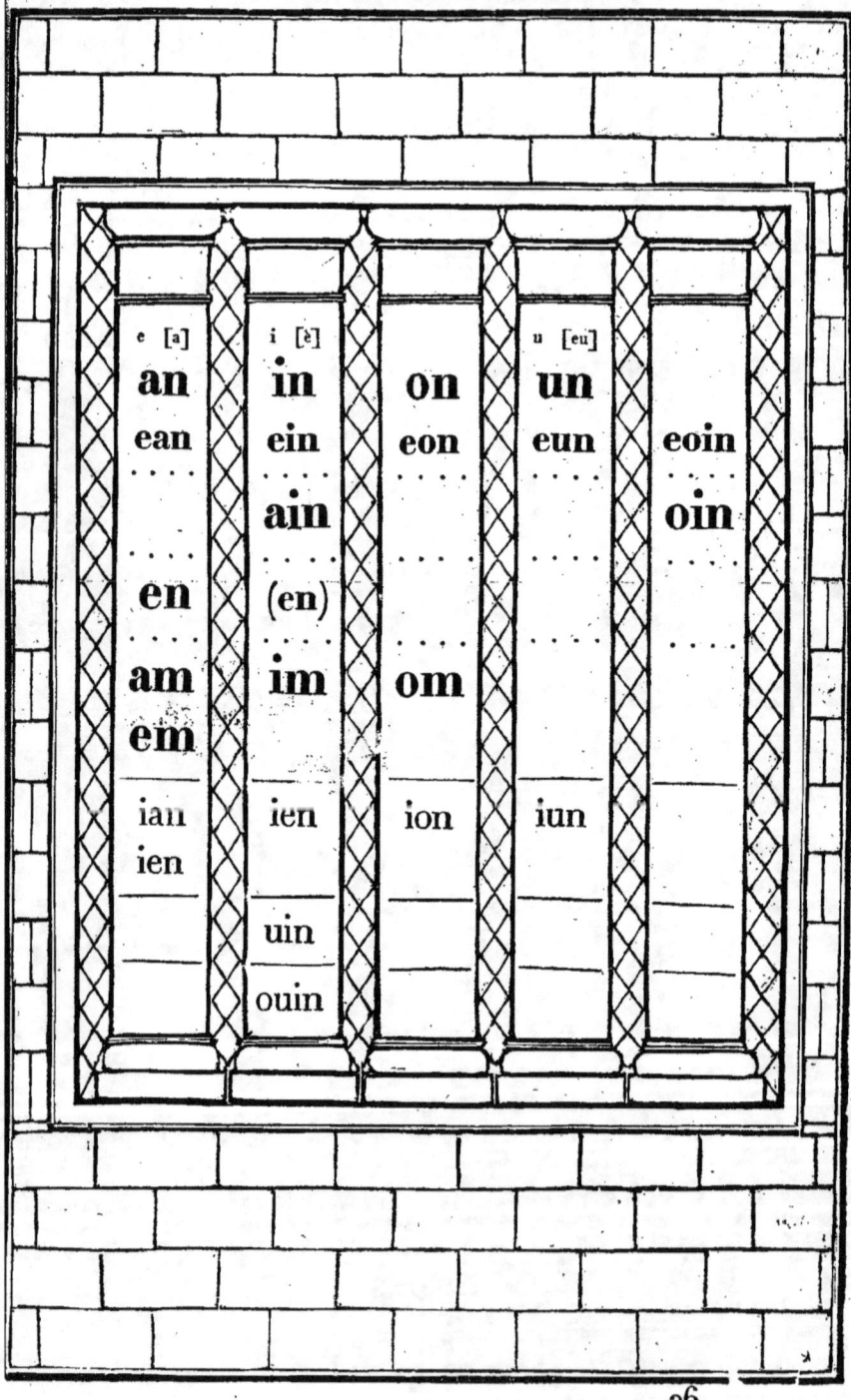

QUATRIÈME CLASSE, N° II. (N° 154.)

On nomme Voyelle-consonne toute voyelle (simple , mariée , ou liée , peu importe) à laquelle une consonne s'unit à gauche, faute de voyelle à droite.
Quand cette consonne est un *m* ou un *n* , la voyelle prend alors le nom de voyelle-consonne nazale, le son qu'elle indique en ce cas se donnant en partie par le nez.

SYLLABES.
Voyelles-consonnes nazales simples.

an, in, on, un, en, (en), am, em, im, om.

Voyellez-consonnes nazales mariées.

ain, ein, oin.

Voyelles-consonnes nazales précédées de l'e tout-à-fait muet.

ean, ein, eon, eun, eoin.

Voyelles-consonnes nazales liées.

ian, ien, ion, iun, uin.

Voyelles-consonnes nazales mariées-liées.

ouin.

MOTS.

— an —	— en —	devant *b* ou *p* on met *m* au lieu de *n*.
an-dré	en-cre à écrire	— am —
an-gé-li-que	en-clu-me	am-phi-té-â-tre
an-dou-ille-tte	en-co-re	am-pou-le
an-glai-se	en-flu-re	am-bre
an-cie-nne-té	en-di-ve	am-boi-se
an-gle	en-sei-gne	— em —
an-tro-po-pha-ge	en-tou-ra-ge	em-bra-ssa-de
an-cre de vaisseau	en-te-rré	em-plâ-tre
an-ti-pa-thi-e	en-dia-blé	em-brou-illé
	rou-en	em-pi-lé

QUATRIÈME CLASSE, N° III.   (N° 155.

Suite du N° 154.

— in —
in-qui-é-tu-de
in-vi-si-ble
in-co-mmo-de
in-sa-ti-a-ble
in-té-gri-té
in-gé-nu-i-té
in-ca-pa-ble
in-sa-lu-bre
in-croy-a-ble
in-fa-mi-e

— in —
in-gra-ti-tu-de
in-co-nnu
in-co-rri-gi-ble
in-cré-e
in-gué-ri-ssa-ble
in-di-e-nne

— ain —
ain   rivière

— ien —
pa-ïen
moy-en

im devant *b* ou *p*.
im-pri-me-ri-e
im-bé-ci-le
im-pay-a-ble
im-pé-né-tra-ble
im-po-li-te-sse
im-pi-toy-a-ble
im-pu-ni
im-pro-ba-ble
im-pé-ri-ti-e
im-pro-pre

— on —
on-cle
on-gle
on-ziè-me

— on —
on-ce
on-to-lo-gi-e
on-doy-é

om devant *b* ou *p*.
om-bre
om-bra-ge
om-bre-lle

— un —
un

— um —
um-ble

— oin —
oin-dre
oin-te

UNION DES CONSONNES

AVEC LES VOYELLES-CONSONNES NAZALES.

QUATRIÈME CLASSE, N° IV.   (N° 156)

Appliquer le Tableau à jours à chacun de ces Tableaux.

dhan, lhan, mhan, nhan, rhan, than, shan, vhan.

	x an				ill an	
			h an			
vr an			f an			fl an
fr an	r an	v an		t an	l an	
phran			ph an			phl an
tr an						
pr an			p an			pl an
dr an	m an	d an		b an	n an	
br an			q			bl an
gr an	j an	guan	quan	s an	z an	gl an
kr an	gean	g an	k an	c	s an	kl an
cr an		gh an	c an	ç an		cl an
chran	gn an		(ch an)	ch an		chl an

d'an, j'an, l'an, m'an, n'an, qu'an, t'an, s'an.

d'han, j'han, l'han, m'han, n'han, qu'han, t'han, s'han.

QUATRIÈME CLASSE, N° V. (N° 157.)

Faire syllaber en prononçant *an*, et avertir seulement qu'on prononce quelquefois comme *ein*.

dhen, lhen, mhen, nhen, rhen, then, shen, vhen.

	x en				ill en	
			h en			
vr en			**f en**			fl en
fr en	**r en**	**v en**		**t en**	**l en**	
phren			**ph en**			phl en
tr en						
pr en			**p en**			pl en
dr en	**m en**	**d en**		**b en**	**n en**	
br en			**q**			bl en
gr en	**j en**	**guen**	**quen**	**s en**	**z en**	gl en
kr en	**g en**	**g**	**k en**	**c en**	**s en**	kl en
cr en		**gh en**	**c**	**ç**		cl en
chren	**gn en**		**(ch en)**	**ch en**		chl en

d'en, j'en, l'en, m'en, n'en, qu'en, t'en, s'en.
d'hen, j'hen, l'hen, m'hen, n'hen, qu'hen, t'hen, s'hen.

QUATRIÈME CLASSE, N° VI.

dhin, lhin, mhin, nhin, rhin, thin, shin, vhin.

	x in		ill in		
	h in				
vr in					fl in
fr in	r in	v in	f in	t in	l in
phrin			ph in		phl in
tr in					
pr in					pl in
dr in	m in	d in	p in	b in	n in
br in			q		bl in
gr in	j in	g uin	quin	s in	z in	gl in
kr in	g in	g	k in	c in	s in	kl in
cr in		gh in	c	ç		cl in
chrin	gn in	(ch in)	ch in			chl in

d'in, j'in, l'in, m'in, n'in, qu'in, t'in, s'in.
d'hin, j'hin, l'hin, m'hin, n'hin, qu'hin, t'hin, s'hin.

QUATRIÈME CLASSE, N° VII.   (N° 159.)

dhein, lhein, mhein, nhein, rhein, thein, shein, vhein.

	x ein	—	ill ein	
	h ein	
vr ein			f ein			fl ein
fr ein	r ein	v ein		t ein	l ein	
phr ein			ph ein			phl ein
tr ein						
pr ein			p ein			pl ein
dr ein	m ein	d ein		b ein	n ein	
br ein			q			bl ein
gr ein	j ein	gu ein	qu ein	s ein	z ein	gl ein
kr ein	g ein	g	k ein	c ein	s ein	kl ein
cr ein		gh ein	c	ç		cl ein
chr ein	gn ein	(ch ein)	ch ein	chl ein

d'ein, j'ein, l'ein, m'ein, n'ein, qu'ein, t'ein, s'ein.
d'hein, j'hein, l'hein, m'hein, n'hein, qu'hein, t'hein, s'hein.

27

QUATRIÈME CLASSE, N° VIII. (N° 160.)

dhain, lhain, mhain, nhain, rhain, thain, shain, vhain.

	x ain			ill ain	
			h ain		
vr ain			f ain		fl ain
fr ain	r ain	v ain		t ain	l ain
phr ain			ph ain		phl ain
tr ain					
pr ain			p ain		pl ain
dr ain	m ain	d ain		b ain	n ain
br ain			q		bl ain
gr ain	j ain	gu ain	qu ain	s ain	z ain	gl ain
kr ain	ge ain	g ain	k ain	c	s ain	kl ain
cr ain		gh ain	c ain	ç ain		cl ain
chr ain	gn ain		(chain)	ch ain		chl ain

d'ain, j'ain, l'ain, m'ain, n'ain, qu'ain, t'ain, s'ain.
d'hain, j'hain, l'hain, m'hain, n'ain, qu'hain, t'hain, s'hain.

QUATRIÈME CLASSE, N° IX.   (N° 161.)

dhon, lhon, mhon, nhon, rhon, thon, shon, vhon.

	x on		ill on	
	h on			
vr on				
fr on	r on	v on	f on	t on	l on	fl on
phron			ph on			phl on
tr on				
pr on			p on			pl on
dr on	m on	d on		b on	n on	
br on			q			bl on
gr on	j on	guon	quon	s on	z on	gl on
kr on	geon	g on	k on	c	s on	kl on
cr on		gh on	c on	ç on		cl on
chron	gn on	(ch on)		ch on		chl on

d'on, j'on, l'on, m'on, n'on, qu'on, t'on, s'on.
d'hon, j'hon, l'hon, m'hon, n'hon, qu'hon, t'hon, s'hon.

QUATRIÈME CLASSE, N° X.

dhun, lhun, mhun, nhun, rhun, thun, shun, vhun.

	x un		ill un	
		h un		
vr un					fl un
fr un	r un	v un	f un / ph un	t un	l un	phl un
phrun
tr un
pr un					pl un
dr un	m un	d un	p un / q	b un	n un
br un					bl un
gr un	j un		qu'un	s un	z un	gl un
kr un	geun	g un	k un	c	s un	kl un
cr un		gh un	c un	ç un		cl un
chrun	gn un	(ch un)	ch un	chl un

d'un, j'un, l'un, m'un, n'un, qu'un, t'un, s'un.
d'hun, j'hun, l'hun, m'hun, n'hun, qu'hun, t'hun, s'hun.

QUATRIÈME CLASSE, N° XI. (N° 163.)

dhoin, lhoin, mhoin, nhoin, rhoin, thoin, shoin, vhoin

	x oin				ill oin	
		h oin				
vr oin						fl oin
fr oin	r oin	v oin	f oin ph oin	t oin	l oin	fl oin
phroin						phl oin
tr oin						
pr oin						pl oin
dr oin	m oin	d oin	p oin q	b oin	n oin	
br oin						bl oin
gr oin	j oin	guoin	quoin	s oin	z oin	gl oin
kr oin	geoin	g oin	k oin	c	s oin	kl oin
cr oin		gh oin	c oin	ç oin		cl oin
chroin	gn oin	(choin)		ch oin		chl oin

d'oin, j'oin, l'oin, m'oin, n'oin, qu'oin, t'oin, s'oin.
d'hoin, j'hoin, l'hoin, m'hoin, n'hoin, qu'hoin, t'hoin, s'hoin

QUATRIÈME CLASSE, N° XII. (N° 164

Relevé synoptique des Syllabes à Voyelles-consonnes nazales les plus usitées.

	an	en	in	ein	ain	on	un	oin
h	han	hen	hin	hein	hain	hon	hun	hoin
d	dan	den	din	dein	dain	don	dun	doin
b	ban	ben	bin	bein	bain	bon	bun	boin
p	pan	pen	pin	pein	pain	pon	pun	poin
q(u)	quan	quen	quin	quein	quain	quon	qu'un	quoin
k	kan	ken	kin	kein	kain	kon	kun	koin
c	can	»	»	»	cain	con	cun	coin
ch	chan	chen	chin	chein	chain	chon	chun	choin
ç	çan	cen	cin	cein	çain	çon	çun	çoin
s	san	sen	sin	sein	sain	son	sun	soin
z	zan	zen	zin	zein	zain	zon	zun	zoin
v	van	ven	vin	vein	vain	von	vun	voin
f	fan	fen	fin	fein	fain	fon	fun	foin
ph	phan	phen	phin	phein	phain	phon	phun	phoin

QUATRIÈME CLASSE, N° XIII. (N° 165.)

Suite du N° 164.

	an	en	in	ein	ain	on	un	oin
j g(e)	jan gean	jen «	jin gein	jein «	jain «	jon geon	jun geun	join geoin
g g(u)	gan guan	» guen	» guin	» guein	gain guain	gon guon	gun «	goin guoin
gn	gnan	gnen	gnin	gnein	gnain	gnon	gnun	gnoin
m	man	men	min	mein	main	mon	mun	moin
n	nan	nen	nin	nein	nain	non	nun	noin
r rh	ran rhan	ren rhen	rin rhin	rein rhein	rain rhain	ron rhon	run rhun	roin rhoin
l	lan	len	lin	lein	lain	lon	lun	loin
t th	tan than	ten then	tin thin	tein thein	tain thain	ton thon	tun thun	toin thoin
x	xan	xen	xin	xein	xain	xon	xun	xoin
ill	illan	illen	illin	illein	illain	illon	illun	illoin

QUATRIÈME CLASSE, N° XIV.   (N° 166)

Syllabes nazales devant *p* ou *b*.				Diphtongues nazales, pouvant être aussi Voyelles-consonnes disjointes.				
am	**em**	**im**	**om**	**ian**	**ien**	**ion**	**iun**	**uin**
dam	dem	dim	dom	dian	dien	dion	diun	duin
bam	bem	bim	bom	bian	bien	bion	biun	buin
pam	pem	pim	pom	pian	pien	pion	piun	puin
cam	»	»	com	»	«	«	«	«
çam	cem	cim	çom	cian	cien	cion	ciun	çuin
sam	sem	sim	som	sian	sien	sion	siun	suin
vam	vem	vim	vom	vian	vien	vion	viun	vuin
fam	fem	fim	fom	fian	fien	fion	fiun	fuin
mam	mem	mim	mom	mian	mien	mion	miun	muin
nam	nem	nim	nom	nian	nien	nion	niun	nuin
ram	rem	rim	rom	rian	rien	rion	riun	ruin
tam	tem	tim	tom	tian	tien	tion	tiun	tuin
lam	lem	lim	lom	lian	lien	lion	liun	luin
jam	jem	jim	jom	jian	jien	jion	jiun	juin
»	gem	gim	«	gian	gien	gion	giun	«
gam	guem	guim	gom	guian	guien	guion	guiun	guin

QUATRIÈME CLASSE, N° XV.   (N° 167.)

Exercice-pratique sur l'union des Consonnes avec les Voyelles-consonnes nazales.

MOTS.

vin	bon-bon	pan-ta-lon
bain	le-çon	tam-bou-rin
daim	sa-tin	sa-lo-mon
crin	voi-sin	en-ten-dre
thym	bam-bin	po-li-sson
thon	nan-kin	ben-ja-min
nom	gen-dre	ven-dan-ge
non	pro-chain	men-son-ge
rhin	a-dam	fran-çoi-se
ain	au-cun	re-join-dre

Voyelles nazales écrites avec l'e muet.

| jean | plon-geon | ven-gean-ce |
| frein | sein | à jeun |

Diphtongues nazales.

rien	vau-rien	bien-ve-illan-ce
bien	an-cien	je re-vien-drai
sien	sou-tien	
chien	main-tien	
pion		

28

QUATRIÈME CLASSE, N° XVI.

PHRASES.

Aime ton prochain comme toi-même.
Samson a abattu le temple.
De sa vanité naîtra sa honte.
Caïn tua son frère.
Benjamin pleura le sien.
Qui m'aime, aime mon chien.
Platon a confondu le tyran de Syracuse.
Alexandre a un pantalon de nankin.
Adieu, cousin, je reviendrai demain.
Je trouve ce vin bien bon.

Les mêmes phrases coupées par Syllabes indiquant la prononciation.

è|me ton pro|chin ko|me tôà mê|me.
san|son a a|ba|tu le ten|ple.
de sa va|ni|té nè|tra sa on|te.
ka|in tu|a son frè|re.
Bin|ja|min ple|ra le sien.
ki mè|me, è|me mon chien.
pla|ton a kon|fon|du le ti|ran de si|ra|ku|ze.
a|lè|ksan|dre a eun pan|ta|lon de nan|kin.
a|dieu, kou|zin, je re|viein|dré de|min.
je trou|ve se vin biein bon.

2°
VOYELLES-CONSONNES ORDINAIRES.

QUATRIÈME CLASSE, N° XVII.   (N° 169.)

Une Syllabe à Voyelle-consonne ordinaire est celle dont la Consonne de droite (qui ne s'unit à la Voyelle de gauche que faute d'autre Voyelle à sa droite,) ne change pas de prononciation.
Faire dire, d'abord isolément, le Tableau à jours comme s'il y avait *e* après chaque Consonne du côté opposé au monument.

a x				
		a h		
a r		a f / a ph	a t	a l
(a m)	a d	a p / a q	a b	(a n)
			a s	a z
	a g	a k / a c / a ch		

Appliquer ensuite ici le Tableau à jours; et faire prononcer une première fois ainsi : *a-he, a-re, a-se,* etc. Après quoi, fesant remarquer à l'Enfant que cela ferait deux sons de voix, tandis qu'il n'en faut qu'un, on devra prononcer en une seule émission de voix et faire dire : *ah, ar, af,* etc., c'est-à-dire sans marier la Consonne à droite, par la raison toute simple qu'il n'y a pas de Voyelle.

QUATRIÈME CLASSE, N° XVIII.

Dans les Voyelles-consonnes, *e* se prononce ordinairement *è*. On devra donc syllaber comme s'il y avait *èh*, *èr*, *èf*, etc.

	e x		
	e h		
e r		e f / e ph	e t	e l
(e m)	e d	e p / e q	e b	(e n)
	e g	e k / e c	e s	e z
		e ch		

Ce n'est que par exception que *em* et *en* se prononcent quelquefois comme *è-m*, *è-n*, c'est-à-dire en donnant à la Consonne l'articulation qui lui est propre.
Il en est de même des autres Voyelles-consonnes ordinaires terminées par *m* ou *n*.

QUATRIÈME CLASSE, N° XIX.   (N° 171.)

ix

ih

ir   if   it   il
            iph

(im)   id   ip   ib   (in)
            iq

                  is   iz
       ig   ik
            ic
            ich

QUATRIÈME CLASSE, N° XX.

```
     o x
                       o h
  ─────────────────────────────────────
           |     o f   |      |
    o r    |     o ph  | o t  | o l
           |           |      |
  ─────────────────────────────────────
           |    o p    |
   (om)  o d   ─────  o b   (on)
           |    o q    |
  ─────────────────────────────────────
                    o s    o z
     o g    o k
            o c
            o ch
```

QUATRIÈME CLASSE, N° XXI. (N° 173.)

u x				
		u h		
u r		u f u ph	u t	u l
(u m)	u d	u p u q	u b	(u n)
			u s	u z
	u g	u k u e u ch		

um se prononce non-seulement quelquefois comme *u-m* (quoique rarement), mais encore comme *o-m*, dans certains mots dérivés du latin.

un s'emploie pour *on* dans certains mots étrangers.

QUATRIÈME CLASSE, N° XXII. (N° 174.)

ou x				
		ou h		
ou r		ou f / ou ph	ou t	ou l
	ou d	ou p	ou b	
	ou g	ou k / ou c / ou ch	ou s	

QUATRIÈME CLASSE, N° XXII bis. (N° 174 bis.)

oi x

oi h

oi r | oi f / oi ph | oi t | oi l

oi d | oi p / oi q | oi b

oi g | oi k / oi c / oi ch | oi s

QUATRIÈME CLASSE, N° XXIII. — (N° 175.)

Relevé synoptique des Voyelles-consonnes ordinaires.

	h	d	b	p	k	c	g	s
eu œu	euh œuh	eud œud	eub œub	eup œup	euk œuk	euc œuc	eug œug	eus œus
è ai ei	eh aih eih	ed aid eid	eb aib eib	ep aip eip	ek aik eik	ec aic eic	eg aig eig	es ais eis
i y	ih yh	id yd	ib yb	ip yp	ik yk	ic yc	ig yg	is ys
a	ah	ad	ab	ap	ak	ac	ag	as
o au	oh auh	od aud	ob aub	op aup	ok auk	oc auc	og aug	os aus
u	uh	ud	ub	up	uk	uc	ug	us
ou	ouh	oud	oub	oup	ouk	ouc	oug	ous
oi	oih	oid	oib	oip	oik	oic	oig	ois

QUATRIÈME CLASSE, N° XXIV.

suite

z	r	t	l	f	ph	x	m	n
euz	eur	eut	eul	euf	euph	eux	»	»
œuz	œur	œut	œul	œuf	œuph	œux	»	»
ez	er	et	el	ef	eph	ex	(em)	(en)
aiz	air	ait	ail	aif	aiph	aix	»	»
eiz	eir	eit	eil	eif	eiph	eix	»	»
iz	ir	it	il	if	iph	ix	(im)	(in)
yz	yr	yt	yl	yf	yph	yx	»	»
az	ar	at	al	af	aph	ax	(am)	(an)
oz	or	ot	ol	of	oph	ox	(om)	(on)
auz	aur	aut	aul	auf	auph	aux	(um)	»
uz	ur	ut	ul	uf	uph	ux	»	»
ouz	our	out	oul	ouf	ouph	oux	»	»
oiz	oir	oit	oil	oif	oiph	oix	»	»

QUATRIÈME CLASSE, N° XXV.   (N° 177.)

Exercice-pratique sur les Voyelles-consonnes ordinaires.

— a —

SYLLABES.

aph, at, ac, ab, ad, af, ag, ah, ak, al, (a-m), (a-n), ap, ar, as, aq, az.

MOTS.

ar-che-vê-que	ac-te	ap-ti-tu-de
ad-mi-ra-ble	al-bâ-tre	ar-tis-te
ac-ti-vi-té	ar-chi-du-che-sse	ah !
ar-bri-sseau	ath-lè-te	as-tu-ce
ab-so-lu-ti-on	ar-gen-té	as-tro-no-mi-e
al-bin	al-ko-ran	as-tra-can

— e [è] —

SYLLABES.

eb, ec, ed, ef, eg, ek, eh, el, (em), (en), ep, eq, er, es, et, ex, ez.

MOTS.

et-na	x (ks)	x (k)
el-mi-re	*x* terminant une voyelle-consonne se prononce *ks* devant toute consonne autre que *c* suivi d'un *e* ou d'un *i*.	*x* ne se prononce que comme *k* devant *c* suivi d'un *e* ou d'un *i*, parce que le *c* remplace alors le *s*.
ed-vi-ge		
—	ex-pre-ssi-on	ex-ce-llen-ce
es-piè-gle	ex-tra-va-gan-ce	ex-cé-dé
es-pa-gne	ex-clu-re	ex-ci-té
es-tam-pe	ex-cla-ma-ti-on	ex-cen-tri-que

QUATRIÈME CLASSE, N° XXVI.   (N° 178.)

— i —

SYLLABES.

ib, ic, id, if, ig, ih, ik, il, (i-m), (i-n), ip, iq, ir, is, it, ix, iz.

MOTS.

Ir-ma	ig-ni-co-le	ich-no-gra-phi-e
Is-ra-ël	ich-thi-o-pha-ge	
is-lan-de	is-tri-e	
if	il	

— o —

SYLLABES.

ob, oc, od, of, og, oh, ok, ol, (o-m), (o-n), op, or, os, ot, ox, oz.

MOTS.

oc-to-bre	or-ches-tre	or-frai-e
ob-sta-cle	or-fè-vre	oc-to-gé-nai-re
ob-scu-ri-té	ob-sti-né	or-ga-ne
or-di-nai-re	or-do-nnan-ce	oc-to-go-ne
or-ge	oc-troi	op-ti-que
or-gue	oc-ta-ve	om-ni-po-ten-ce

QUATRIÈME CLASSE, N° XXVII.   (N° 179.)

— u —

SYLLABES.

ub, uc, ud, uf, ug, uh, uk, ul, up, uq, ur, us, ut, ux.

MOTS.

ur-su-li-ne	ur-ba-ni-té	ur-ne
us-ten-si-le	ul-tra-mon-tain	ur-son
ul-cè-re	ur-su-le	
ul-trà-mon-dain		

— au, eu, ou, ai, oi. —

SYLLABES.

aur, auc, aul, aus, aug, auch, our, ouc, oul, ous, ouf, ouk, eaur, eauf, eaul, oil, oir, ois, oif, oik, air, ais.

MOTS.

œuf	our-se	air
aug-men-té	our-di	ouf !
aus-té-ri-té	our-di-e	

QUATRIÈME CLASSE, N° XXVIII.

Union des Consonnes avec les Voyelles-consonnes ordinaires.

— a —

bac, bal, bar, bah, crac, chal, char, mas, chas, nax, dar, dax, bas, bar, bat, bax, dal, cal, gap, crac, das, daph, cap, car, cas, har, gal, frac, phal, nar, fas, jak, hal, gaz, hax, kar, kaph, l'as, l'ap, l'ar, l'al, l'ad, mar, mas, mat, mal, mac, nax, nal, nab, qu'ap, qu'ar, qu'as, qu'aph, rac, ral, rap, raq, sac, sal, sar, tac, tar, tas, tad, tap, vaz, var, val, vah, vag, (cham.)

— e [è] —

sec, (sem), sel, ser, sex, seg, pek, pel, per, pes, ner, nec, nef, nel, mer, mec, nex, mes, ker, kes, keb, cet, cer, cel, cef, ceg, cher, chel, chef, res, ref, rex, rec, fred, bref, gel, ger, ges, guer, guet, ver, vel, vec, veh, fel, fer, zel, zep, zef, her, ber, bel, del.

QUATRIÈME CLASSE, Nº XXIX.   (Nº 181.)

— i —

criq, blir, lys, fix, nir, mis, pit, lip, nis, rich, mil, mic, mif, mir, miz, lib, lid, lic, l'il, l'ir, d'ig, lir, bib, bid, bic, bil, bis, bir, bip, biq, dik, dir, fil, dil, dit, kir, kiz, nil, nip, nis, jig, chil, guir, guis, guil, his, hir, hic, chir, fix, gnis, gnif, gnil, fir, phic, vif, phir, vic, vil, qu'il, qu'ir, qu'is, d'his, cric, d'hib, ssir, tic, ttil, tir, lyx.

— o —

lok, poc, poh, pol, poq, pos, por, pox, tof, doc, dof, choc, dor, doch, for, tol, los, dol, hos, xor, dok, coq, soc, dos, froc, tox, hoc, cor, col, quod, qu'or, qu'op, mor, mof, mok, roc, gor, rob, fol, gnol, broc, choc, fox, lor, toc, rol.

— u —

club, mus, muq, mul, mud, mur, pul, pur, pus, cul, crus, cur, cuf, cus, suc, sul, sur, sus, kuz, kuch, duc, tuf, dur, bus, but, bul, jus, huc, gul, gur, gus, vul, vur, fus, fur, fuc, kus, kub, gnus, rus, ruf, tur, tul, tuf, tus, luc, lus, lur.

— au, ou, eu, ai, oi. —

soif, meaur, poil, bauc, sauf, toul, crous, paul, pouf, mour, tour, pour, sour, nour, dour, jour, bour, houl, gous, four, cour, lour, gneur, cœur, sœur, voir, peur, cheoir, bouc, pouf, souf, soil, soir, l'air, poun, poul, beaul, gaul, gnouf, phoux, foil, voil.

QUATRIÈME CLASSE, N° XXXI.   (N° 183.)

Exercice pratique sur l'union des Consonnes avec les Voyelles-consonnes ordinaires.

— a —

MOTS.

bal-con	cal-vai-re	chas-te té
bar-bou-illa-ge	lar-me	sal-tim-ban-que
cap-ti-vi-té	har-mo-ni-e	char-bon
cal-vi-sson	gar-ni-son	mar-teau
che-val	sar-di-ne	rap-so-di-e
car-na-val	mar-bre	mal-sain
bal-da-quin	har-di-e-sse	par-fum
bal-tha-zar	char-cu-te-ri-e	mo-nar-que

PHRASES.

Valsain monte bien à cheval.

La garnison annoncera la fête par une salve d'artillerie.

Sainval ne manque ni de zèle ni d'aptitude.

J'aime la sardine fraîche.

Rentre, Albin, il y a de quoi prendre mal au balcon.

Les mêmes phrases coupées par Syllabes indiquant la prononciation.

val|sin mon|te bien à che|val.

la ghar|ni|zon a|non|se|ra la fè|te par u|ne sal|ve d'ar|ti|ille|ri|e.

sin|val ne man|ke ni de zè|le ni d'ap|ti|tu|de.

jè|me la sar|di|ne frè|che.

ran|tre, al|bin, il y a de kôà pran|dre mal ô bal|kon.

QUATRIÈME CLASSE, N° XXXII.   (N° 184.)

Se rappeler que dans les Voyelles-consonnes *e* se prononce ordinairement *è*.

— e [è] —
MOTS.

sep-tem-bre	ta-ber-na-cle	ser-mon
zel-mi-re	a-bi-mé-lech	ger-main
ser-vie-tte	jeph-té	ber-ge-ri-e
ser-pen-teau	ver-du-re	ren-fer-mé
lec-tu-re	jo-seph	li-ber-té
vier-ge	bel-gi-que	per-fi-di-e
dex-té-ri-té	cer-ve-lle	ves-te
mer-ve-ille	der-niè-re	nep-tu-ne

PHRASES.

Joseph expliqua le songe de Pharaon.

Le pontife Melchisédech, roi de Salem, a béni Abraham.

Seth, troisième né d'Adam, a, selon Moïse, inventé l'écriture.

Jézabel, fille d'Etbaal, roi de Sidon, de la race de Chanaan, épousa Achab, roi d'Israël.

Les mêmes phrases coupées par Syllabes indiquant la prononciation.

jo|zèf èks|pli|qua le son|je de fa|ra|on.

le pon|ti|fe mèl|ki|cé|dèk, rôà de sa|lè-m a bé|ni a|bra|a-m.

sèt, trôà|ziè|me né d'a|dan, a, se|lon mo|ï|ze, in|van|té l'é|kri|tu|re.

jé|za|bèl, fi|ille dèt|ba|al, rôà de si|don, de la ra|ce de ka|na|an, é|pou|za a|kab, rôà diz|ra|èl.

— i —

MOTS.

blan-chir	mys-tè-re	vir-gu-le
bis-co-tin	é-bé-nis-te	mix-tion
dro-guis-te	dis-pu-te	é-gyp-te
pis-ta-che	par-tir	dis-cu-ssi-on
cir-con-ci-si-on	tric-trac	au-ber-gis-te
vic-toi-re	plai-sir	l'his-toi-re
na-tif	ma-gis-tra-tu-re	cir-cu-lai-re
vir-gi-ni-e	zé-phir	pro-fil
ar-tis-te	dic-ti-o-nnai-re	cris-pa-ti-on

PHRASES.

Adore le mystère de la sainte Trinité.
Il te faudra lire l'histoire de Virginie, par Bernardin.
Dikson va partir pour Lisbonne.
Améric dama le pion à Cristophe.
Arrête-toi un peu à chaque virgule.
La famille de Jules le destine à la magistrature.

Mêmes phrases coupées par Syllabes indiquant la prononciation.

a|do|re le mis|tè|re de la sin|te tri|ni|té.
il te fô|dra li|re lis|tôà|re de vir|ji|ni|e, par bèr|nar|din.
dik|son va par|tir pour lis|bo|ne.
a|mé|rik da|ma le pion à kris|to|fe.
a|rè|te tôà eun peu à cha|ke vir|ghu|le.
la fa|mi|ille de ju|le le dès|ti|ne à la ma|jis|tra|tu|re.

QUATRIÈME CLASSE, N° XXXIV. (N° 186.)

— O —

MOTS.

in-for-tu-ne	lor-gnon	dog-me
por-tiè-re	for-cé	sor-ciè-re
scor-pion	cor-sa-ge	bor-du-re
for-te-re-sse	doc-tri-ne	l'or-dre
a-ccor-dé	cor-da-ge	cor-beau
phos-pho-re	for-tu-né	ré-vol-te
mor-ta-li-té	tor-tu-re	pros-pé-ri-té
ba-gnol	hec-tor	toc-sin
ré-col-te	su-bor-do-nné	tor-du

PHRASES.

La prospérité aveugle ; l'infortune éclaire.
Un bon musicien accorde lui-même son piano.
Maître corbeau sur un arbre perché....
La hideuse révolte a éclaté en Norwége.
La récolte de l'année dernière a été frappée d'une mortalité complète.

Les mêmes phrases coupées par Syllabes indiquant la prononciation.

la pros|pé|ri|té a|veu|gle ; l'in|for|tu|ne é|klè|re.
eun bon mu|zi|ciein a|kor|de lui mè|me son pi|a|no.
mè|tre kor|bô sur eu nar|bre per|ché.
la i|deu|ze ré|vol|te a é|cla|té an nor|vé|ge.
la ré|kol|te de l'a|né|e dèr|niè|re a é|té fra|pé|e d'u|ne mor|ta|li|té com|plè|te.

— u —

pur-ge	vul-gai-re	su-ccur-sa-le
sub-ti-li-té	cul-bu-te	cul-tu-re
tu-mul-te	in-dus-tri-e	rup-tu-re
mur-mu-re	en-dur-ci	nup-ti-al
in-sul-te	mur	noc-tur-ne
bur-les-que	sé-duc-ti-on	mul-ti-tu-de
mus-ca-de	tur-ban	sur-no-mmé
cul-te	rus-ti-que	suc
tur-qui-e	sub-mer-gé	ar-bus-te

PHRASES.

Ursule a entendu la messe à la succursale.
La difficulté de réussir ajoute à la nécessité d'entreprendre.
Prendre le turban, signifie se faire mahométan.
La Cour de Turquie s'appelle aussi la Porte.
Le suc de la betterave donne un sucre agréable.

Les mêmes phrases coupées par Syllabes indiquant la prononciation.

ur|çu|le a an|tan|du la mè|ce à la su|kur|ça|le.
la di|fi|kul|té de ré|u|çir a|jou|te à la né|cé|ci|té d'an|tre|pran|dre.
pran|dre le tur|ban, si|gni|fi|e se fè|re ma|o|mé|tan.
la kour de tur|ki|e s'a|pè|le ô|ci la por|te.
le suc de la bè|te|ra|ve do|ne eun su|kre a|gré|a|ble.

QUATRIÈME CLASSE, N° XXXVI.   (N° 188.)

— ou, eu, ai, au, oi —

MOTS.

rou-geur	au-jour-d'hui	pour-vu
soif	soir	cœur
four-che-tte	pour-ceau	stu-peur
cour	paul	bouc
four-mi	gour-man-di-se	jour
é-tour-di	pour-quoi	four
bour-se	mous-ta-che	cour-se
sœur	pour-vu	sauf
l'air	tour-bi-llon	cour-toi-si-e

PHRASES.

Quel étourdi que Paul ! il oublie sa bourse.
O pécheur endurci ! pense à l'éternité.
Méfie-toi de la fraîcheur du soir.
Goûte de cette tourte, mon frère ; voici de bonne
   liqueur ; voici du rhum.
Patience, ma sœur, chaque chose aura son tour.
Regarde la gourmandise comme un péché capital.

Mêmes phrases coupées par Syllabes indiquant la prononciation.

Kèl é|tour|di que pôl ! il ou|bli|e sa bour|se.
ô pé|cheur an|dur|si ! pan|se à lé|ter|ni|té.
mé|fi|e tôà dé la frê|cheur du sôàr.
ghou|te de sè|te tour|te, mon frè|re ; vôà|ci de
   de bo|ne li|keur ; vôà|ci du ro-m.
pa|cian|se, ma seur, cha|ke cho|ze ô|ra son tour.
re|ghar|de la ghour|man|di|ze ko|me eun pé|ché
   ka|pi|tal.

31

3°
VOYELLES-CONSONNES DÉSUNIES.

QUATRIÈMR CLASSE, N° XXXVII.   (N° 189.)

Bien qu'en général deux Consonnes semblables ne comptent que pour une, il est plusieurs cas où elles se détachent l'une de l'autre pour s'unir, l'une à la voyelle de gauche, l'autre à celle de droite.

ir|re   al|le
er|re   il|le
hor|re   ol|le

[an|m]   am|me   an|ne   [an|n]
[i-m|m]   em|me   en|ne   [i-n|n]
       im|me   in|ne

QUATRIÈME CLASSE, N° XXXVIII.   (N° 190.)

Deux consonnes semblables se désunissent pour se marier séparément, l'une à gauche, l'autre à droite, savoir :

1°
Au commencement des mots,

Toujours dans am|m.

am-mo-ni-ac
am-mon
am-mo-dy-te
am-man
am-meis-tre

De même dans em|m [am|m].

em-man-ché
em-ma ga-si-né
em-mu-se-lé
em-ma-illo-te
em-me-né

De même dans im|m [i-m|m].
(*i* reprend ici sa signification première.)

im-mo-bi-le
im-meu-ble
im-men-si-té
im-mor-tel
im-mo-la-ti-on

toujours dans il|l.

il-ly-rie
il-li-si-ble
il-li-mi-té
il-li-ci-te
il-lus-tre
il-lu-soi-re
il-lé-ga-li-té
il-lu-mi-na-ti-on
il-le-ttré
il-lé-gi-ti-me
il-li-bé-ral

Toujours dans ir|r.

ir-ré-pro-cha-ble
ir-ri-ta-ti-on
ir-ré-so-lu
ir-ré-pa-ra-ble
ir-ré-mi-ssi-ble
ir-ri-ga-ti-on

De même dans hor|r.

hor-reur
hor-ri-ble

Souvent dans er|r.

er-reur
er-ran-te
er-ra-tum   (o-m)

Dans ad|d.

ad-di-ti-on
ad-duc-teur
ad-duc-ti-on

Ainsi que dans red|d.

red-di-ti-on

Quelquefois dans an|n, ce que l'usage fera mieux connaître.

an-nal
an-nu-lé
an-nu-ai-re
an-ni-hi-lé
an-na-te

Quelquefois aussi dans en|n [an|n].

en-nui
en-nuy-eu-se
en-no-bli

Ainsi que dans in|n [i-n|n], où l'*i* reprend alors le son primitif.

in-né
in-no-vé
in-na-vi-ga-ble
in-no-mé

QUATRIÈME CLASSE, N° XXXIX. (N° 191.)

2°
Soit au commencement, soit au milieu des mots.

Toujours dans *cce* ou *cci*. La Consonne de gauche se prenant dans la case *k*, et celle de droite dans la case de *s*, (voir N° 75.) il est rationnel de désunir ces deux Consonnes.

ac-cen-tu-é
vac-ci-ne
ac-ce-ssoi-re
ac-cé-dé
oc-ci-re
ac-cep-ti-on
ac-cé-lé-ré
oc-ci-den-tal
oc-ci-ta-ni-que

La même règle s'applique à *g|ge* ou à *g|gi* dont la Consonne de gauche se prend dans la case de *gh*, et l'autre dans celle de *j*.

sug-ges-ti-on
sug-gé-ré

Les deux Consonnes *l l* se désunissent dans une foule de mots.

in-tel-li-gen-ce
col-lo-qne
col-la-bo-ra-teur
al-lé-go-ri-e
al-lé-gé
al-lu-si-on
fol-li-cu-lai-re
sa-tel-li-te
gal-li-can
gal-li-cis-me
hel-lé-nis-te
li-bel-le
o-scil-la-ti-on
cons-tel-la-ti-on
pal-la-di-um (o-m)
re-bel-li-on
sol-li-ci-teur
syl-lo-gis-me
ta-bel-li-on
pal-li-é
va-cil-la-ti-on
a-ppol-lo-ni-e
el-lé-bo-re

m'm et *n'n* se désunissent aussi dans plusieurs mots.

gram-ma-ti-cal
com-mé-mo-ra-ti-on
com-mu-é

———

lin-né-e
cin-na
cin-cin-na-tus
dé-cen-nal
por-sen-na
tri-en-nal

Il en est de même à l'égard de *r|r*.

abhor-ré
a-ber-ra-ti-on
je mour-rai
j'a-ccour-rai
j'a-cquer-rai

QUATRIÈME CLASSE, N° XL.   (N° 192.)

PHRASES.

Rapelle-toi que Dieu t'a donné une ame immortelle.
Notre planette a pour satellite la Lune.
Valentin emploie pour l'irrigation de sa propriété un moyen illégal, illégitime.
Emmaillote ta fille.
Emmagasine cette marchandise.
Le roi a commué la peine du coupable.
Le notaire a annexé la procuration à la minute de l'acte.
L'addition m'a paru exacte.
Pour une parole irréfléchie Octave deviendra-t-il l'ennemi irréconciliable d'Eugène ?

Les mêmes phrases coupées par Syllabes indiquant la prononciation.

ra|pè|le tôà ke dieu t'a do|né u|ne a|me i-m|mor|tè|le.
no|tre pla|nè|te a pour sa|tèl|li|te la lu|ne.
va|len|tin an|plôà pour l'ir|ri|gha|ci|on de sa pro‑
 pri|é|té eun moi|iein il|lé|ghal, il|lé|ji|ti|me.
an|ma|illo|te ta fi|ille.
an|ma|gha|zi|ne sè|te mar|chan|di|ze.
le rôà a kom|mu|é la pè|ne du kou|pa|ble.
le no|tè|re a an|nèk|sé la pro|ku|ra|ci|on à la mi|nu|te
 de l'ak|te.
l'ad|di|ci|on m'a pa|ru ègh|zak|te.
pour u|ne pa|ro|le ir|ré|flé|chi|e ok|ta|ve de|vien|dra‑
 til l'è|ne|mi ir|ré|kon|ci|li|a|ble d'e|jè|ne ?

VOYELLES-CONSONNES

Considérées comme Finales des Mots.

1°
RÈGLES GÉNÉRALES.

TROISIÈME CLASSE, N° I. (N° 193.)

VOYELLES A CONSONNE FINALE SONORE.

Dans les Voyelles-consonnes qui terminent les mots, on ne prononce, en certains cas, rien que la Voyelle; mais non pas quand la Consonne finale est une des six de ce Tableau, qui se prononcent, au contraire, fortement.

Pour la Syllabe *er*, à la fin des mots de plusieurs syllabes, voir le N° 206 ci-après.

...r   ...f   ...l

Pour la Syllabe *il*, où *l* est mis pour *ill*, voir le N° 201 ci-après.

...m   ...n

...c

TROISIÈME CLASSE, N° II.   (N° 194.)

Exercice pratique sur les Voyelles à Consonne finale sonore.

MOTS.

m à la fin des mots	*n* final	*f* final
se fait toujours sentir, soit que le son s'en modifie comme dans	se fait aussi toujours sentir, soit avec le son modifié, ainsi que dans	sonne le plus ordinairement.
a-dam	sé-ra-phin	pur-ga-tif
nom	sa-tan	sub-stan-tif
daim	di-vin	chef
re-nom	sci-pi-on	ca-nif
sur-nom	em-brun	nef
pro-nom	cha-cun	vin-di-ca-tif
	de-ssein	grief
soit qu'il conserve l'articulation qui lui est propre, comme dans	coin	re-lief
	à jeun	juif
a-bra-ham	sou-ve-rain	if
sem	sou-tien	men-zi-cof
cham	cha-na-an	œuf *
jé-ru-sa-lem	rou-en	bœuf **
i-bra-im	chien	bré-beuf
	ma-man	soif
alors même que l'*u* qui le précède se prononce *o*, à cause de son étymologie latine, comme dans		sauf
	soit avec l'articulation propre à cette Consonne, comme dans	neuf
mu-sé-um		ouf
her-cu-la-num	ab-do-men	
pal-la-di-um	hy-men	*ph* se prenant dans la même case que *f*, doit suivre la même règle.
fac-to-tum	a-men	
al-bum	e-xa-men	jo-seph

* Quand on parle d'un seul.
** Quand on parle d'un seul.

TROISIÈME CLASSE, N° III.

Suite.

r final	*l* final	*c* final [*k*]
sonne toujours, si ce n'est quelquefois dans la syllabe *er*, ainsi qu'il est dit au N° 206.	sonne toujours, si ce n'est dans la syllabe *il*, lorsque *l* y est pour *ill*. (voir le N° 202).	sonne dans beaucoup de mots dont voici quelques uns :
cul-ti-va-teur	ca-po-ral	i-sa-ac
han-gar	au-tel	bec
pu-ti-phar	ciel	tric-trac
plai-sir	si-gnal	bac
é-li-xir	é-ter-nel	bouc
ob-scur	co-lo-nel	soc
fu-tur	a-ïeul	troc
chair	fi-lleul	suc
sou-ve-nir	é-pa-gneul	a-qué-duc
é-clair	seul	duc
tam-bour	es-pa-gnol	co-per-nic
bu-tor	pa-ra-sol	é-chec
la-bour	ro-ssi-gnol	lac
a-rro-soir	poil	roc
cœur	ca-pi-toul	mas-tic
dou-leur	mé-hul	ric-à-ric
co-rri-dor	cal-cul	
mi-roir	roy-al	

q, *k* et *ch*, pris dans la case de *c*, suivent la même règle.

coq
zu-rich

PHRASES.

Qui sème la vertu moissonnera l'honneur.
Le bonheur a besoin d'être interrompu pour être senti.
Je préfère un cultivateur honnête à un seigneur fripon.
A la cour du roi, chacun pour soi.
A fol conteur, sage écouteur.
Qui bien fera, bien trouvera.
Aujourd'hui en chère, demain en bière.
Le nom d'une chose s'appelle un substantif.
La femme de Putiphar tenta en vain Joseph : il préféra le devoir au plaisir.
J'irai demain voir le muséum de cette ville.
Que ce coq marche avec fierté !
Ce bœuf à la sauce piquante m'a donné une soif ardente.
Bonjour, mon Caporal. — Adieu, Tambour.
Quoi, mon filleul me laisse seul !
Il faudra faire mettre du bon mastic à l'acquéduc
Dieu ! quel éclair a sillonné la nue !
Le Colonel a chassé le daim avec un rare bonheur.
J'admire la longueur du poil de l'épagneul que Michel a vendu à Albin.

TROISIÈME CLASSE, N° V. (N° 197.)

Les mêmes phrases coupées par Syllabes indiquant la prononciation.

ki sè|me la vèr|tu môà|ço|ne|ra l'o|neur.
le bo|neur a be|zôän d'è|tre ein|tè|ron|pu pour è|tre san|ti.
je pré|fè|re eun kul|ti|va|teur o|nè|te a eun sè|gneur fri|pon.
a la kour du rôà, cha|keun pour sôà.
a fol kon|teur, sa|je é|kou|teur.
ki biein fe|ra, biein trou|ve|ra.
ô|jour|dui an chè|re, de|min an biè|re.
le nom du|ne cho|ze s'a|pè|le eun sub|stan|tif.
la fa|me de pu|ti|far tan|ta an|vein jo|sef : il pré|fé|ra le de|vôàr ô plè|zir.
ji|ré de|mein ô mu|sé|o-m de sè|te vi|le.
ke se kok mar|che a|vek fièr|té !
se heuf a la sô|cc pi|kan|te ma do|né u|ne sôàf ar|dan|te.
bon|jour, mon ka|po|ral. — a|dieu, tan|bour.
kôà, mon fi|il|leul me lè|ce seul !
il fô|dra fè|re mè|tre du bon mas|tik a la|ké|duk.
dieu ! kèl é|klèr a si|il|lo|né la nue !
le ko|lo|nèl a cha|cé le dein a|vek eun ra|re bo|neur.
jad|mi|re la lon|gheur du pôàl de l'é|pa|gneul ke mi|chèl a van|du a al|bein.

TROISIÈME CLASSE, N° VI. (N° 198.)

Exercice sur les Voyelles à Consonnes finales muettes.

MOTS.

Sont nulles, à la fin des mots, toutes Consonnes autres que celles du N° 193 (r, f, l, m, n, c).

Qu'il y ait une ou plusieurs consonnes, peu importe; elles n'en sont pas moins muettes.

Lorsque parmi plusieurs consonnes finales il se trouve une de celles du n° 193, celle-là seule se prononce. Les autres sont comme non écrites.

froid	doigt	ha-sard
ja-loux	puits	mort
che-vaux	Jé-sus-Christ	dis-cours
quel-que-fois	chats	co-lomb
par-tout		un ti-sse-rand
ah!		des ti-sse-rands
deux		quand
pa-ris (ville)		ar-gent
bout		un né-go-ciant
croix		des né-go-ciants
jé-sus		ba-yard
e-lle ri-ait		sang
dé-sor-mais		sourd
pay-is		lé-o-pard
j'o-bé-is		soins
je l'ai-mais		vie-illards
du riz		be-soins
un mot		en-fant
chat		blond
sou-ris		rond
		front

33

PHRASES.

Chaque pays, chaque coutume.
Qui porte en ce monde la croix de Jésus-Christ, sera placé au ciel à côté de Jésus-Christ.
La clé d'or ouvre tout, hors la maison du sage.
Fais ce que dois, arrive que pourra.
Mieux vaut douceur que violence.
Le temps perdu ne se retrouve jamais.
A qui veut mal, mal arrive.
La peur conseille toujours très-mal.
Il ne faut pas que Gros-Jean remontre à son Curé.
Il n'y a pas de feu sans fumée.
L'abeille ne ferait pas tant de miel, si elle était seule.
On ne s'avise jamais de tout.
Tu as mis le doigt sur la plaie.
De vos bienfaits je suis reconnaissant.
Sachons ne vouloir que ce que nous devons vouloir.
Ouïr, voir, se taire de tout, fait l'homme bien venir partout
Tel qui rit vendredi, dimanche pleurera.
Bonne renommée vaut mieux que ceinture dorée.
N'éveille pas le chat qui dort.
Il y avait six mois que je ne t'avais vu.
Il vaut mieux tard que jamais.

TROISIÈME CLASSE, N° VIII.

Les mêmes phrases coupées par Syllabes indiquant la prononciation.

cha|ke pè|i, cha|ke kou|tu|me.
ki por|te an se mon|de la krôà de jé|zu kri, se|ra pla|cé ô sièl a kô|té de jé|zu kri.
la clé d'or ou|vre tou, or la mè|zon du sa|je.
fè se ke dôà, a|ri|ve ke pou|ra.
mieu vô dou|ceur ke vi|o|lan|se.
le tan pèr|du ne se re|trou|ve ja|mè.
à ki veu mal, mal a|ri|ve.
la peur kon|sè|ille tou|jour trè mal.
il ne fô pa ke gro jan re|mon|tre à son ku|ré.
il ni a pa de feu san fu|mé|e.
la|bè|ille ne fèrè pa tan de mièl si è|le é|tè seu|le.
on ne s'a|vi|ze ja|mè de tou.
tu a mi le dôà sur la plè.
de vo biein|fè je sui re|ko|nè|çan.
sa|chon ne vou|lôàr ke se ke nou de|von vou|lôàr.
ou|ir, vôàr, se tè|re de tou, fè l'o|me biein ve|nir par|tou.
tèl ki ri van|dre|di, di|man|che pleu|re|ra.
bo|ne re|no|mé|e vô mieu ke cein|tu|re do|ré|e.
né|vè|ille pa le cha ki dor.
il y a|vè si môà ke je ne ta|vè vu.
il vô mieu tar ke ja|mè.

VOYELLES-CONSONNES

Considérées comme Finales des Mots.

2°
RÈGLES PARTICULIÈRES.

TROISIÈME CLASSE, N° IX.   (N° 201.)

VOYELLES-CONSONNES FINALES MOUILLÉES.

La finale *il* représente quelquefois *i-ill*. Dans ce cas, la Consonne *ill* étant au nombre de celles qui ne se prononcent pas à la fin des mots, on ne prononce que la Voyelle *i* de même que si elle était seule et surmontée d'un tréma.

TROISIÈME CLASSE, N° X.   (N° 202.)

Exercice sur la finale *il*.

MOTS.

1° Dans la finale *il*, précédée d'une Voyelle, la Consonne *l* n'étant que l'abrégé de *ill*, devient par conséquent toujours muette, mais l'*i* fait Diphtongue avec la Voyelle.

ail (aï)	**eil** (èï)	**euil ueil œil** (euï)
é-ven-tail	so-leil	fau-teuil
ber-cail	so-mmeil	cer-feuil
bé-tail	ré-veil	che-vreuil
por-tail	con-seil	or-gueil
tra-vail	ver-meil	re-cueil
poi-trail	pa-reil	a-ccueil
ail	or-teil	œil

2° Après une Consonne, cette finale indique tantôt *il*, tantôt *i-ill*. Pour reconnaître quelle est de ces deux Syllabes celle que le mot contient, il est nécessaire de consulter les mots dérivés de celui finissant en *il*. Si dans le cœur du mot dérivé se trouve *ill*, la Consonne devient muette dans le mot à prononcer; si c'est au contraire *l*, la Consonne des mots à prononcer se fait sentir, puisque c'est une des six du N° 193.

il (i)		**il** (il)	
il final se prononçant, à cause de *ill* dans les dérivés.	Dérivés contenant la consonne *ill*.	*il* final, se prononçant *il*, à cause de *l* dans les dérivés.	Dérivés contenant la Consonne *l*.
fu-sil	fu-s-illa-de	sub-til	sub-ti-le
gen-til	gen-t-ille-sse	gen-tils	gen-ti-li-té
fils	f-ille	fil	je fi-le
sour-cil	sour-c-ille	ci-vil	ci-vi-li-té
che-nil	che-n-ille	il	e-lle
per-sil	per-s-illa-de	pu-é-ril	pu-é-ri-le
gril	gr-illé	e-xil	e-xi-lé

Dans certains mots cependant on fait, par exception, légèrement sentir la consonne mouillée *ill*.

		vi-ril	vi-ri-le
pé-ril	pé-r-illeux	bré-sil	bré-si-li-en
mil	m-illet	mil	mil-lé-si-me

34

PHRASES.

L'orgueil ne va à personne.
Que le bétail, ce soir, rentre de bonne heure au bercail.
Approche un fauteuil.
Mon fils va partir pour le Brésil.
Quel babil! il y a de quoi perdre le fil.
J'ai peur que ton fusil ne blesse quelqu'un.
A nouveaux faits nouveaux conseils.
Le fenouil va-t-il bien au chevreuil?
Tu m'as blessé l'orteil.
Donne du mil aux canaris.
Votre conseil me paraît sage.
Dieu m'a détourné du péril que j'aurais pu courir.
Votre fils, madame, a paru gentil à tout le monde.
Gentilité, signifie les Gentils ou Païens en général.
Que le portail se ferme, s'il vous plaît, au soleil couchant.
La feuille du cerfeuil ressemble à celle du persil.
Quel escamoteur subtil!
Votre maître, apprenant cela, froncera le sourcil.
Qu'on mette ce poisson sur le gril.
Ce fut, je m'en souviens, en mil huit cent vingt-deux que naquit votre fils.
Soyons civils à l'égard de tout le monde.

Mêmes phrases coupées par Syllabes indiquant la prononciation.

l'or|gheuï ne va a pèr|so|ne.
ke le bé|taï, se sôàr, ran|tre de bo|ne eu|re ô bèr|kaï.
a|pro|che eun fô|teuï.
mon fi va par|tir pour le bré|zil.
kèl ba|bi! il i a de kôà pèr|dre le fil.
jé peur qe ton fu|zi ne blè|ce kèl|keun.
a nou|vô fè nou|vô kon|sèï.
le fe|nouï va til biein ô che|vreuï?
tu m'a blè|cé l'or|tèï.
do|ne du mill ô ka|na|ri
vo|tre kon|sèï me pa|rè sa|je.
dieu m'a dé|tour|né du pé|rill qe jô|rè pu kou|rir.
vo|tre fi, ma|da|me, a pa|ru jan|ti à tou le mon|de.
jan|ti|li|té si|gni|fi|e lè jan|til ou pa|iein an jé|né|ral.
ke le por|taï se fèr|me, s'il vou plè, ô so|lèï qou|chan.
la feu|ille du sèr|feuï re|çan|ble à sè|le du pèr|si.
qèl ès|qa|mo|teur sub|til!
vo|tre mè|tre, a|pre|nan se|la, fron|ce|ra le sour|ci.
qon mè|te ce poi|sson sur le gri.
ce fu, je man sou|viein, an mil ui çan vin deu qe na|qi vo|tre fi.
sôà|ion ci|vil a l'é|ghar de tou le mon|de.

TROISIÈME CLASSE, N° XIII.   (N° 205.)

Plusieurs des Syllabes à Consonnes finales contenant la Voyelle *e*, ont une prononciation spéciale aux cas expliqués dans les N°s suivants.

En résumé : *er* se prononce *é* à la fin de presque tous les mots plusieurs syllabes ;
　　　　　　es se prononce *e* faible, à la fin aussi des mots de plusieurs syllabes ; et *è* dans ceux d'une seule ;
　　　　　　ez toujours *é* ;
　　　　　　ef se prononce *é* dans *clef* ;
　　　　　　et se prononce *é* dans le mot *et*, et *è* partout ailleurs ;
　　　　　　ed se prononce *é* dans *pied* ;
　　　　　　eg se prononce *è* dans *legs*.
　　　　　　ep se prononce *è* dans *sept*.
　　　　　　em et *en* subissent plus de variations. Voir les N°s 212 et 214.

..er		..ef	..et	..el
[èr] [é]		[èf] [é]	[è] [é]	

..em	..ed	..ep	..eb	..en
[è-n] [an]	[èd] [é]	[èp] [é]		[an] [in] [e faible]

..eg	..ec	..es	..ez
[ègh] [è]		[è] [e faible]	[é]
	..ech		

Sauf les règles particulières ci-dessus, dans toute Voyelle-consonne finale où la Voyelle est *e*, on doit prononcer *è* ouvert, et faire entendre la Consonne quelle qu'elle soit, ne fût-elle pas même comprise au N° 193.

TROISIÈME CLASSE, Nº XIV. (Nº 206.)

Dans la Voyelle-consonne *er*, *e* se prononce le plus ordinairement *é* à la fin d'un mot de plusieurs Syllabes, et la Consonne devient alors muette, quoique comprise au Nº 193. Peu de mots sont exceptés de cette règle.

MOTS.

..er [é]	..er [èr]	..er [èr]
A la fin des mots de plusieurs Syllabes.	Dans les Monosyllabes.	Par exception dans les mots suivants :
gam-ba-der	fer	en-fer
cré-er	ver	hi-ver
pur-ger	mer	a-mer
man-ger	cher	cui-ller
se fi-er	fier	can-cer
a-ppro-cher		hi-er
cou-cher	On prononce aussi *er* dans tous les mots où cette finale prend un *t*, lequel du reste ne se prononce pas, n'étant pas compris au Nº 193.	Ainsi que dans quelques mots d'origine étrangère.
cri-er		
tom-ber	de-ssert	ma-gis-ter
la-ver	dé-sert	lu-ci-fer
clo-cher	cou-vert	ves-per
gre-na-dier	en-tr'ou-vert	sta-thou-der
hor-lo-ger	con-cert	fra-ter
o-ran-ger	s'en-quiert	me-sser
plan-cher	De même avec un *d*.	ju-pi-ter
sou-lier	perd	é-ther
	verd	pà-ter

La Consonne *s*, terminant la finale *er*, ne fait subir aucune modification aux règles ci-dessus.

[é]	[èr]	[èr)
hor-lo-gers	ex-perts	ma-gis-ters
clo-chers	con-certs	hi-vers
che-va-liers	cou-verts	cui-llers

TROISIÈME CLASSE, N° XV.   (N° 907.)

PHRASES.

En toute chose il faut considérer la fin.

A l'œuvre on reconnaît l'ouvrier.

Faute d'un clou le cheval perd son fer; faute de fer on perd le cheval; faute de cheval le cavalier se perd.

Il ne faut jamais quitter le certain pour l'incertain.

On ne doit pas brûler la chandelle par les deux bouts.

Peu parler, peu manger, a-t-il fait mal à personne?

Qui mange son fruit vert le trouve amer.

Cristophe Colomb a découvert l'Amérique.

Dieu n'a eu qu'à parler, qu'à vouloir pour créer.

Le bois vert ne sert qu'à faire de la fumée.

Nous nous plaignons de souffrir en ce monde, Jésus-Christ n'a-t-il pas plus souffert pour nous?

Que l'on dise à mon Cordonnier de me faire tout de suite une paire de souliers.

Tu n'oublieras pas, mon cher, de t'informer qui a été nommé expert dans l'affaire de Robert contre Chevalier l'horloger.

Sur qui donc se fier? Jean l'empeigne fait le fier.

On voit plus de vingt clochers du clocher de mon village.

Mêmes phrases coupées par Syllabes indiquant la prononciation.

an tou|te cho|ze il fò kon|si|dé|ré la fin.
a leu|vre on re|ko|nè lou|vri|é.
fò|te deun klou le che|val pèr son fèr ; fò|te de fèr on pèr le che|val ; fò|te de che|val le ka-va|lié se pèr.
il ne fò ja|mè ki|té le sèr|tin pour l'in|sèr|tin.
on ne dòà pas bru|lé la chan|dè|le par lè deu bou.
peu par|lé, peu man|jé, a til fè mal à pèr|so|ne?
ki man|je son frui vèr le trou|ve a|mèr.
kris|to|fe ko|lon a dé|kou|vèr la|mé|ri|ke.
dieu na u ka par|lé, ka vou|lòàr, pour kré|é.
le bòà vèr ne sèr ka fè|re de la fu|mé|e.
nou nou plè|gnon de sou|frir an se mon|de : jé|zu kri na til pa plu sou|fèr pour nou ?
ke lon di|ze à mon kor|do|nié de me fè|re tou de sui|te u|ne pè|re de sou|lié.
tu nou|bli|ra pa, mon chèr, de tin|for|mé ki a é|té no|mé èks|pèr dan la|fè|re de ro|bèr kon|tre che|va|lié lor|lo|jé.
sur ki don se fi|é ? jan lan|pè|gne fè le fièr.
on vòà plu de vin klo|ché du klo|ché de mon vi|la|je.

TROISIÈME CLASSE, N° XVII.   (N° 209.)

Exercice pratique sur les finales *ez*, *es*, etc.

MOTS.

Dans la finale *ez*, la Voyelle se prononce toujours *é*, et la Consonne ne se prononce pas du tout, n'étant pas comprise au N° 193.

Dans *es*, la Voyelle se prononce *e* faible à la fin d'un mot de plusieurs Syllabes, et *è* ouvert dans les mots d'une seule ; la Consonne restant d'ailleurs muette dans l'un comme dans l'autre cas.

..ez (é)

nez
re-gar-dez
o-bé-i-ssez
chez
voy-ez
a-me-nez

..es (è)

mes
tes
ses
les
des
ces
tu es
il est

..es (e)

tem-ples
re-li-gi-eu-ses
fe-mmes
cha-ri-ta-bles
me-sses
o-ra-cles
in-fi-dè-les
plu-mes

et final suit la règle ordinaire, c'est-à-dire que la Voyelle s'y prononce *è*, sans faire sentir la Consonne.

ef suit la règle du N° 193.

Dans *ep*, *ed*, *eb* et *eg* on fait sentir la Consonne, quoique non comprise au N° 193. (excepté dans *sept* et *legs*.)

..et (è)

œ-illet
jui-llet
si-fflet
en-tre-met
va-let
pa-quet
tou-pet

..ef (èf)

nef
jo-seph
chef
bref
de-re-chef
mé-chef
fief
brief

..ep (èp)

sa-lep

..eb (èb)

o-reb

..eg (ègh)

ra-leg

..ed (èd)

al-fred

Mais dans le mot *et* où il n'y a qu'une Syllabe et pas de Consonne devant, la Voyelle se prononce *é*, pour ne pas confondre ce mot avec *est*, qui se prononce ouvert.

Excepté dans le mot *clef*, qui se prononce avec l'*é* fermé, sans faire sentir la Consonne.

Le mot *pied* et ses dérivés se prononcent avec l'*é* fermé, sans faire sentir la Consonne.

et (é)

toi et moi

..ef (é)

clef
por-te clefs

..ed (é)

pied
cou-vre-pieds

PHRASES.

Le poète Gilbert est mort pour avoir avalé une clef
Qui est bien s'y tienne.
L'oreille est le chemin du cœur.
Ce n'est pas tout de promettre, il faut tenir.
Ventre affamé n'a point d'oreilles.
Le cordonnier est souvent le plus mal chaussé.
Un bienfait reproché n'est compté pour rien.
Les petits ruisseaux font les grandes rivières.
Qui paie ses dettes s'enrichit.
Ne cherche pas l'ami qui te loue, mais celui qui t'avertit de tes fautes.
Ne vous contentez pas de louer les gens de bien, imitez-les.
On prend le bœuf par les cornes, et l'homme par les paroles.
Cordonnier, mêlez-vous de vos souliers.
Toutes vérités ne sont pas bonnes à dire.
Langue de muet est meilleure que langue de menteur.
Tous songes sont mensonges.
Chacun son métier, les vaches seront bien gardées.
Point ne faut mettre le doigt entre l'écorce et le bois.
Ce qui est différé n'est pas perdu.

TROISIÈME CLASSE, N° XIX. (N° 211.)

Les mêmes phrases coupées par Syllabes indiquant la prononciation.

le po|è|te gil|bèr è mor pour a|vôàr a|va|lé u|ne klé.
ki è biein si tiè|ne.
lo|rè|ille è le che|min du keur.
ce nè pa tou de pro|mè|tre, il fô te|nir.
van|tre a|fa|mé na pôàn do|rè|ille.
le qor|do|nié è sou|van le plu mal chô|cé.
lè pe|ti rui|çô fon lè ghran|de ri|viè|re.
ki pè|ie sé dè|te san|ri|chi.
ne chèr|che pa la|mi ki te lou|e, mè se|lui ki ta|vèr|ti de tè fô|te.
ne vou qon|tan|té pa de lou|é lè jan de biein : i|mi|té lè.
on pran le beuf par lè cor|ne, é lo|me par lè pa|ro|le.
qor|do|nié, mè|lé vou de vo sou|lié.
tou|te vé|ri|té ne son pa bo|ne à di|re.
lan|ghe de mu|è è mè|illeu|re ke lan|ghe de man|teur.
tou son|je son man|son|je.
cha|keun son mé|tié, lè va|che se|ron biein ghar|dé|e.
pôàn ne fô mè|tre le dôà an|tre lé|kor|se é le bôà.
se ki è di|fé|ré nè pa pèr|du.

TROISIÈME CLASSE, N° XX. (N° 212.)

Les finales *em* et *en* suivent la règle du N° 193; mais on sait que la prononciation de ces Syllabes nazales varie assez pour qu'il soit utile de la fixer dans les cas indiqués par ce Tableau.

MOTS.

..em (è-m)	..en (è-n)	..ien (iein ou i-ein)
em final se prononce ordinairement *è-m*.	*en* final, non terminé par une Consonne, se prononce ordinairement *è-n*.	Que cette finale soit Monosyllabique ou Dyssillabique, *en* s'y prononce toujours *ein*.
sem	e-xa-men	com-bien
jé-ru-sa-lem	hy-men	au tri-chien
i-tem	ab-do-men	ci-toy-en
i-dem	a-men	co-mé-di-en
un ha-rem	On prononce cependant *an* dans	gra-mmai-ri-en
des ha-rems	rou-en	pa-ïen
cependant terminée par la Consonne *s*, cette finale se prononce *an* dans	en	rien
	Quand cette finale prend la Consonne *s*, on prononce *è-n* dans les mots ci-dessus, qui, sans *s*, se prononceraient ainsi; mais dans les autres mots, on prononce généralement *an*.	sien
temps		mien
long-temps		bien
con-tre-temps		li-en
prin-temps	bon sens	Peu importe que cette finale prenne le *s*, elle se prononce toujours de même.
	pa-rens	
	gens	je main-tiens
	guet-à-pens	tu en con-viens
	en-cens	tiens
	dé pens	viens
		que de-viens tu?
		j'a-ppar-tiens

Pour les finales *ent* et *ient*, aller au N° 214 ci-après.

TROISIÈME CLASSE, N° XXI.

PHRASES.

Jésus-Christ est né à Bethléem.
Son tombeau se trouve à Jérusalem.
Noé eut trois fils : Sem, Cham et Japhet.
Le harem est le lieu, chez les Turcs, où les femmes sont renfermées.
Tel l'encens d'Yémen, en ce jour solennel....
Que ne fait-on passer avec un grain d'encens!
Je comprends bien ce que vous me faites l'honneur de me dire.
A chacun le sien.
Un tiens vaut, ce dit-on, mieux que deux tu l'auras.

Mêmes phrases coupées par Syllabes indiquant la prononciation.

jé|zu kri è né à bèt|lé|è-m.
son ton|bô se trou|ve à jé|ru|za|lè-m.
no|é u trôà fis : sè-m, ka-m é ja|fè.
le a|rè-m è le lieu, ché lè turq, où lè fa|me son ran|fèr|mé|e.
tèl lan|san di|é|mè-n, an se jour so|la|nèl.
ke ne fè|ton pa|cé a|vèq eun ghrin dan|san!
je kon|pran biein se ke vou me fè|te lo|neur de me di|re.
a cha|keun le siein.
eun tiein vô, se di|ton, mieu qe deu tu lô|ra.

Exercice sur la finale *ent*. A défaut des règles ci-dessous, le sens de la phrase indiquerait au besoin la prononciation de cette Syllabe.

..ent (an)

A la fin des mots devant lesquels on ne saurait mettre *ils* ou *elles*, en parlant de plusieurs.

pa-ra-vent
sou-vent
a-ppa-re-mment
né-gli-ge-mment
i-nno-cent
ac-cent
ex-ce-llent

On pourrait mettre *il* ou *elle*, en parlant d'une seule chose, qu'il faudrait encore prononcer *an*.

elle le défend
il se re-pent

Si cette finale se termine par un *s*, pas de difficultés : elle se prononce, en ce cas, toujours *an*.

pa-ra-vents
ex-ce-llents
cou-vents

..ent (e faible)

A la fin des mots devant lesquels le sens permet de mettre *ils* ou *elles*, en parlant de plusieurs.

ils pri-ent
elles cau-sent
ils mar-chent
elles dor-ment
ils ve-illent
elles fo-lâ-trent
ils s'a-mu-sent
elles re-gar-dent

..ent (e muet)

ent est tout-à-fait muet à la fin des mots après une Voyelle-voyelle mariée, surtout après *ai* ou *oi*.

ils re-gar-daient
voy-aient
elles mar-chaient
ai-maient
voient

Cette même finale, après un *i*, se prononce *i-e*, quand le mot peut être précédé de *ils* ou *elles*, en parlant de plusieurs; *i-ein*, quand on peut y mettre *il* ou *elle*, en parlant d'une seule chose. Hors ces deux cas, on prononce *i-ian*, surtout lorsque cette finale se termine par un *s*.

..ient (i-e faible)

ils ri-ent
elles pleu-rent
pli-ent
pri-ent
sci-ent
s'é-cri-ent

..ient (i-ein)

il re-vient
elle se sou-vient
elle con-tient
il dé-tient

..ient (i-an)

in-con-vé-ni-ent
pa-ti-ent
cli-ent
in-con-vé-ni-ents
pa-ti-ents
cli-ents

TROISIÈME CLASSE, Nº XXIII.   (Nº 215.)

PHRASES.

Que les méchants voient la vertu et sèchent de douleur de l'avoir abandonnée.

Ceux qui se ressemblent s'assemblent.

Les jours se suivent, mais ils ne se ressemblent pas.

Si ton frère t'offense, reprends-le ; s'il se repent, pardonne-lui.

Petite pluie abat grand vent.

Il ne faut pas que les petits bâteaux s'éloignent du rivage.

Contentement passe richesse.

L'appétit vient en mangeant.

Les mêmes phrases coupées par Syllabes indiquant la prononciation.

ke lè mé|chan vôà la vèr|tu, é sè|che de dou|leur de la|vôàr a|ban|do|né|e.

seu ki se re|çan|ble sa|çan|ble.

lè jour se sui|ve, mè il ne se re|çan|ble pa.

si ton frè|re to|fan|se, re|pran le ; sil se re|pan, par|do|ne lui.

pe|ti|te plui|e a|ba ghran van.

il ne fô pa ke lè pe|ti ba|tô sé|lôà|gne du ri|va|je.

kon|tan|te|man pa|ce ri|chè|ce.

la|pé|ti vien an man|jan.

AUTRES EXEMPLES.

Voilà six mois, mon cher parent, que je ne t'avais rencontré. Comment te portes-tu? — Pas mal, à présent; mais c'était bien différent il y a quelque temps. Heureusement que j'avais, mon cher, un médecin excellent, savant sans charlatanisme, ayant même de l'attachement pour ses malades. Son talent et son zèle m'ont tiré d'un bien mauvais pas.

Les deux frères, dont je vous parlais, éprouvèrent des malheurs qui les réduisirent presque à la dernière misère. Ils vendirent le peu de meubles qu'ils possédaient, quittèrent la capitale, et s'acheminèrent vers leur pays natal, pour cultiver de leurs propres mains les quelques terres qui formaient les seuls débris de leur grande fortune. Ils se conduisirent avec tant de résignation et de sagesse, qu'ils s'attirèrent l'estime de tout le monde. Il n'est pas deux familles dans le village qui, le soir, ne prient pour eux.

Beaucoup de petits coups abattent de grands chênes.

On se souvient rarement des promesses quand le péril est passé.

EXCEPTIONS.

TROISIÈME CLASSE, N° XXV. (N° 217.)

La bizarrerie de l'usage ayant donné à une foule de mots une prononciation plus ou moins en dehors des règles, il est bon de faire connaître ici, sinon toutes ces exceptions, du moins les plus ordinaires.

Sont notamment exceptionnels bien des mots propres à nommer soit un homme, soit une ville, etc., de manière à distinguer cet homme de tout autre homme, cette ville de toute autre ville, etc.; autrement dit, bien des noms propres.

Consonnes finales fortes par exception.

b	d	g	p
Jacob	David	zig-zag	gap
Achab	Talmud	joug	cap
Joab	sud	bourg (bourk)	laps
Job	Galaad		
Moab			

s

laps	Sémiramis	Pâris	hiatus
as	vis	le Christ	prospectus
atlas	lys	le fisc	omnibus
hélas	bris	mes fils	agnus
—	bis	—	anus
aloès	maïs	paphos	Vénus
Ernest	devis	Délos	—
l'est	gratis	lemnos (è-m)	Mars
l'ouest	Iris		cens
Hermès	Denys		ours

t		x	z
mat (terne)	net	x (ks)	gaz
fat	granit	sphinx	Achaz
vivat	l'est	styx	Metz
un fait	l'ouest	phénix	
Ernest	Goliath	linx	
sept		Pollux	
déficit		index	
dot		x (s)	
huit		aix	
le Christ		six	
luth		dix	

PHRASES.

Les jardins de Sémiramis sont célèbres dans l'histoire.

La fable donne au Sphinx un visage de femme, des ailes d'aigle, et un corps de lion.

Que de beautés dans les psaumes de David !

David vainquit Goliath.

Esaü, fils d'Isaac, vendit son droit d'aînesse à Jacob, son frère, pour un plat de lentilles.

Pâris, juge entre Vénus et Junon, donna la pomme de la beauté à Vénus.

L'un des quatre points cardinaux s'appelle l'Est ou le Levant ; un s'appelle l'Ouest ou le Couchant ; les autres deux sont le Nord et le Sud.

Le mois de mars, ayant été consacré par les Romains au Dieu de la guerre, retint le nom de ce Dieu.

Sous le joug du destin fléchissons sans murmure.

Jupiter avait coutume de jurer par le styx.

Cérès, dit la mythologie, changea Lyncus en lynx.

Combien de lieues de Carpentras à Apt ? — sept, je crois.

Philoctète fut déposé dans l'île de Lemnos.

L'éclairage au gaz se perfectionne de jour en jour.

Tu as, mon cher, un laps de temps suffisant pour aller à Gap et revenir.

TROISIÈME CLASSE, N° XXVII. (N° 219.)

Consonnes nulles par exception.

c final		**f** final	**g** intermédiaire
almanach	clerc	cerf-volant	doigter
tabac	arsenic	des bœufs	clugny
blanc	escroc	baillif	signet
estomac	tronc	des œufs	sangsue
jonc	échecs (les)	nerfs de bœufs	Regnault
broc	lacs (filets)	chef-d'œuvre	vingtième
croc	porc		long-temps
accroc	cric		

l final	**m**	**n**	**p**
soûl	automne	monsieur	dompter
cul	damnation		prompte
pouls	condamnation		baptême
aulx			compte
			septième
			sculpture
			exempter
			cheptel

q final	**r** final	**s**	**t**
coq d'inde	monsieur	nismes	asthme
cinq pièces	messieurs	Descartes	asthmatique
		Duguesclin	isthme
			metz

PHRASES.

Je compte sur votre complaisance, Monsieur, pour assister au baptême de mon septième enfant.

Le docteur Regnault a vu le malade, et, après lui avoir tâté le poulx, lui a ordonné l'application des sangsues.

Par ces motifs, la Cour a condamné et condamne..

Qui peut se dire exempt de défauts ?

Voyez donc quel contre-temps ! l'asthme me reprendre aujourd'hui, quand je devais partir demain pour Metz !

Tu joueras fort bien du piano. Ton doigter est déjà facile, gracieux et correct.

Mets le signet à cette page, et pose ton livre.

Je te permets de prendre ton cerf-volant.

Que Regnard, quoique bon comique, me paraît être loin de Molière !

J'irai passer l'automne à Nismes.

L'almanach ! Messieurs, l'almanach de Pierre Larrivay !

Monsieur Ernest, faites donc l'aumône à ce pauvre cul-de-jatte ; vous voyez bien qu'il ne peut pas travailler.

Le Baillif de ce village était un drôle de corps, qui..

Rosette, allez prendre au marché une douzaine d'œufs.

TROISIÈME CLASSE, N° XXIX.   (N° 221.)

Consonnes à articulation exceptionnelle.

s (z)	s (s)	x (s)	x (z)
quoique après une Consonne.	quoique après une Voyelle.	soixante	deuxième
alsace	Melchisédech	aix	sixième
balsamine	désuétude	auxerre	dixième
colsa	monosyllabe	auxonne	dix-sept
transition	polysyllabe	bruxelles	dix-huit
transiger	resonné	dix	dix-neuf
transaction		SIX dans certains cas.	
La connaissance de l'étymologie prouverait que, dans beaucoup de mots, les deux exceptions ci-dessus n'en sont pas à la rigueur.			

c (ch)	gn (gh-n)	w (ou)	b (p)
violoncelle	quoiqu'au milieu des mots.	wisk ou wisth	devant les Consonnes s et t.
vermicelle	inexpugnable	wigh	Cette exception pourtant n'est pas admise généralement, et l'on a raison de la rejeter comme un barbarisme de son.
	regnicole	wiski	
c (g)	stagnation		
second	igné	w (v)	absence
reine claude	progné	Wasington	obtus
	agnus	Weber	
	diagnostic		
	cognation	w (nul)	
	ignicole	Newton	
	géognosie		

sh (ch)	lh (ill)	er (re)	
shérif	après un i.	dans quelques mots d'origine étrangère.	Schakespeare se prononce
	Guilhaume	quaker	Chèspir
	Vilhaume	Necker	
		Lancaster	
		Weber	
		Meyerbeer	

PHRASES.

Une pomme, tombant de l'arbre, a découvert à Newton les lois de la pesanteur.
Mon fils a déjà beaucoup voyagé : il a vu Bruxelles, Auxonne, Auxerre, Aix, et soixante autres villes.
Combien de points as-tu gagné ? six ? — J'ai le dixième. — Déjà dix ? — Oh ! j'espère aller jusqu'à dix-huit ou vingt, et alors j'obtiendrai le prix.
Le diagnostique de ta maladie est facile à saisir.
La province de l'Alsace comprend les départements des Haut et Bas-Rhin.
Monosyllabe se dit d'un mot d'une seule syllabe, et Polysyllabe d'un mot de plusieurs.
Comptons de six en six jusqu'à six cent trente-six.
Une mauvaise transaction vaut souvent mieux qu'un bon procès.
La musique de Meyerbeer inonde l'ame d'enthousiasme : c'est de la vraie et belle poésie.
Agen produit de bonnes prunes de reine-claude.
Viendrez-vous, Milord, faire ce soir votre partie de wisk ? Dois-je envoyer mon wiski ?
L'Angleterre s'honore d'avoir produit Shakespeare.
Schérif, signifie Officier municipal d'Angleterre.
Fais-toi de tes vertus un mur inexpugnable.

TROISIÈME CLASSE, N° XXXI.   (N° 223.)

Voyelles à prononciation exceptionnelle.

qui (ku-i)	**qua** (kou-a)	**gui** (ghu-i)	**gua** (goua)
équitation	quadrupède	inextinguible	alguazil
liquéfié	aquatique	contiguité	lingual
à quià	quadrature	duc de Guise	guadeloupe
quirinal	équateur	aiguille	
questeur	in quarto	aiguisé	**ai** (e)
équilatéral	quadrangle	arguer	je faisais
quintuple	aquarelle	aiguillon	bienfaisance
équestre	quatuor		satisfaisant
Quintilien	équation		le faisant

un (on)	**enn** (a-n)	**en** (an-n)	**emm** (è-me)
unzaine	hennir	enivrer	dilemme
punch	hennissement	enivrement	gemme
sund	rouennerie	enamouré	
	couenne	enorgueilli	**emm** (ein-m)
u (ou)	solennel		Emmanuel
mameluk	**enn** (ein-n)		
	ennéagone		
	ennéapétale		

Voyelles nulles par exception.

a	e	i	o
saoul	caen	oignon	faon
saône	Staël	encoignure	paon
aoriste	maëstrich	douairière	paonne
août		Montaigne	paonneau
toast		Lamoignon	taon
			laon
u			
vuide			

PHRASES.

La mer Baltique a un détroit qu'on nomme le Sund.
A quel degré de l'équateur sommes-nous ?
Qui résoudra le problème de la quadrature du cercle ?
Jean, faites liquéfier ces pierres de chaux.
L'aiguille de la boussole se dirige toujours vers le nord.
Un quadrilatère peut être équilatéral, sans être pour cela équiangle.
Voilà un beau Quintilien. Il vaut presque le quintuple du mien.
Oh! comme ton cheval hennit!
Les Quirinales étaient des fêtes instituées à Rome en l'honneur de Romulus, surnommé Quirinus.
Je viens, selon l'usage antique et solennel...
L'ennéagone a neuf côtés.
Dans quel commerce êtes-vous ? — dans la rouennerie.
Mon neveu est parti pour la Guadeloupe.
Ma biche m'a donné un joli petit faon.
Mon dilemme t'embarrasse et te met à quià.
Je vous paierai, lui dit-elle, avant l'août.
La saône passe à Lyon.
Fi! un oignon dans l'encoignure de madame la douairière !

CONTACT DES MOTS, ETC.

(2me et 1re Classes.)

CONTACT DES MOTS.

Première Combinaison.

VOYELLES FINALES EN CONTACT 1º AVEC DES VOYELLES INITIALES.

2me CLASSE, N° I (ÉLISIONS.) (N° 225.)

e, terminant un mot de plusieurs syllabes, ne se prononce pas quand le mot suivant commence par une Voyelle. C'est celle-ci qui prend sa place ; quelquefois même quoiqu'il se trouve une virgule entre les deux mots. Cette manière de lier s'appelle Elision.

...e a...	['a]	...e, a...	['a]
...e é...	['é]	...e, é...	['é]
...e i...	['i]	...e, i...	['i]
...e o...	['o]	...e, o...	['o]
...e u...	['u]	...e, u...	['u]

Dans le Monosyllabe *le*, *e* s'élide devant une Voyelle, si le mot qui précède se termine par *ez*. Il en est de même dans le Monosyllabe *ce* précédé du mot *est* interrogatif.

..ez le a..	(é l'a)	est ce a..	(è ç'a)
..ez le é..	(é l'é)	est ce é..	(è c'é)
..ez le i..	(é l'i)	est ce i..	(è c'i)
..ez le o..	(é l'o)	est ce o..	(è ç'o)
..ez le u..	(é l'u)	est ce u..	(è ç'u)

DEUXIÈME CLASSE, N° II.   (N° 226.)

Exercice sur l'Elision ou suppression de e final devant un mot commençant par une Voyelle.*

1° e s'élide à la fin des mots de plusieurs Syllabes.

On écrit: On prononce:

tendre amitié   tendr'amitié
père éternel   pèr'éternel
page illisible   pag'illisible
chose oubliée   chos'oubliée
fille unique   fill'unique

2° Quelquefois même après une virgule.

frère, arrive   frèr'arrive
Rose, économise   Ros'économise
Alphonse, imite-la   Alphons'imite-la
Adolphe, occupe-toi   Adolph'occupe-toi
travaille, Ursule   travaill'Ursule

3° e s'élide aussi dans le Monosyllabe le précédé de ez, qui devient alors Syllabe longue.

portez-le aujourd'hui   portez-l'aujourd'hui
revoyez-le entièrement   revoyez-l'entièrement
amenez-le ici   amenez-l'ici
rendez-le officieux   rendez-l'officieux
corrigez-le une bonne fois   corrigez-l'une bonne fois

4° Ainsi que dans le Monosyllabe ce précédé du mot est pris dans le sens interrogatif.

qu'est-ce à dire ?   qu'est-ç'à dire ?
est-ce étonnant ?   est-c'étonnant ?
est-ce ici ?   est-c'ici ?
est-ce oublié ?   est-ç'oublié ?
est-ce une raison ?   est-ç'une raison ?

* a s'élide bien quelquefois aussi, mais comme l'Elision en est toujours indiquée par l'orthographe, au moyen d'une apostrophe, cela ne peut fournir matière à aucune difficulté de prononciation, et l'on ne doit pas s'en occuper ici.

DEUXIÈME CLASSE, N° III.   (N° 227.)

Autres exemples d'Elision.

Enfant, craint d'être ingrat ; sois soumis, doux, sincère ;
Obéis, si tu veux qu'on t'obéisse un jour.

Usez, n'abusez pas, le sage ainsi l'ordonne : *
L'abstinence ou l'excès ne fit jamais d'heureux.

. . . . Le droit des malheureux
Est de mêler leur peine et de gémir entre eux.

Le bonheur des méchants comme un torrent s'écoule.

De l'émulation distinguez bien l'envie ;
L'une mène à la gloire, et l'autre au déshonneur.
L'une est l'aliment du génie,
Et l'autre est le poison du cœur.

La gloire aux criminels ne sert pas de refuge.
La dispute est souvent funeste autant que vaine.
Ecoute avant de parler.
Qui parle sème, et qui se tait recueille.
Ouïr, voir et se taire est chose difficile à faire.
Tout le monde est sage après coup.
Ayez de l'ordre en tout.
Qui ne veut se mettre en hasard ne sera riche tôt ni tard.
A bon ménage il ne faut vin nouveau, bois verd ni pain chaud.
La vie est une énigme dont la mort donne le mot.
Qui découvre un secret perd toute confiance.
Pardonne à autrui ; ne te fais pas grace à toi-même.
Qui sème, espère en Dieu.

* NOTA. Le *g* et le *c* se prennent en ce cas dans les cases de *j* et de *s*, quoique le mot suivant commence par un *a*, un *o*, ou un *u*.

HIATUS.

Toute Voyelle finale, autre que *e*, terminant un mot de plusieurs Syllabes, se prononce, quoique devant une Voyelle initiale. Cette rencontre de Voyelles qui s'entrechoquent s'appelle *Hiatus*.

...a a...	(a|a)		...o a...	(o|a)
...a é...	(a|é)		...o é...	(o|é)
...a i...	(a|i)		...o i...	(o|i)
...a o...	(a|o)		...o o...	(o|o)
...a u...	(a|u)		...o u...	(o|u)
...é a...	(é|a)		...u a...	(u|a)
...é é...	(é|é)		...u é...	(u|é)
...é i...	(é|i)		...u i...	(u|i)
...é o...	(é|o)		...u o...	(u|o)
...é u...	(é|u)		...u u...	(u|u)
...i a...	(i|a)		le a...	(le|a)
...i é...	(i|é)		le é...	(le|é)
...i i...	(i|i)		le i...	(le|i)
...i o...	(i|o)		le o...	(le|o)
...i u...	(i|u)		le u...	(le|u)

e même se prononce fortement dans les Monosyllabes.
Le n'est excepté de cette règle que lorsque le mot, qui le précède, se termine par *ez*, ainsi qu'on l'a vu au N° 225.

DEUXIÈME CLASSE, N° V. (N° 229.)

EXEMPLES D'HIATUS,
ou rencontre de Voyelles exigeant chacune une pulsation de voix bien distincte.

a
Zumala | a péri.
Paulin a | éludé la question.
Maria | irrite sa blessure.
Le tribunal l'a | ordonné.
On te donnera | une sérénade.

é
Noé | a planté la vigne.
Souvent le bon marché | est cher.
Son ingénuité | intéresse.
Réné | occupe le second.
On m'a donné | une montre.

i
Qui | aime saint Roch, aime son chien.
Qui | est riche? l'économe; pauvre? l'avare.
Jeudi | il ira te voir.
Ceux-là sont riches qui | ont des amis.
J'ai | à peine dormi | une heure.

o
Quel domino | avez-vous?
Le zéro | est un chiffre sans valeur.
Quel vertigo | il vous prend?
Prends l'incognito | obligé.
Voilà | un piano | unique en son genre.

u
Chaque cheveu | a son ombre.
Le fou | est rendu sage.
Tu | iras où tu sais.
Il faut que ce têtu | obéisse.

le non précédé d'un mot terminé par *ez*.
Disons le | à nos amis.
Faites-le | entrer.
Laissons-le | ici.
Fais-le, | ou ne le fais pas.
Ecoute-le | une seule fois.

le et ce
Devant *oui* et *onze*, *e* final ne s'élide point.
Le | oui et le non.
Le | onzième du mois.
Ce | onze mai.

# CONTACT DES MOTS.

Deuxième Combinaison.

VOYELLES FINALES EN CONTACT 2º AVEC DES CONSONNES INITIALES.

DEUXIÈME CLASSE, N° VI.

Toute Voyelle finale (sauf ce qui a été dit au N° 119 relativement à l'*e* muet) se prononce devant un mot commençant par une Consonne.*

Toutefois si cette Consonne est la muette (*h*), il faut distinguer : ou elle est tout-à-fait nulle, non sensible et purement étymologique, ou sa présence annonce que la Voyelle qu'elle précède doit recevoir une pulsation de voix plus marquée, plus forte que d'ordinaire. Dans le premier cas, il y a Elision; dans le dernier, Hiatus.

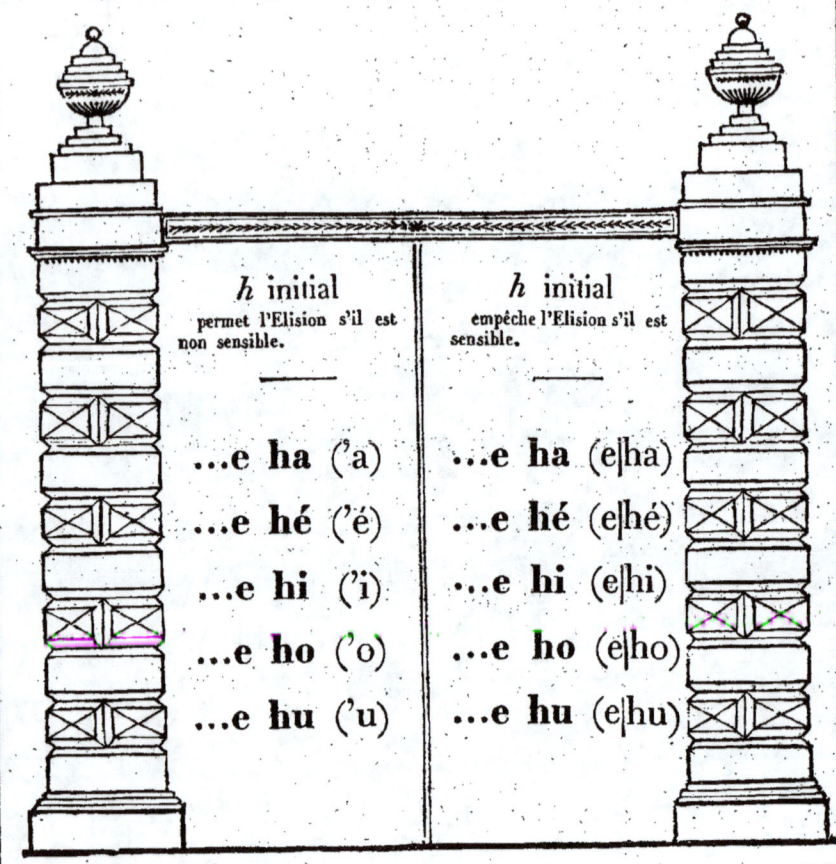

h initial permet l'Elision s'il est non sensible.

...e ha ('a)
...e hé ('é)
...e hi ('i)
...e ho ('o)
...e hu ('u)

h initial empêche l'Elision s'il est sensible.

...e ha (e|ha)
...e hé (e|hé)
...e hi (e|hi)
...e ho (e|ho)
...e hu (e|hu)

* Il faut même, lorsque la dernière Syllabe d'un mot, terminé par une Voyelle, a sa Consonne de gauche semblable à celle qui commence le mot suivant, bien détacher les deux Syllabes, et dire, par exemple :

la toque | que je porte, et non pas la to | que je porte.

aucune | nuance, et non pas aucu | nuance, etc.

DEUXIÈME CLASSE, N° VII.

Exercice pratique sur la Consonne initiale h nulle, ou non sensible, et permettant par conséquent l'Elision, quand le mot précédant se termine par e faible.

Tes père et mère honoreras.
_{r'o}

Une hirondelle ne fait pas le printemps.
_{n'i}

Chaque homme est l'artisan de sa fortune.
_{qu'o}

Il faut rire avant d'être heureux, de peur de mourir avant
_{tr'eu}
d'avoir ri.

Peut-être nous touchons à notre heure dernière.
_{tr'eu}

Offre ta douce hermine à ma main caressante.
_{c'er}

Deux fois quarante hivers ont suivi sa naissance.
_{t'i}

Il n'a pas oublié sa table hospitalière.
_{bl'os}

. . . . un modeste hyménée
_{t'y}
Les unit d'une chaîne à jamais fortunée.

Le diable un jour voulut se faire hermite.
_{r'er}

Crois-moi, lis cette histoire, elle t'amusera.
_{t'is}

C'est un supplice honorable que celui qu'on souffre pour la
_{ç'o}
vérité.

Exercice pratique sur la Consonne initiale *h* sensible, empêchant l'Elision.

Le | hasard va souvent plus loin que la prudence.

Le castor, avec nous disputant l'industrie,
De | hardis monuments embellit sa patrie.

Eveille-toi, ma | harpe, et frémis sous mes doigts.

. . . . la | hideuse chenille
Sous le pampre naissant dépose sa famille.

Qu'une | haie, opposant ses remparts hérissés,
Eloigne les troupeaux par ses traits repoussés.

Ta bête, mon ami, n'est qu'une | haridelle.

Il arrive monté sur sa | haquenée.

L'essaim vif et joyeux des enfants du | hameau.

Pauvreté | honnête vaut mieux que richesse mal acquise.

Celui qui commet une injustice là | hait dans autrui.

Avez-vous dépouillé cette | haine si vive?....

Si tu | habites avec un boiteux, tu boiteras bientôt toi-même.

DEUXIÈME CLASSE. (1ʳᵉ SUITE DU N° 232.)

Liste des mots à *h* initial sensible, vulgairement appelée *h* aspiré, à cause de l'aspiration qui doit précéder la Syllabe dont cette Consonne fait partie.

ha

ha !
habler
hableur } *et ses dérivés.*
hâche
hacher } *et les dérivés.*
hachure
hagard.
hàha, *ouverture à un mur de jardin.*
hahé, *terme de chasse.*
haie.
haïe, *cri de charretier.*
haillon.
haine, haineux.
haïr, haïssable.
haire, *chemise de mortification.*
halbrand, *canard sauvage.*
halbrené, *qui a quelques plumes rompues.*
hâle, hâler, hâlage.
haleter.

halle, hallier.
hallebarde.
hallebréda, *grande femme mal bâtie.*
hallier, *buissons épais.*
halo, *couronne lumineuse.*
haloir, *séchoir de chanvre.*
halot, *trou de lapins.*
halotechnie, halurgie, *de la composition des sels.*
halte.
hamac, *sorte de lit suspendu.*
hameau.
hampe, *sorte de manche d'instrument.*
han, *terme populaire.*
hanap, *grand verre à boire.*
hanche.
hangard.
hanneton.
hanse, *confédération de certaines villes d'Allemagne.*

DEUXIÈME CLASSE. (2ᵐᵉ SUITE DU Nº 232.)

suite de ha

hanter, hantise.
happe, *sorte de crampon.*
happer, *prendre avec avidité.*
happelourde, *pierre fausse, quoique brillante.*
haquenée.
haquet, *sorte de charrette.*
haranguer, *et les dérivés.*
haras.
harasser.
harceler.
harde, harder, *terme de chasse.*
hardes.
hardi, *et les dérivés.*
harem.
hareng, harengère.
hargneux, hargneuse.
haricot.
haridelle.
harnais *ou* harnois, harnacher.
haro!
harpailler (se), *se quereller avec aigreur.*
harpe, harpiste.
harper, *serrer fortement.*

harpie.
harpon, harponner.
hart.
hasard, *et les dérivés.*
hase, *femelle d'un lièvre.*
haste, *sorte de pique.*
hâte, hâter, *et les dérivés.*
hâteur, *Officier de cuisine royale.*
haubans, *gros cordages de vaisseau.*
haubert, *cuirasse des anciens.*
hausse, hausser, haussement.
hausse-col.
haut, hauteur, hautement.
hautbois.
haut-de-chausse.
haute-contre.
haute futaie.
hautesse (sa), *le Sultan.*
hauturier, *terme de marine.*
hâve.
havir, *cuire à trop grand feu.*
hâvre.
havresac.

DEUXIÈME CLASSE.   (3ᵐᵉ SUITE DU Nº 232.)

he

hé, hein, hem!
heaume, *casque.* (*terme de blason.*)
héler, *appeler à la rencontre d'un navire.*
hennir.
héraut.
hère.
hérisser, hérisson.
hernie, herniaire.
hernutes, *Frères Moraves.*
héron, heronneau, héronnière.
héros, *mais non pas ses dérivés.*
herse, herser, hersage.
hêtre.
heurt, heurter, heurtoir.

hi

hibou.
hic.
hideux, hideusement.
hic *ou demoiselle, instrument à battre le pavé.*
hiérarchie, hiérarchique.
hile, *terme de botanique.*
hisser.

ho

ho! hom!
hobereau, *oiseau de proie.*
hoc, *jeu de cartes.*
hoco, *jeu de hasard.*
hoche, *marque à une taille.*
hocher, hochement.
hochepied, *terme de fauconnerie.*
hochepot, *ragoût de bœuf au sec.*
hochequeue, *petit oiseau.*
hochet.
hogner, *murmurer.*
holà!
hollander, *préparer les plumes.*
homard.
hongre, hongrer.
hongroyeur, *qui façonne les cuirs de Russie.*
honte, honteux, honteusement.
hoquet.
hoqueton, *casaque d'archers.*
horde.
horion.
hors.
hotte, *sorte de panier.*

DEUXIÈME CLASSE. (4me SUITE DU N° 232.)

suite de ho

houblon, houblonner.
houe, houer, *terme de labour.*
houille, houiller, houillère.
houle, houleux, houleuse.
houlette.
houper, *terme de chasse.*
houppe.
houppelande.
houraillis, houret, *mauvais chien de chasse.*
hourdage, hourder, *maçonnerie grossière.*
houri.
hourque, *navire Hollandais.*
houra.
hourvari, *terme de chasse.*
housard, houssard.
housé, *crotté, mouillé.*
houseaux, *sorte de guêtres.*
houspiller.
houx, houssaie.
housse.
houssoir.
houssir, *nettoyer avec le houssoir.*
houssine, *baguette de houx.*
hoyau, *houe à deux fourches.*

hu

huard, *aigle de mer.*
hublot, *terme de marine.*
huche, *coffre à pain.*
hucher, *appeler en sifflant.*
hue! huau! hurhau! *cri de charretier.*
hue, huer.
huguenot, huguenotisme.
huguenote, *marmite.*
huit, *et ses dérivés.*
hulan.
hulotte *ou* huette, *hibou.*
humer.
hune, *plate-forme d'un mât.*
hunier, *voile du mât de hune.*
huppe, *oiseau à touffe.*
hure, *tête d'animal.*
hurler, hurlement.
hussard.
hutte, *se* hutter.

CONTACT DES MOTS.

Troisième Combinaison.

CONSONNES FINALES EN CONTACT 1° AVEC DES CONSONNES INITIALES.

DEUXIÈME CLASSE, N° IX.　　　　　　　　　　(N° 933.)

Les Consonnes finales, en contact avec des Consonnes initiales, sont en général soumises aux règles expliquées dans la Classe précédente.

L'usage a cependant légitimé plusieurs infractions à ces mêmes règles, touchant la sonorité ou la non sonorité des Consonnes finales; infractions, du reste, déjà énumérées en grande partie dans les N°s 217 et suivants, et que la bonne société, jointe aux exemples ci-après, feront assez connaître.

Quant aux Consonnes initiales, elles suivent toujours la règle ordinaire.

EXEMPLES dans lesquels la Consonne finale se fait sentir.	EXEMPLES dans lesquels la Consonne finale est muette.

b

est fort dans	Il est muet ailleurs.
radoub d'un vaisseau	du plomb fondu
rumb, terme de marine	de cardeur, Colomb
rob, suc végétal	devint vice-roi

ainsi que dans les noms d'hommes.

Achab, roi
Job, fils malheureux
Jacob, fils d'Isaac
Joab qui tua Absalon
Caleb, de la tribu de Juda
Oreb
Moab
Aureng Zeb

c (k)

est généralement sonore.	On le supprime cependant dans bien des mots.
sac plein	estomac paresseux
lac tranquille	le banc des accusés
bec recourbé	franc de charges
échec terrible	Lefranc de Pompignan
trafic défendu	ce jonc plie bien
bloc de marbre	
le duc d'Albe	
tact fin	
e pense, donc je suis.	allons donc nous promener.

DEUXIÈME CLASSE, N° X.

Suite.

d

ne se prononce guère que dans.

sud-sud-ouest
talmud, livre des Juifs
David, le saint roi
Alfred, roi d'Angle-
   terre

On le supprime généralement.

sourd-muet
regards fixes
vieillard décrépit
nid d'oiseaux
pied de mouche

f

Il se prononce à très peu d'exceptions près.

chef courageux
grief pardonnable
motif louable
tuf solide
neuf comme un fifre
serf rebelle
un bœuf gros et gras
un chef-lieu

On le supprime dans les locutions suivantes:

clef forée
cerf-volant
neuf cent livres
des œufs brouillés
nerfs de bœufs
des bœufs gros et gras
chef-d'œuvre

g

Cette Consonne termine peu de mots qu'on peut réduire aux suivants:

Elle se prononce, quoique faiblement, dans

joug de fer

et prend le son du k dans

bourg populeux

Elle est nulle dans

faubourg spacieux
calembourg plaisant
étang poissonneux
poing fermé
doigt du pied
coing mûr
vingt cailles
sang noble
rang suprême
legs pieux

DEUXIÈME CLASSE, N° XI.   (N° 235.)

Suite.

h

Cette Consonne se trouve rarement à la fin des mots.

Elle ne s'y fait sentir que dans les Consonnes plurilittères conjointes.

ph
Joseph vendu par ses frères

ch
auch, ville chef-lieu

Elle ne se fait nullement sentir quand elle est seule Consonne finale.

ah ! c'est bien
eh ! c'est vous

Elle est aussi muette dans les Consonnes plurilittères liées. On prononce en ce cas la Consonne qui précède.

ch (k)
Eno*ch*, descendant de Se*th*

gh
Rale*gh* va servir le roi

j

ne se trouve jamais à la fin des mots.

k

ne se rencontre guère comme finale, et se prononce toujours.

l

La liste des mots qui sont terminés par cette Consonne est très nombreuse.

On la prononce généralement.

bal paré
autel relevé
pal, supplice infâme
col de velours
fil blanc

On ne la prononce pas dans

cul de basse-fosse
cul-de-jatte
saoûl plus que saoûl (sou)

l pour ill (lieu)

l ne s'emploie pour *ill*, dans la finale *il*, que dans les cas déjà expliqués au N° 202.

On fait très rarement sentir cette Consonne, qu'on a d'ailleurs soin de mouiller, et que quelques Grammairiens font alors prononcer comme *ie*.

péril menaçant (pé-ri-ie)
avril mois courant (a-vri-ie)

Cette Consonne se supprime généralement.

outil parfait
sourcils noirs
fusil chargé
soleil levant

DEUXIÈME CLASSE, N° XII.   (N° 236.)

Suite.

m

Cette Consonne se fait toujours sentir, soit qu'elle prenne le son de *n* modifié, ainsi que dans

nom d'homme
renom parfait
parfum délicieux
faim canine

soit qu'elle conserve son articulation première, comme dans

Abraham, fils de Tharé
Priam, roi
amsterdam, ville
siam, royaume
Ibrahim pacha
interim pénible
rhum trop doux
le harem chez les Turcs

n

Il en est de même pour le *n* que pour le *m*. Modifié ou non, il sonne dans tous les cas.

p

Ne ne se prononce que dans peu de mots.

le cap finistère
gap, ville
jalap, plante
julep bien préparé
hanap, grande tasse
cep de vigne

Il est généralement muet.

coup dangereux
loup vorace
drap fin
camp retranché
trop de soins
beaucoup d'hommes

q

finale rare dans notre langue, est fort dans

coq gaulois

et muet dans

coq d'inde
cinq pièces d'or

DEUXIÈME CLASSE, N° XIII. (N° 237.)

Suite.

r

finale d'un nombre considérable de mots, généralement sonore

jour qui baisse
plaisir qui fatigue
jupiter le terrible
enfer redoutable
soir d'été
dard venimeux
fier taureau
ver lumineux

muette cependant dans les terminaisons en *er* se prononçant *é*, suivant la règle du N° 206.

marcher vite
batailler long-temps
aimer de tout cœur
ne se fier pas trop

s

Cette Consonne termine aussi beaucoup de mots.

Elle se fait entendre assez généralement dans les noms propres; et de plus dans quelques terminaisons en *is*.

bris de scellés
devis complet
bis, lui criait-on
lys de jardin
vis bien faite
jadis, messieurs
le gratis de ses bulles
fils reconnaissant

ainsi que dans les finales en *os*.

pathos fatiguant
os décharné

en *ès*, seulement dans

aloès bienfaisant

en *eurs* dans

mœurs dépravées

Elle est d'ailleurs le plus souvent muette.

trépas glorieux
remords déchirant
amis de long-temps
coulis d'écrevisses
leurs belles-sœurs
toujours votre dévoué
oui, mesdames
procès chanceux
palais de justice
rodrigue, as-tu du cœur
ce n'est plus possible

Suite de s.

en *ours* dans
ours mal léché
en *us* dans
blocus levé
hiatus déchirant
prospectus publié
quelquefois dans *plus*
il y a plus, messieurs
en *ais,* dans
un ais trop court
comme aussi dans
laps de temps (lan)
mars s'écoule
as de cœur
atlas complet
hélas ! ma sœur
le cens prescrit
un bon sens parfait
des gens bien nés (né)

t

Peu de mots conservent la prononciation du *t* final.

un fat déhonté
de l'or mat
le vivat retentissait
mettre au net sa copie
le lacet sera gardé
le Christ ressuscité
déficit prodigieux
rit des musulmans
sot plus que sot

Sa suppression est presque générale.

sept chemises
mil huit cent vingt-huit
(ai) (vint) (uit)
vous et lui (é)
Jésus-Christ vous aime

Précédé d'une Consonne, c'est celle-ci qu'on fait sentir.

effort superflu
concert discordant
respect profond

DEUXIÈME CLASSE, N° XV.

Suite de *t*.

dot considérable
fût d'une colonne
but perfide

On fait sentir cependant toutes les Consonnes dans

contact des mots
strict nécessaire

V

ne se rencontre presque jamais à la fin des mots.
On le prononce *f* dans *azov*.

X

Cette Consonne se prononce *ks* dans quelques terminaisons.

Ajax le terrible
lynx carnassier
sphinx redoutable

et *s* dans la plupart des autres.

cadix fut assiégée
dix de pique
six de carreau

Elle est généralement muette.

dix soldats
deux centimes
six personnes

Z

Cette Consonne n'est forte, comme finale, que dans

gaz délétère

et dans quelques mots d'origine Espagnole

Olivarèz
Gonzalèz

Sauf les exemples ci-contre, *z* final ne se prononce point, et rend l'*é*, qui le précède, fermé.

j'allais chez vous
nez retroussé
vous lisez bien

DEUXIÈME CLASSE, N° XVI. (N° 240.)

Lorsqu'un mot se termine par une Consonne devant se faire entendre, et que le mot suivant commence par une Consonne semblable, il faut s'appliquer à prononcer ces deux Consonnes de manière à les rendre bien distinctes l'une de l'autre, afin d'éviter, par ce moyen, les contre-sens qui pourraient résulter de l'oubli de cette règle essentielle.

Il faut donc dire		Il ne faut donc pas dire
fil | laid	ni	fil-aid / fi-laid
bal | long	ni	bal-ong / ba-long
il | l'étudie	ni	il-étudie / i-létudie
ce rhum | m'a ranimé	ni	ce rhum-a ranimé / ce ro-ma ranimé
l'intérim | m'a fatigué	ni	l'intérim-a fatigué / l'intéri-ma fatigué
le prospectus | s'imprime	ni	mon prospectus-imprime / mon prospectu-s'imprime
ce rébus | se devine	ni	ce rébus-devine / ce rébu-s' devine
qui joue l'as | se trompe	ni	qui joue l'as-trompe / qui joue l'a-s' trompe
bouc | cornu	ni	bouc-ornu / bou-cornu
syndic | capable	ni	syndic-apable / syndi-capable
Alfred | d'angleterre	ni	Alfred-angleterre / Alfrè-d'angleterre
un chef | farouche	ni	un chef-arouche / un chè-farouche
le bourg | gango	ni	le bourk-ango / le bour-gango
gap, | petite ville	ni	gap-etite ville / ga-petite ville
hiver | rigoureux	ni	hiver-igoureux / hivè-rigoureux

CONTACT DES MOTS.

Quatrième Combinaison.

CONSONNES FINALES EN CONTACT 2º AVEC DES VOYELLES INITIALES.

DEUXIÈME CLASSE, N° XVII.   (N° 941.)

Les Consonnes finales, en contact avec des Voyelles initiales, se détachent, dans une foule de cas, de la Voyelle de gauche, pour aller s'unir à la Voyelle initiale de droite.
Ici n'existe plus de distinction (comme aux N°s 193 et suivants). Toute Consonne finale est ou redevient sonore dans sa liaison avec une Voyelle initiale. Chacune reprend donc son articulation première, excepté les Consonnes suivantes, qui, dans ces circonstances, changent la leur contre celle de la lettre indiquée au bas de leurs cases respectives.

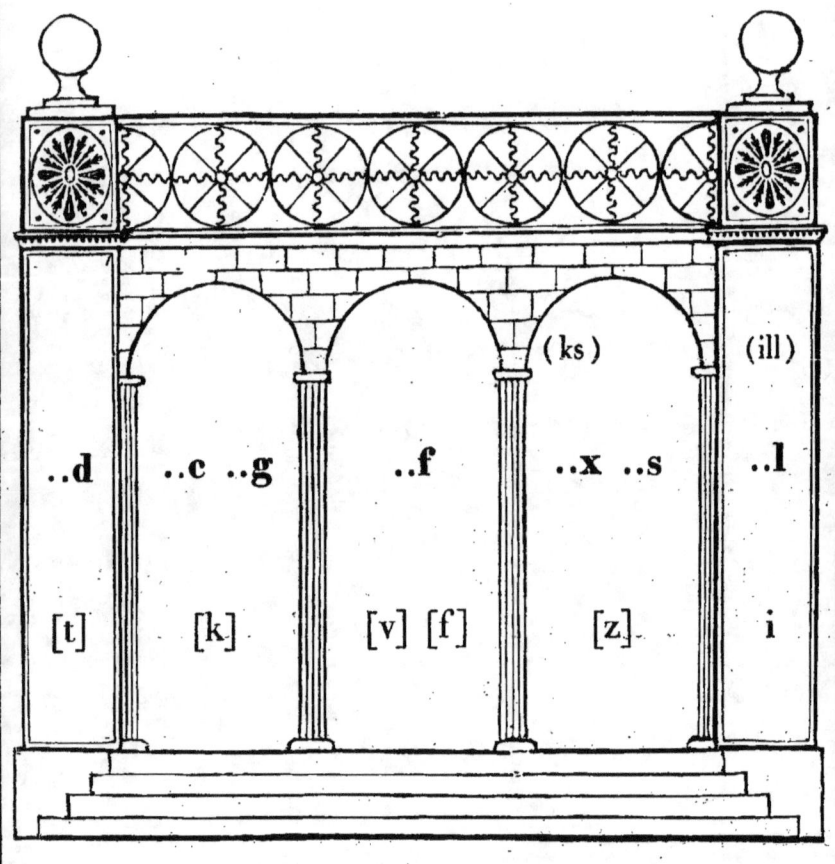

Quant à la Voyelle de gauche, qui a été abandonnée par la Consonne finale, elle conserve, au contraire, en sa qualité de quasi veuve, le nom qu'elle aurait eu si la Consonne ne s'en était pas détachée.

DEUXIÈME CLASSE, N° XVIII.   (N° 242.)

Exercice sur la liaison des Consonnes finales avec une Voyelle initiale.
Deux mots liés n'en font, en quelque sorte, qu'un seul dans la prononciation.

NOTA. Le *h* initial non sensible n'empêche pas la liaison.

b

Il conserve, en se liant, son articulation peu sensible.

On écrit	On prononce
Jacob attendri	*Ja-ko-b'a-tan-dri*
Achab et Jézabel	*A-ka-b'é-Jé-za-bèl*

c (k)

Se prononce toujours gutturalement (c'est-à-dire comme *k*), même devant un *e* ou un *i*.

| croc en jambes | *kro-k'an jan-be* |
| duc et pair | *du-k'é pèr* |

d (t)

d prend le son de *t*.

| grand homme | *gran-t'o-me* |
| profond auteur | *pro-fon-t'ô-teur* |

Il conserve cependant son articulation ordinaire dans plusieurs noms propres.

| David est un saint roi | *Da-vi-d'è tun sain rôà* |
| Alfred est arrivé | *Al-frè-d'è-ta-ri-vé* |

f (f ou v)

f final conserve le plus ordinairement son articulation première.

| cerf abattu | *cèr-f'a-ba-tu* |
| neuf à faire pitié | *neu-f'a fè-re pi-tié* |

On lui donne cependant l'articulation de *v* dans

| neuf écus | *neu-v'é-ku* |
| neuf heures | *neu-v'eu-re* |

DEUXIÈME CLASSE, N° XIX. (N° 243.)

g (k ou gh)

<small>Le *g* se prononce à peu près toujours comme le *k*.</small>

sang illustre   *san-k'il-lus-tre*
long intervalle   *lon-k'in-tèr-va-le*

<small>il ne conserve guère l'articulation de *gue* que dans</small>

joug intolérable   *jou-gh'in-to-lé-ra-ble*

l

colonel intrépide   *ko-lo-nè-l'in-tré-pi-de*
civil envers tous   *si-vi-l'an-vèr tous*

il pour ill

<small>se prononce *i*, allant faire Diphtongue avec la Voyelle initiale du mot suivant</small>

soleil ardent   *so-lè-iar-dan*
accueil amical   *a-keu-ia-mi-kal*

<small>ou fait comme s'il y avait deux *i* dans</small>

péril affreux   *pé-ri-ia-freu*
avril écoulé   *a-vri-ié-kou-lé*

m

<small>Il conserve, en se liant, l'articulation qui lui est propre.</small>

jérusalem attentive   *jé-ru-za-lè-m'a-tan-ti-ve*
rhum agréable   *ro-m'a-gré-à-ble*

n

<small>Il reprend, en se liant, son articulation première.</small>

on a dit   *o-n'a di*
bien élevé   *biè-n'é-le-vé*
en avant   *a-n'a-van*
un homme   *eu-n'o-me*
divin amour   *di-vè-n'a-mour*, <small>suivant la regle, et *di-vi-n'a-mour*, suivant un usage plus général que rationnel.</small>

DEUXIÈME CLASSE, N° XX.

p

trop ambitieux *tro-p'an-bi-si-eu*
cap à doubler *ka-p'a dou-blé*

q

coq-à-l'âne *ko-k'a l'a-ne*
cinq hommes *sin-k'o-me*

r

pair ou impair *pè-r'ou in-pèr*
four à chaux *fou-r'a chó*

s (z)

Le s prend toujours en se liant le son du z.

des brebis égarées *dè bre-bi-z'é-ga-ré-e*
des hommes étrangers *dè-z'o-me-zè-tran-jé*

t

exact au rendez-vous *è-gzak-t'o ran-dé-vou*
court entretien *kour-t'an-tre-tien*

x (z ou kz)

Il prend le plus souvent le son du z.

nombreux auditoire *non-breu-z'o-di-toà-re*
prix exhorbitant *pri-z'èg-zor-bi-tan*

Il conserve dans quelques mots la double articulation de ks.

lynx aux yeux perçants *lin-ks'au-zieu pèr-çan*
Ajax assassiné *A-ja-ks'a-ça-si-né*

z

nez à la Roxelane *né-z'a la Rok-se-la-ne*

DEUXIÈME CLASSE, N° XXI.   (N° 245.)

IL NE FAUT PAS TOUJOURS LIER LES MOTS ENTRE EUX.

Il y a des liaisons commandées par un principe rigoureux, et des liaisons de goût subordonnées à l'intelligence et au sentiment du lecteur.

Les premières ont lieu lorsque les mots ont une dépendance mutuelle et nécessaire quant au sens, c'est-à-dire lorsque le premier mot n'exprime pas une idée complète sur laquelle l'esprit puisse se reposer un moment, et que le second mot se trouve être le complément inévitable de cette même idée.

Quant aux dernières, l'usage, l'oreille, et mieux encore, la fréquentation des personnes instruites, serviront assez à les faire connaître, surtout après les exemples qui suivent.

Exemples de Liaisons.	Exemples de non Liaisons.
b	
Sa liaison en est rare et faible.	Dans la finale *omb*, le *b* étant nul, il reste une finale nazale insusceptible de liaison, dès que la pensée peut s'arrêter un moment sur le mot que cette Syllabe termine, comme ici :
Jacob était le père de Joseph	
Job a fui sodome	Colom*b* était de Gênes
rumb est un terme de marine	plom*b* homicide
radoub aussi	
c (k)	
toujours égal à *k* dans les liaisons.	Il est nul dans
lac inabordable	un mar*c* et deux onces
tabac en poudre	le mar*c* est resté au préssoir
sac à ouvrage	
terrein sec et maigre	un fran*c* | et demi
échec et mat	le blan*c* | a été rempli
trafic avantageux	Dans les deux premiers exemples, c'est le *r* qui se lie; dans les deux derniers, il n'y a pas de liaison à cause de la Syllabe nazale. Voir d'ailleurs à la lettre *n* ci-après.
roc escarpé	
franc étourdi	
l'arc-en-ciel	
Marc-Antoine	
de clerc à maître	
te voilà donc enfin	
parle avec assurance	

DEUXIÈME CLASSE, N° XXII. (N° 246.)

Suite.

d (t ou d)

Il prend généralement, en se liant, l'articulation forte du *t*.

Il est nul dans les exemples suivants.

aid

aid

lai*d* | à faire peur

and

se lie rarement.

quan*d* une action est bonne, on doit la louer
gran*d* acte de vigueur
le gran*d* Alexandre
le gran*d* homme
frian*d* oiseau

and

Le *d* étant généralement muet dans cette finale, il ne reste qu'une Syllabe nazale ne pouvant se lier ici, suivant la règle ci-après expliquée a la lettre *n*.

gran*d* | et bien fait
gran*d* | avec ses amis
l'homme gran*d* | est celui
gourman*d* | irrassasiable

ard

ard

C'est le *r* qui se lie dans cette finale.

léopar*d* affamé
regar*d* assuré

aud

aud

crapau*d* | affreux
chau*d* | et froid
échafau*d* | ignominieux

end

Cette finale se lie, si ce n'est dans les mots *différend* et *révérend*.

il entend un bruit sourd
il y prend intérêt
il défend un ami

end

le révéren*d* | a parlé
avoir un différen*d* | ensemble

erd

Le *d* s'y lie rarement.

il perd un ami
le verd et le sec

erd

C'est le *r* qui s'y lie le plus ordinairement.

ver*d* et dispos

id

id

un ni*d* | à rats
un mui*d* | et demi
madri*d* | est en espagne

DEUXIÈME CLASSE, N° XXIII.

Suite.

ied
armé de pied en cap
avoir en ville un pied à
    à terre

œud

oid
froid auteur
froid excessif
le froid et le chaud

ond
fécond entretien
de fond en comble
profond abîme
le ciel se fond en eau
en second ordre
il se morfond à travailler
répond-il à mes soins
la perdrix pond ordi-
    nairement quinze
    ou seize œufs
il confond une idée avec
    l'autre

ord et ourd

oud

ied
il a le pie*d* | écorché
tu mettras pie*d* | à terre
suis-le pie*d* | à pied

œud
un nœu*d* | assorti
un nœu*d* | indissoluble

oid

ond
fécon*d* | en saillies
un fon*d* | inépuisable
profon*d* | en cette ma-
    tière
le secon*d* | avant le troi-
    sième

ord et ourd
C'est le *r* qui se lie.
du nor*d* au midi
d'accor*d* avec vous
sour*d* et muet

oud
saint clou*d* | est près
    de paris

DEUXIÈME CLASSE, N° XXIV.

Suite.

ud

Le *d* final conserve ici son articulation ordinaire.

du sud à l'est
le talmud est le livre juif

Il garde aussi son articulation dans les noms propres, quand il y a lieu à liaison.

David a remporté le prix
le Cid est de Corneille
Alfred a été rappelé
Joad a proclamé Joas

ud

Le *d* final est nul dans la plupart des noms propres : ils repoussent toute liaison.

M. Nico*d* est un recteur distingué
M. Bernar*d* un bon médecin
M. Girau*d* un bon greffier
M. Edmon*d* un jeune homme instruit

f (f ou v)

Il est des Grammairiens qui voudraient que le *f* final se changeât toujours en *v*, pour en adoucir l'âpreté. Ce n'est pourtant encore reçu que dans

neuf hommes
neuf amis

On prononce *f* partout ailleurs.

neuf à faire pitié
ils étaient neuf en tout
cet œuf est bien frais
ce bœuf est excellent
il resta veuf à vingt ans
un canif aiguisé
serf accablé du joug
motif important
instructif et clair

Il est nul dans

un bailli*f* intègre

C'est le *r* qu'on lie dans

un cer*f* a été pris

et le *s* dans

des œu*fs* à la coque
bœu*fs* à la marche pesante

DEUXIÈME CLASSE, N° XXV.

Suite.

g (k)

égal à k dans

rang honorable
suer sang et eau
avoir un long accès
bourg agréable
long ouvrage

Il s'efface dans

étang | empoisonné
orang | outan
hareng | abondant
poing | ouvert
seing | illisible

l

Sa liaison, qui a toujours lieu, est des plus coulantes.

fil imperceptible
profil exact
mon seul ami
vol avec effraction
calcul inexact
fatal hymen
autel édifié
ciel et terre
il étudie (i-l'é)

Il n'y a guère que les mots saoul et cul où le l soit nul.

saoul | à faire pitié (sou|a)

l pour ill

La finale il, précédée d'une Voyelle, se prononce i, et se lie toujours.

orgueil outrageant (gue|iou)
réveil agréable (vè|ia)

Précédée d'une Consonne, elle se prononce encore i, mais ne se lie que dans les mots où l (mis pour ill) serait d'ailleurs sensible.

mil abondant (mi|ia)
péril évité (ri|ié)

On fait, dans ce dernier cas, comme s'il y avait deux i, afin d'avoir tout à la fois une Voyelle à gauche, et un moyen de liaison à droite.

Dans les finales en il précédées d'une Consonne, si l (mis pour ill) est d'ailleurs muet, il ne reprend aucune valeur, quoiqu'en contact avec une Voyelle initiale.

gril | accroché
outil | excellent
persil | appétissant

DEUXIÈME CLASSE, N° XXVI.

Suite.

m

Il se lie dans les mots où son articulation première n'a point été modifiée.

Abraham et Jacob (m'é)

Il ne se lie point au contraire dans ceux où il emprunte l'articulation modifiée du *n*.

Adam | et Eve
nom | obscur
faim | et soif
essaim | importun
parfum | agréable

n

Cette Consonne finale ne se lie au mot suivant que lorsque celui qu'elle termine est inséparablement uni avec lui, par rapport à l'idée à exprimer, et qu'il n'est pas possible à la pensée de s'arrêter le moins du monde entre ces deux mots.

en affaires (a-n'a)
bien aimable (biè-n'é)
bien à propos

Dans toute liaison (surtout ici et dans la finale *il*,) on doit bien faire attention de ne pas prononcer la Consonne deux fois, c'est-à-dire d'abord comme finale, ensuite comme initiale. Ce serait une grave faute qui exposerait à des contre-sens intolérables.

un é
un i
on a fait

se prononcent donc | et non pas

eu-n'é | un né
eu-n'i | un ni
o-n'a fait | on n'a fait

ce qui donnerait les contre-sens suivants: *un nez*, *un nid*, *on n'a point fait*.

Les mots dans lesquels le *n* final ne subit aucune modification dans son articulation, se lient toujours.

examen utile (mè-nu)
l'hymen a captivé

Les mots qui, terminés par une Syllabe nazale, ont par eux-mêmes une signification indépendante de celle que peut y ajouter le mot suivant, ne doivent pas se lier avec celui-ci.

maison | agréable
plan | infaillible
parlez-en | à votre ami
c'est bien | et à propos
dessein | affreux
chirurgien | habile
combien | y en a-t-il
enclin | à la paresse
elle est loin | encore
un | et un font deux
l'un | et l'autre

Les mots *oui* et *onze* repoussent toute liaison. On doit donc, quoique le mot précédent n'ait point à lui seul un sens complet, le prononcer sans le lier.

un | oui
un | onzième

DEUXIÈME CLASSE, N° XXVII.

Suite.

P

est fort et se lie dans

cep arraché
beaucoup en ont parlé
ne te fie pas trop à lui
coup extraordinaire
(dans le langage soutenu.)

Il est nul dans

cam*p* | ennemi (kan|è)
cham*p* | en friche (an|an)
dra*p* | usé
lou*p* | affamé
cou*p* | extraordinaire
(dans la conversation)

q

Il conserve toujours l'articulation forte du *k*.

coq empaillé
coq en pâte
vingt-cinq arpens

r

Il faut adoucir cette consonne en la liant, ce qui a lieu dans les finales en *er* ou *ier*, lorsque l'*e* s'y prononce ouvert.

ver à soie
enfer anticipé
Jupiter irrité
hier au soir
fier à bras

Ainsi que dans la finale *er* où l'*é* se prononce fermé, mais seulement quand le mot fait action (c'est-à-dire quand c'est un verbe).

marcher au combat
achever une affaire
contracter une alliance
rester en place

Dans la finale *ier* se prononçant *ié*, il n'y a lieu à liaison que lorsque le mot que termine cette syllabe n'a une signification complète qu'au moyen du mot suivant.

dernier homme

r final reste donc nul dans

dange*r* | imminent
étrange*r* | aux intrigues
lége*r* | à la course
horloge*r* | habile

r est donc encore muet dans

le dernie*r* | est accepté

DEUXIÈME CLASSE, N° XXVIII.

Suite.

entier ascendant
premier orateur
singulier évènement

Sauf les exceptions ci-dessus, on lie généralement le *r* final.

mon cœur est à Dieu
c'est de l'or en barre
désespoir affreux
dur et déplaisant
l'éclair a sillonné la nue

tout entie*r* | à ses amis
le premie*r* | en sagesse
c'est singulie*r* | et embarrassant
banquie*r* | opulent
écolie*r* | indocile
ouvrie*r* | estimé

Il l'est aussi dans

monsieu*r* | et madame

s (z)

Cette Consonne donne lieu à l'une de nos liaisons les plus douces et les plus usitées.

des ouï-dire
frais et dispos
fracas épouvantable
carquois épuisé

Tantôt on prononce toutes les consonnes de la Syllabe qu'elle termine,

charlatans effrontés
parcs immenses
chefs et soldats
terreurs insensées
cris plaintifs et doulou-
    reux
prétentions orgueilleu-
    ses

Elle est pourtant muette dans

j'irai sur le*s* | onze heu-
    res
ver*s* | une ou deux
    heures
j'accède volontier*s* | à
    cela
tous vo*s* | oui me per-
    suadent peu

DEUXIÈME CLASSE, N° XXIX.

Suite.

plaisirs innocents
rocs escarpés
mes seuls amis

Tantôt on ne prononce avec le *s* que l'une des consonnes qui le précèdent, ou même on n'en prononce point:

lacs inutiles
forfaits inouïs
champs élisées
grands attentats
legs important
bergers et troupeaux
doigts écorchés
outils excellents
messieurs et amis
je comprends à mer-
veille
fils adoptif
nœuds assortis
profonds abimes
monts inaccessibles
pouls intermittent
calembourgs insipides
saints apôtres

Il faut lier, au reste, toutes les fois que l'on a à faire comprendre qu'il y a plusieurs des choses dont on parle ; il faut aussi toujours prononcer *z*, sous peine de contre-sens, comme serait *il sont*, pour *il zont* (ils ont).

DEUXIÈME CLASSE, N° XXX.

Suite.

t

Il forme l'une de nos liaisons les plus fortes.	Il est nul dans
exact au rendez-vous	il a un tac*t* | exquis
forfait exécrable	
avocat exercé	
art oratoire	il a un ar*t* | infini
il faut observer	
il peint à ravir	elle a le tein*t* | uni
il vaut une armée	le sau*t* | est trop fort
fat ennuyeux	
il a sept ans	
il poursuit un fantôme	
il courut à son secours	
plagiat indigne	
vingt et un	
point et virgule	
adjoint à l'ambassade	l'adjoin*t* | est nommé
le zénith et le nadir	
soit indulgence, soit pitié	
il sort à l'instant	quel sor*t* | est le sien
fort aimable	un for*t* | inexpugnable
je ris du flot irrité	goulo*t* | étroit
court entretien	cour*t* | et bon
je suis tout à vous	
huit hommes	
luth harmonieux	
mon défunt ami	le défun*t* | a recommandé

On lie presque tous les mots terminés en *et*.

cet homme (cè-to)
elle est heureuse
un trajet immense
un guet-à-pens

Dans *ent*, équivalent à *e* faible ou même à *e* muet, on lie toujours le *t*.

ils formèrent un projet
elles aiment avec ardeur
ils travaillaient ensemble
elles aimaient à jouer

Dans *ent* égal à *ant* on lie quand il y a rapport intime entre les mots.

accent aigu
attachement inviolable
excellent orateur
vraiment aimable

Le *t* terminatif des autres finales nazales suit cette dernière règle.

front audacieux
prompt à se révolter
la règle dont on se sert
aspirant aux honneurs
du couchant à l'aurore
montant à cheval

Il n'y a pas liaison du *t* dans les finales en *ert* ou en *ect*, c'est le *r* ou le *c* qui se lie.

concer*t* harmonieux
un déser*t* et son cœur
un aspec*t* imprévu
le respec*t* humain

Le monosyllabe *et* repousse toute liaison.

toi e*t* | émile (é|e)
aimer | e*t* | estimer (é|ès)

On ne lie pas non plus le mot *guet*.

j'ai vu passer le gue*t* | à cheval

ent égal à *ant* ne se lie pas quand le rapport des mots n'est qu'éloigné.

l'accen*t* | est un signe…
cet acciden*t* | a effrayé
mon attachemen*t* | est inviolable

Il en est de même pour les autres finales nazales.

pon*t* | admirable
il romp*t* | avec ses amis
un aspiran*t* | au baccalauréat
le couchan*t* | est chargé de nuages

DEUXIÈME CLASSE, N° XXXII.

Suite.

X (z ou ks)

Cette finale prend le plus souvent l'articulation douce du z, et se lie toujours.

un faux ami (z'a)
des signaux incertains
aix est en provence
cheveux épars
des yeux abattus
d'une voix unanime
les doux accents de sa voix
jaloux incorrigible

On prononce cependant *ks* dans les mots en *ax*, *ex*, on *inx*.

Ajax est un héros
dax est une ville
le lynx est farouche
perplex et troublé
l'index est le second doigt

Dans les finales en *ix*, on trouve les deux prononciations.
On prononce *iz* dans

dix hommes
des perdrix envolées
prix exhorbitant

On prononce *iks* dans

le jour préfix est arrivé
styx odieux

Z

Cette finale est d'une articulation si douce, qu'on doit la lier à peu-près toujours.

CONTACT DES MOTS.

DES REPOS A OBSERVER ENTRE EUX.

1° Repos indiqués par la Ponctuation.

Si, pour éviter en parlant une confusion de sons qui nous empêcherait de nous faire comprendre, nous séparons, par des repos plus ou moins longs, les phrases qui expriment nos pensées, et même les mots ou groupes de mots qui en forment les sens partiels, nous devons certes en faire autant en lisant ; car, il faut bien s'en souvenir, lire n'est autre chose que parler ce qui est écrit.

La division des pensées et quelquefois celle même des idées se trouvent indiquées dans les livres au moyen de certains signes que l'on appelle signes de ponctuation, et dont voici le relevé.

La Virgule (,).

C'est le signe qui indique la plus petite pause à faire entre les divers groupes d'idées d'une phrase

Le travail, joint à la gaîté, souffre et surmonte toute chose.

La richesse, le plaisir, la santé, deviennent des maux pour qui ne sait pas en user.

Heureux qui sait se réjouir sans dissipation, s'attrister sans abattement, désirer sans inquiétude, acquérir sans injustice, posséder sans orgueil, et perdre sans douleur.

Quand il y a lieu à élision malgré la virgule, on effectue le repos en rendant longue la syllabe qui précède l'e faible à élider.

Dans quelle inquiétude, Esther, vous me jetez.

Le Point-et-Virgule (;).

Il exige un repos un peu plus grand, parce que les parties de la pensée principale qu'il divise sont plus considérables.

Platon et Cicéron, chez les anciens ; Clark et Leibnitz, chez les modernes ; ont prouvé métaphysiquement, et presque géométriquement, l'existence du Souverain Être.   (CHATEAUBRIANT.)

Il voulait rire comme La Fontaine ; mais il n'avait pas la bouche faite comme lui : il faisait la grimace.

Les deux Points (:).

Ils demandent encore un peu plus de silence, pour bien séparer ce que l'on a dit de ce que les deux points annoncent.

Pythagore a dit : mon ami est un autre moi-même.

Il (Dieu) se plut à créer des animaux divers :
L'aigle au regard perçant, pour régner dans les airs ;
Le paon, pour étaler l'iris de son plumage ;
Le coursier pour servir ; etc.

Le Point simple (.)

Le repos doit être ici plus ou moins plein, à cause du rapport plus ou moins intime que la phrase qu'il termine peut avoir avec la phrase d'après ; mais il doit être toujours plein, la pensée étant énoncée en entier.

J'ai fini ma phrase. Je vais en commencer une autre.

Le travail est souvent le père du plaisir.
Je plains l'homme accablé du poids de son loisir.
Voltaire.

Le Point d'interrogation (?)

Exige d'autant plus de repos, qu'on est censé donner le temps de répondre.

Qu'y a-t-il de plus beau ? l'univers. — De plus fort ? la nécessité. — De plus difficile ? de se connaître. — De plus facile ? de donner des avis. etc.
Thalès de Milet.

Le Point d'exclamation (!)

Exige un repos assez marqué pour pouvoir faire sentir la crainte, la douleur, la joie ou l'étonnement que la phrase exprime.

Oh ! que c'est beau ! — Fi ! que c'est laid !
Dieux ! que l'impatience est un cruel tourment !

Les Points suspensifs (.....)

N'exigent une pause que pour faire comprendre que l'on abandonne une phrase sans l'achever, et que l'on va en commencer une autre.

Je vous dirai.... non, je ne vous dirai rien.

DEUXIÈME CLASSE, N° XXXV. (N° 259.)

Aux signes de Ponctuation qui précèdent, on peut ajouter les suivants :

Le Trait d'union (-).

Il ne demande aucun repos. Il en est au contraire exclusif, puisque de deux mots il n'en fait en quelque sorte qu'un seul. Ce n'est pas qu'il faille se presser; mais on doit aller de suite, sans s'arrêter.

du chèvre-feuille. — un cerf-volant.

Quelquefois même il ne sert qu'à faire distinguer les diverses Syllabes d'un seul mot, et alors il n'est permis de s'y arrêter que lorsqu'on ne sait pas encore assez bien lire pour aller aussi vite qu'en parlant: c'est ce qu'on appelle *syllaber* : Mar-se-ille, pa-ra-sol.

Le Trait de Séparation (—)

Demande au contraire une forte pause; car, bien qu'il soit fait comme le Trait d'union, il a au contraire pour objet d'indiquer que c'est tantôt un interlocuteur, tantôt un autre qui prend la parole.

Je le ferai, dit-il; — Mais quand donc? — Dès demain. — Eh! mon ami, la mort te peut prendre en chemin.

Les Parenthèses ( )

Demandent un repos suffisant pour faire distinguer la pensée qu'elles renferment, de la phrase principale, de laquelle on pourrait même à la rigueur la détacher, et où elle ne se trouve intercalée que comme preuve de ce que l'on avance.

Marmontel (page 300 de sa grammaire), et Féraud (dans son dictionnaire critique) pensent (comme Beauzée) que l'on doit dire: *Je ne disconviens pas que cela ne soit.*

Les Guillemets (» «)

Sont des signes assez insignifiants quant au repos. Ils doivent cependant être précédés et suivis d'une certaine pause, pour qu'on puisse remarquer que c'est à autrui que l'on a emprunté les paroles que l'on cite.

Je songeais cette nuit que, de mal consumé,
Côte à côte d'un pauvre on m'avait inhumé,
Et que, n'en pouvant pas souffrir le voisinage,
En mort de qualité je lui tins ce langage:
Retire-toi, coquin; va pourrir loin d'ici:
Il ne t'appartient pas de m'approcher ainsi.
« — Coquin ! » (ce me dit-il d'une arrogance extrême),
« Va chercher tes coquins ailleurs; coquin toi-même!
« Ici tous sont égaux ; je ne te dois plus rien;
« Je suis sur mon fumier, comme toi sur le tien. »   (PATRIX.)

Les Renvois (*).

Ils laissent la faculté de s'arrêter au mot qu'ils affectent, pour donner, si l'on veut, l'explication qui se retrouve à l'endroit indiqué. Ils ont, sous ce rapport, de l'analogie avec les Parenthèses.

Les célèbres Hagiographes * rapportent...

* Hagiographes, qui écrivent la vie des Saints.

44

2° Repos non indiqués par la Ponctuation.

Rarement les signes écrits suffisent pour indiquer les pauses à faire en lisant. Il est essentiel de savoir subdiviser les parties de phrases que la ponctuation indique, et de faire autant de petites pauses qu'il y a de groupes de mots servant à exprimer un sens partiel.

Voici quelques exemples où l'on a indiqué par ce signe ‖ les pauses les plus marquées, et par celui-ci | celles qui le sont moins.

Je vous ai dit que Dieu était un être simple et un pur esprit ; j'ajoute qu'il est éternel, c'est-à-dire, qu'il n'a ni commencement ni fin, qu'il est, qu'il a toujours été, et qu'il sera toujours.

S'il est dit dans l'écriture que Dieu se mit en colère, qu'il se repentit, cela ne marque en lui ni passion ni changement ; mais ces expressions désignent les effets extérieurs de la justice d'un Dieu, et l'auteur des livres saints les a employées pour s'accommoder à notre langage.

Je vous ai dit | que Dieu | était un être simple | et un pur esprit ‖ j'ajoute | qu'il est éternel ‖ c'est-à-dire | qu'il n'a | ni commencement | ni fin ‖ qu'il est ‖ qu'il a toujours été ‖ et | qu'il sera toujours.

S'il est dit | dans l'écriture | que Dieu | se mit en colère ‖ qu'il se repentit ‖ cela ne marque | en lui | ni passion | ni changement ‖ mais | ces expressions | désignent | les effets extérieurs de la justice d'un Dieu ‖ et | l'auteur des livres saints | les a employées | pour s'accommoder | à notre langage.

DEUXIÈME CLASSE, N° XXXVII. (N° 261.)

Si l'on plaçait les repos sans discernement, il pourrait en résulter des non-sens ou des contre-sens aussi singuliers que ridicules.

EXEMPLES de repos placés mal à propos.	MÊMES EXEMPLES avec les repos tels qu'ils doivent être.
L'heureux vieillard en paix | dans son lit expirant...	« l'heureux vieillard ‖ en paix | dans son lit | expirant...
La vertu d'un cœur noble | est la marque certaine.	La vertu ‖ d'un cœur noble | est la marque certaine.
Vous nettoyez | un champ de grès | embarrassé.	Vous nettoyez un champ ‖ de grès | embarrassé.
Le reste dans la poudre | au hasard confondu...	Le reste ‖ dans la poudre | au hasard | confondu...
Dieu ayant | formé la femme de la côte | qu'il avait tirée d'Adam.	Dieu | ayant formé la femme ‖ de la côte | qu'il avait tirée d'Adam...
La mère d'un souris | flatte leur vanité.	La mère ‖ d'un souris | flatte leur vanité.
Heureux est | le mortel qui | du monde ignoré | vit content de soi | même en un coin retiré.	Heureux | est le mortel ‖ qui | du monde | ignoré ‖ vit | content de soi-même | en un coin | retiré.
Ce prince défenseur | de Tarquin le superbe chassé de Rome | alla faire le siége de Cette | ville.	Ce prince | défenseur de Tarquin le superbe ‖ chassé de Rome ‖ alla faire le siége | de cette ville.

Les mots de chaque groupe formant un sens partiel exigent aussi, pour qu'on les distingue les uns des autres, non pas précisément que l'on fasse une pause après chacun d'eux, mais que l'on appuye légèrement, savoir : sur leur dernière syllabe, si elle ne contient pas un *e* non accentué faible ; et, dans le cas contraire, sur la péultième (l'avant-dernière).

Il n'est pas jusqu'aux moindres syllabes qui ne demandent chacune une pulsation de voix bien distincte.

Mais tout cela doit avoir lieu naturellement et sans effort, sans marteler surtout, de la même manière enfin que l'on ferait si on avait à parler au lieu de lire.

Pour observer dans de justes proportions les divers repos que le sens exige, il faut savoir prendre sa respiration, en proportion et au fur et à mesure des silences que la phrase ou la période demande ; et de telle sorte que les auditeurs ne s'en aperçoivent pas ou presque pas.

On conçoit qu'il ne faut jamais, en prenant sa respiration, ni couper un mot en deux, ni séparer violemment deux mots que le sens lie intimement l'un à l'autre : ce serait intolérable. Le plus ignorant ne le fait certes pas quand il parle. Or (puisque, encore une fois, lire c'est parler), pourquoi donc ce défaut se rencontre-t-il si souvent chez les élèves ? c'est qu'ils ne font pas attention à ce qu'ils lisent.

EXEMPLES
De respirations vicieuses.

Cet homme qui | défendait les villes de Juda qui | domptait l'orgueil des | enfants d'Ammon et | d'Esau, qui revenait char|gé des dépouilles de Sa|marie après avoir brûlé sur leurs | propres autels les | Dieux des na|tions étran|gères. — Cet ho|mme que Dieu a|vait mis au|tour d'Is|raël co|mme un mur d'ai|rain où se | brisèrent tant de fois toutes| les forces de l'asie et qui.....

EXEMPLES
De respirations régulières.

Cet homme | qui défendait les villes de Juda | qui domptait l'orgueil des enfants d'Ammon et d'Esaü | qui revenait chargé des dépouilles de Samarie | après avoir brûlé sur leur propres autels | les Dieux des nations étrangères. — Cet homme | que Dieu avait mis autour d'Israël | comme un mur d'airain où se brisèrent tant de fois | toutes les forces de l'asie | et qui |.....

DES INFLEXIONS DE LA VOIX.

DES INFLEXIONS.

Il ne suffit pas d'observer exactement les repos nécessaires, il faut encore varier les inflexions de sa voix; il faut les nuancer, suivant l'expression à donner à ce qu'on lit. Ce n'est pas le tout de sentir: il faut faire sentir aux autres. Les inflexions sont si nécessaires, que nous avons même peine à comprendre ce qui nous est lu sur le même ton.

Il est toutefois bien difficile de donner des règles sûres à cet égard, sans au moins les appuyer sur des exemples parlés. C'est au Maître à suppléer en ceci à l'insuffisance de la Tabellégie, qui dépasserait d'ailleurs son objet, si elle s'élevait jusqu'à l'art si délicat de la haute Lecture et de la Déclamation.

Une règle générale peut cependant être posée ici: dans toute phrase terminée par un point simple, la voix s'abaisse en se reposant à la fin; mais après s'être élevée sur les parties les plus saillantes de la phrase. Ces sortes d'ondulations de la voix, devant précéder la chute ou cadence finale, doivent se faire sans rudesse, sans affectation, sans monotonie surtout; car une lecture à inflexions pendules est un vrai somnifère.

Voici un exemple où l'on a marqué en caractères italiques les syllabes sur lesquelles la voix s'élève, et en petites capitales celles où la voix s'abaisse plus ou moins; la dernière syllabe élevée de la phrase devant toujours être un peu plus marquée que les autres.

En rentrant dans le vi*llage*, | nous vîmes la porte de l'au*berge* | assiégée par une foule de jeunes filles endiman*chées*, | qui nous apportaient, | dans des corbeilles garnies de feu*illage*, | des monceaux de *frai*ses et de gros bouquets. Quelques *u*nes | nous offraient avec empresse*ment* | des assiettes remplies d'une *gla*ce pure et *vier*ge comme elles. | Leur *nom*bre augmen*tait* d'un moment à l'autre; | elles appor*taient* de l'amiante, du cristal noir et blanc, des cornes de bouquetin, des rayons de miel; | ... Enfin | nous nous débarrassâmes de ces pauvres en*fants* | en achetant quelque chose à chacune *d'*elles | et | nous soupâmes délicieuse*ment* auprès d'un bon feu.

DEUXIÈME CLASSE, N° XL.

Pour être en rapport avec le morceau à lire, les inflexions doivent être non-seulement variées, mais justes; et la lecture élémentaire doit être dépouillée avec le plus grand soin de ce qu'on appelle l'accent du pays. Celui du sentiment, voilà le seul à laisser prendre. Il règne cependant, dans la plupart des Écoles primaires, une intonation traînante, psalmodie ridicule qu'on souffre à très grand tort dans les premiers commencements, et dont l'habitude étouffe bientôt toute possibilité de bien dire. Ici toutes les syllabes sont longues, excepté quelquefois celles qui devraient l'être; là, l'accent aigu remplace l'accent grave; ailleurs, l'articulation d'une consonne se trouve changée; autre part, c'est la précipitation la plus singulière, qui, de plusieurs syllabes n'en fait qu'une, de plusieurs mots qu'un seul. Enfin, prosodie, accentuation, langue française, sens commun, tout est violé.

Voici quelques exemples de cet vices de prononciation sous lesquels ne peut que succomber l'attention la mieux disposée.

	pour			pour	
raiponce		réponse	destiné		destinée
barre barre		barbare	repétez		répétez
companie		compagnie	carcan		car, quand
saint homme		symptôme	postivement		positivement
la mère ri		la mairie	patte		pâte
repondre		répondre	an-né		a-né-e
soufleur		choux-fleur	rôse		rose
grand'mère		grammaire	mallot		matelotte
jeune		jeûne	durment		durement
plote		pelote	bonnet gentil		bon et gentil
plote		Plaute	rélativement		relativement
opignion		opinion	nul lement		nu-llement
o de selle		de l'eau de seltz	la laine		l'haleine
malreux		malheureux	l'étable		les tables
j' t' le dirai		je te le dirai	l'ombrelle		l'ombre et le
pain sans l'vin		pain sans levain	le notre		le nôtre
matin		mâtin	le rouet		le roi

QUELQUES

TABLEAUX SUPPLÉMENTAIRES.

PREMIÈRE CLASSE, N° I.

On aurait pu, en expliquant les liaisons, faire remarquer qu'en parlant, le même organe, s'il a un mouvement doux, produit une consonne faible ; et, s'il a un mouvement plus fort, plus appuyé, fait entendre une Consonne forte. C'est ainsi que

b est la Consonne faible de **p**

bain   pain
bois   pois

d est la faible de **t**

doigt   toit
dard   tard

g (gue) est la faible de **k q c** dur.

gage   cage
glace   classe

j est la faible de **ch**

japon   chapon
jatte   chatte

v est la faible de **f**

vin   fin
vaner   fâner

z est la faible de **s**

zèle   selle
zone   saône

On ne doit donc pas être étonné de voir, dans les liaisons, le *d* se changer en *t*, le *g* en *k*, le *f* en *v*, le *s* en *z*, etc.

Si l'on remarque encore quels sont les organes qui servent à former nos Consonnes, on pourra distinguer leurs articulations en Labiales (c'est-à-dire produites principalement par le mouvement des lèvres), en Dentales (par les dents), en Linguales (par la langue), en Palatales (par le palais), en Nazales (par le nez), et en Gutturales (par le gosier).

Labiales.

b, p, f, v.

Dentales.

s, c doux, z, ch.

Linguales.

d, t, n, l, r, ill.

palatales.

j, g doux et dur, k, q, c dur.

Nazales.

m, n, gn.

Gutturales.

g dur, et h aspiré.

PREMIÈRE CLASSE, N° II.

Il ne convient certes pas de rappeler ici les règles même les plus générales de la Prosodie, mais du moins doit-on faire comprendre la nécessité de l'étudier. C'est pour cela qu'on donne un Tableau de mots homonymes équivoques, c'est-à-dire ayant les mêmes sons, mais avec une signification différente, selon qu'on les prononce longs ou brefs. Ce Tableau se rattache aux dernières règles de la Classe précédente.

Sons longs.

âcre, *piquant.*
alène, *outil de cordonnier.*

avant, *préposition.*

bâiller, *ouvrir la bouche extraordinairement en respirant.*
bât, *selle pour les bêtes de somme.*
beauté, *régularité et perfection des traits.*
bête, *animal irraisonnable.*
boîte, *ustensile à couvercle.*
bond, *saut.*
chair, *substance molle qui est entre la peau et les os.*
corps, *substance étendue.*
côte, *os plat et courbé, qui s'étend de l'épine du dos à la poitrine.*
cours, *lieu de promenade.*

craint (il), *du verbe* craindre.
cuire, *verbe.*
dégoûte (il), *il ôte le goût, l'appétit.*
dont.
faîte, *sommet.*
fête, *jour consacré à Dieu.*
faix, *fardeau.*
forêt, *grande étendue de terrain couvert de bois.*
fûmes (nous) *du verbe* être.
goûte (il), *du verbe* goûter.

hâle, *air qui flétrit.*

Sons brefs.

acre *de terre.*
haleine, *air attiré et repoussé par les poumons.*

avent, *les 4 semaines avant Noël.*

bailler, *donner.*

bat (il), *du verbe* battre.

botté, *qui a des bottes.*

bette, *herbe potagère.*
boite (il), *du verbe* boiter.
bon, *adjectif.*
cher, *adjectif.*

cor, *instrument.*
cote, *marque numérale.*

cour, *espace découvert, entouré de murs.*
crin, *poil long et rude.*
cuir, *peau d'animal.*
dégoutte (il), *il tombe goutte à goutte.*
don, *présent.*

faite, *adjectif verbal.*
fait (il), *du verbe* faire.
foret, *petit instrument qui sert à percer.*
fume (je), *du verbe* fumer.
goutte, *petite partie d'un liquide.*
halle, *lieu de marché.*

hôte, qui tient une hôtellerie.
hotte, panier que l'on porte sur le dos.
jais, substance d'un noir luisant.
jet, action de jeter.
jeûne, abstinence.
jeune, peu avancé en âge.
legs, don fait en mourant.
lait.
lais; jeune baliveau.
lai, laïc: frère lai.
maître, substantif.
mettre, verbe.
mâle, qui est du sexe masculin.
malle, espèce de coffre.
mâtin, chien.
matin, première heure du jour.
mois, douzième partie de l'année.
moi, pronom personnel.
mont, montagne.
mon, adjectif possessif.
mûr, adjectif.
mur, muraille.
naît (il), du verbe naître.
net, adjectif.
pâte, farine détrempée et pétrie.
patte, pied des animaux.
paume, jeu. — le dedans de la main.
pomme, fruit.
pêcher, prendre du poisson.
pécher, transgresser la loi divine.
pêne, partie de la serrure qui entre dans la gâche.
peine, affliction, souffrance.
rôt, mets.
rot, vent qui s'échappe avec bruit de l'estomac.
saut, action de sauter.
sot, stupide, grossier.
saint, pur, souverainement parfait.
sein, partie du corps humain.
scène, lieu où se passe une action.
cène, dernier repas de J. C.
seine, rivière.
tâche, ouvrage à faire en un temps limité.
tache, souillure.
très, adverbe.
trait, dard. — ligne au crayon ou à la plume.
vaine, féminin de l'adjectif vain.
veine, vaisseau qui contient le sang.
ver, insecte long et rampant.
vert, la couleur verte.
voix, son qui sort de la bouche de l'homme.
voit (il), du verbe voir.

PREMIÈRE CLASSE.   (N° 267 bis.)

L'ordre adopté par la Tabellégie n'a pas permis de donner, dans les commencements, une liste des mots dans lesquels la Consonne plurilittère mouillée *ill*, prête l'*i* à la Consonne de gauche, suivant la règle du N° 67. On la donne ici, * en rappelant que ce serait mal rendre le son mouillé que de prononcer *babillard*, *carillon* comme s'il y avait *babiliard*, *carilion*, ou comme *babiiard*, *cariion*.

Ce signe (*) indique que le *ill* se mouille aussi dans tous les dérivés du mot.

anille	brésiller *	condrille
anillé	briller *	coquille *
ardillon	brilloter	corbillard
arille	brindille	corbillat
arilléc	broutilles	corbillon
armadille	cabillaud	cordille
artillerie *	cabillé	cornilles
artilleur	cabillets	coronille
babillard	cabillots	cotillon
babiller	cabrillet	courantille
baraquille	camomille	courtillère
barbillon	campanille	croisille
barbillonner	cancetille	croisillon
barillage *	cannetille	croustille
becquillon	cantatille	croustiller *
béquille *	carillon *	dardille
béatilles	carpillon	dardiller
bille *	catillac	dardillon
billet *	cendrille	décrampiller
billon	chambrillon	dégobiller
billot *	chanterille	dégobillis
bisbille	charmille	dégueniller
bourbillon	chenille *	détortiller
bourdillon	cheville *	déssiller
boursiller	chevrillard	détoupillonner
bousiller *	cillement	doradille
bouvillon	ciller	drille
brandiller *	cochenille *	driller
brasiller	codille	ébrillade

* On n'a pas mis dans cette liste, empruntée au dictionnaire de Laveaux, les mots où *ill* se trouve précédé d'une Voyelle, parce qu'alors on ne peut le confondre avec les deux *l* non mouillés, si ce n'est après *qu*.

PREMIÈRE CLASSE. (Suite du N° 267 bis.)

écarquiller *
échantillon *
écheniller *
échillon
écoutille
écoutillon
écouvillon *
écrille
égosiller
égrillard *
embarillé
émerillon *
émoustiller
encastillage
encastiller *
enfantillage
enguenillé
entortiller *
éparpiller
épointiller
équillette
équilleur
escarbilles
eschillon
esquille
essoriller
essorilles
estampille *
estavillon
étersillon
étoupille *
étrésillon *
étrille *
éventiller

extrasillaire
famille
familleux
farillon
faucille *
fendiller
fenil
fille
filleul
flotille
fourmiller *
fondrilles
frétillant
frétiller *
friller
fusillade
fusiller *
gambiller
gaspillage *
gentille *
gentilhomme
gentillâtre
gentillesse
gerbille
gerille
gobillard
gobille
gosiller
goupille *
gradille
grapiller *
gremillet
grenadille
grésillement

grésiller
grésillon
grevillée
grillade
grillage
grillagine
grille
griller *
grillon
grillones
grillot *
guenille
guenillon
guildille
habillement
habiller *
habillot
harvillers
hérillard
hersillières
hersillon
hollandille
houspiller
hurtebiller
hydrille
jantiller *
jonquille
lentillac
lentille *
mancillaire
mancenillier
mandille
manille
mantille

PREMIÈRE CLASSE. (Suite du N° 267 bis.)

ménille
milleret
millerie
millet
modillon
moinillon
mordiller
morille
morillon
morillions
mosille
mosquilles
moustillier
nasillard
nasiller *
nille
oisillons
orillon
orillonné
ormille
outiller
papillon *
papillote *
papillots
pastille
paumille *
pavillon
peccadille
pendiller *
pérille
périlleux *
persillade
pétillant *
pénille
pharillon
pillard
piller *
pillu

platille
pointiller *
pontiller
postillon
potilles
poursille
quadrille
quille *
quillon
quillot
ramilles
ratillon
recoquillement
recoquiller
recroqueviller
renille
rentortiller
rétriller
rhabillage
rhabiller
roquille
roquilles
roupiller
roupilleur
sappadille
sautillement
sautiller
semillant
serpiller
serpillière
sillage
siller
sillet
sillomètre
sillon
sillonner
soudrille
souquenille

sourciller
sourcilleux
spadille
tatillon
tatillonage
tatilloner
tillac
tille
tiller *
tilleul
tillote
torpille
tortillage
tortillement
tortiller *
tortillis
tortillon
toupillon
tourbillon
tramillon
trésillon
trésillonner
vanille
vanillier
vatronille
ventiller
verdillon
véritille
vermiller
vermillon *
verrillon
vétille *
volatille
vrille
vriller *
zorille.

PREMIÈRE CLASSE, N° IV. (N° 268.)

Liste des mots les plus usités où le *ch* se prononce *k*.

Achab	chersonèse	chorus
achaïe	chélidoine	chrie
Achéloüs	chiragre	écho
Anacharsis	chélonée	échomètre
anachorète	chirographaire	Epicharis
Arachné	chiromancie	Eucharis
archaïsme	Chloé	Eucharistie
archange	Chloris	ichtyologie
archétype	choraïque	lichen
archonte	chœur	Machiavel
bacchante	chorée	Melchior
Bacchus	Chorège	Melchisédech
chaldée	chorégraphie	Nabuchodonosor
chanaan	choriambe	orchestre
chaos	chorion	technique
chaléographie	choriste	zurich
chalcite	chorographie	Zacharie.

on prononce

par *ch*

archevêque
bachique
patriarche
Michel, etc.

par *ke*

archiépiscopat
bacchante
patriarchat
Michel-Ange, etc

Inutile de rappeler que lorsque cette Consonne se lie à un *r* ou à un *l*, elle se prononce toujours *k*, comme dans *chromatique*, *anachronisme*, *chrétien*, *chronique*, *chronologie*, *chrysalide*, etc.

46

Quelques règles pour reconnaître que *ti* devant une Voyelle se prononce *ci*. Les Grammairiens, de qui nous les empruntons, ont grand soin d'avertir qu'elles sont sujettes à bien des exceptions, et que l'usage est le meilleur maître à cet égard.

ti se prononce *ci*,

Mais non pas quand cette syllabe est précédée de *s* ou *x*, ni quand elle est suivie de *h*,

1º Dans les mots terminés en *tial*, *tiel*, *tieux*.

impartial
martial
essentiel
pestilentiel
captieux
ambitieux

2º Dans les mots terminés en *tion* ou *tions*, quand on peut mettre devant, *un* ou *une* ou *les*.

nation
perfection
les inventions
des portions

3º Dans les noms propres en *tien*,

Gratien
Dioclétien

comme dans ceux qui indiquent de quel pays on est.

vénitien
vénitienne

4º Dans la plupart des mots terminés en *tie*.

ineptie
inertie
minutie
prophétie
impéritie

surtout dans ceux en *atie*.

primatie
démocratie
aristocratie

5º Dans les mots

satiété
insatiable

et dans ces deux verbes

initier
balbutier

RELEVÉS SYNOPTIQUES

1° DE TOUTES LES CONSONNES,
2° DE TOUTES LES VOYELLES

RAPPELANT, D'UN SEUL COUP-D'OEIL, L'ORDRE DANS LEQUEL ELLES ONT ÉTÉ CLASSÉES PAR LA TABELLÉGIE.

PREMIÈRE CLASSE, N° VII. (N° 270.)

RELEVÉ DES CONSONNES,
Pour se rappeler au premier coup-d'œil les règles qui les concernent.

CONSONNES UNILITTÈRES			CONSONNES PLURILITTÈRES				
MUETTE.	SIMPLES.	MIXTE.	CONJOINTES	LIÉES avec h.	LIÉES avec r.	LIÉES avec l.	DIVERSES.
	d			d'h	dr		
	b				br	bl	
	p				pr	pl	ps
	qu, k, c $\{\begin{smallmatrix}a\\o\\u\end{smallmatrix}\}$	x (k)		(cb) qu'h	kr, cr, chr	kl, cl, chl	
	s, c $\{\begin{smallmatrix}e,\\i\end{smallmatrix}\}$ ç $\{\begin{smallmatrix}a\\o\\u\end{smallmatrix}\}$	x (s)		s'h			
	$\{\begin{smallmatrix}a\\é\\i\\o\\u\end{smallmatrix}\}$ s $\{\begin{smallmatrix}a\\é\\i\\o\\u\end{smallmatrix}\}$ z	x (z)					mn
	m			m'h			
	n			n'h			
	r						
	t			t'h	tr		
	l			l'h			
	v						
	f		ph		fr, phr	fl, phl	pth
	g $\{\begin{smallmatrix}a\\o\\u\end{smallmatrix}\}$ gu $\{\begin{smallmatrix}e\\i\end{smallmatrix}\}$			gh	gr	gl	
	j, g $\{\begin{smallmatrix}e\\i\end{smallmatrix}\}$ ge $\{\begin{smallmatrix}a\\o\\u\end{smallmatrix}\}$						
			ch				
			gn				gn
			ill				
		x (ks)					
h		x (gz)					

PREMIÈRE CLASSE, N° VII.   (N° 271.)

SUITE DES CONSONNES PLURILITTÈRES.					CONSONNES FINALES quand elles se lient à une Voyelle initiale.	
SEMBLABLES.	DÉSUNIES.	SIFFLANTES				
		simples.	liées avec *r*	liées avec *l*		
dd	d|d	sd	sdr			
bb		sb	sbr	sbl		
pp		sp	spr	spl		
cc { a, o, u } cq, ck	s|c { a, o, u }	sc { a, o, u }	scr	scl	c, g, ch	[k]
sc { e, i } ess (ç) (ť) (c)	c|c { e, i }	sc { e, i }			s, x	[z]
emm (a)	m|m	sm				
nn	n|n	sn				
rr	r|r	sr				
tt	t|t	st	str		d	[t]
ll	l|l	sl				
(w)		sv	svr			
ff		sf	sfr, sphr	sfl, sphl		
gg { a, o, u }		sg { a, o, u }	sgr	sgl		
	g|g { e, i }					
					ill	[i]
	x (q|s)				x	[ks]
	x (g|z)					

On sait que *e*, précédant les Consonnes de cette page, se prononce ouvert moyen, sauf les exceptions y rappelées.

PREMIÈRE CLASSE, N° VIII. (N° 272.)

RELEVÉ DES VOYELLES.
1° Voyelles simples et Voyelles-Voyelles.

unilittères.	*e* muet après *g* doux.	*e* muet après *g* fort et après *q*.	Voyelles-Voyelles mariées à cause de l'*u* ou de l'*i* à droite.	*e* muet au milieu des mots.	*e* muet à la fin des mots.	VOYELLES à accent circonflexe.	
a (e)	*e*a	*u*a		*e*a		â	
o	*e*o		au, eau	*e*o		ô	aû
u	*e*u			u*e*		û	(eù)
			ou	ou*e*			
i		*u*i		i*e*			
y							
e (u)		*u*e	eu, œu, œ	eu*e*			eù
é (e)		*u*é	ai, ei, (œ)				
è (e)		*u*è	ai, ei, (oi)	ai*e*	ai*e*	ê	ai (oi)
			oi	oi*e*	oi*e*		oi

PREMIÈRE CLASSE, N° IX.

Suite.

Voyelles disjointes		Voyelles liées ou Diphtongues.	*y* Dissyllabique.
par Tréma.	par déplacem.ᵗ		
aü aï		aï	
	ua ue ui	ua uè ui	uy, uye
		oua ouè oui ouai	
	ia io iu	ia, ié, iè io ieu, iai iau iou	y — yè
		eui uei œi	
eü		eou	ay, aye
oï		oi oè (oè)	oy, oye

PREMIÈRE CLASSE, N° X.   (N° 274.)

SUITE DU RELEVÉ DES VOYELLES.
2° Voyelles-Consonnes.

1° Voyelles-Consonnes nazales.	id. devant p ou b.	3° Voyelles-Consonnes désunies.
an, ean, en	am, em	ir|r, er|r, or|r
in, ein, (en) ain	im	al|l, il|l, ol|l
on, eon	om	am|m, em|m, im|m
un, eun	um	an|n, en|n, in|n
oin, coin		

2° Voyelles-Consonnes ordinaires au milieu des mots, l'e s'y prononçant ouvert moyen.	Consonnes finales fortes.	Consonnes finales muettes.	Syllabes finales à règles particulières:
eh		..h	se prononçant
er	,.r		er. (é à la fin des Polisyllabes.)
ef, eph	..f, ..ph		ef. (é dans clef.)
et		..t	et. (é dans le mot et; et è ailleurs.)
el	..l		il. (i lorsqu'il est précédé d'une Voyelle, et quand il est mis pour ill.)
(em)	..m		
(en)	..n		en. (an, in, e faible, e muet.)
ed		..d	ed. (é dans pied; èd ailleurs.)
eb		..b	
ec, ech	..c, ..ch		
es		..s	es. (e faible à la fin des Polisyllabes, et ouvert moyen dans les Monosyllabes.)
ez		..z	ez. (toujours é.)
eg		..g	
ex		..x	

NOMS ET RANGS DES LETTRES

suivant l'Alphabet,

ET CARACTÈRES LES PLUS USITÉS.

PREMIÈRE CLASSE, N° XI.   (N° 275.)

On appelle Alphabet le Tableau de toutes les Lettres d'une Langue, rangées dans un ordre convenu, pour faciliter les recherches de mots dans les Vocabulaires ou Dictionnaires, recueils explicatifs de mots rangés eux-mêmes dans l'ordre alphabétique ci-après.

Le Tableau préliminaire (celui placé avant le premier) contient notre Alphabet que l'on répète

Romain.	{	A	B	C	D	E	F	G	H
		a	b	c	d	e	f	g	h
Italique.	{	*A*	*B*	*C*	*D*	*E*	*F*	*G*	*H*
		a	*b*	*c*	*d*	*e*	*f*	*g*	*h*
Anglaise.	{	𝒜	ℬ	𝒞	𝒟	ℰ	ℱ	𝒢	ℋ
		a	b	c	d	e	f	g	h
Gothique allemande.	{	𝔄	𝔅	ℭ	𝔇	𝔈	𝔉	𝔊	ℌ
		a	b	c	d	e	f	g	h
Ronde.	{	𝒶	ℬ	𝒞	𝒟	ℰ	ℱ	𝒢	𝒽
		a	b	c	d	e	f	g	h
Gothique française.	{	𝕬	𝕭	𝕮	𝕯	𝕰	𝕱	𝕲	𝕳
		a	b	c	d	e	f	g	h

ancienne appellation :	a	bé	cé	dé	é	effe	gé	ache
nouvelle appellation :	a	be	ce-que	de	e	fe	ge-gue	he

PREMIÈRE CLASSE, N° XII.   (N° 276.)

ici, en assignant à chaque Lettre, non plus le son qu'elle indique, mais le nom qu'en en parlant on lui donne, soit d'après l'ancienne appellation plus sonore, soit d'après la nouvelle plus sourde, mais plus rationnelle.

On a mis, dans chaque colonne, la même Lettre sous des formes différentes, pour faire connaître

I	J	K	L	M	N	O	P	Q
i	j	k	l	m	n	o	p	q
I	*J*	*K*	*L*	*M*	*N*	*O*	*P*	*Q*
i	*j*	*k*	*l*	*m*	*n*	*o*	*p*	*q*
𝓘	𝓙	𝓚	𝓛	𝓜	𝓝	𝓞	𝓟	𝓠
i	j	k	l	m	n	o	p	q
I	J	K	L	M	N	O	P	Q
i	j	k	l	m	n	o	p	q
J	J	K	L	M	N	O	P	Q
i	j	k	l	m	n	o	p	q
𝔈	𝔍	𝔎	𝔏	𝔐	𝔑	𝔒	𝔓	𝔔
i	j	k	l	m	n	o	p	q
i	ji	ka	elle	emme	enne	o	pé	qu
i	je	ke	le	me	ne	o	pe	que

PREMIÈRE CLASSE, N° XIII.   (N° 277.)

les Caractères le plus en usage, Caractères, du reste, qui n'influent en rien sur les règles de la Lecture.

On remarquera que chaque sorte de Caractères a ses grandes et ses petites Lettres, appelées, les premières, Majuscules ou Capitales, et les dernières, Minuscules.

R	S	T	U	V	X	Y	Z
r	s	t	u	v	x	y	z
R	*S*	*T*	*U*	*V*	*X*	*Y*	*Z*
r	*s*	*t*	*u*	*v*	*x*	*y*	*z*
ℛ	𝒮	𝒯	𝒰	𝒱	𝒳	𝒴	𝒵
r	s	t	u	v	x	y	z
𝕽	𝕾	𝕿	𝖀	𝖁	𝖃	𝖄	𝖅
𝖗	𝖘	𝖙	𝖚	𝖛	𝖜	𝖞	𝖟
ℛ	𝒮	ℰ	𝒰	𝒱	𝒳	𝒴	𝒵
r	s	t	u	v	x	y	z
𝕽	𝕾	𝕿	𝖀	𝖁	𝖃	𝖄	𝖅
r	s	t	u	v	x	y	z

erre	esse	té	u	vé	ixe	y grec	zède
re	se-ze	te	u	ve	gxe	y (grec)	ze

PREMIÈRE CLASSE, N° XIV. (N° 278.)

EXEMPLE de Romain et d'*Italique*.

Une Grenouille vit un Bœuf
    Qui lui sembla de belle taille ;
Elle, qui n'était pas grosse en tout comme un œuf,
Envieuse, s'étend, et s'enfle, et se travaille
    Pour égaler l'animal en grosseur ;
    Disant : *Regardez bien, ma sœur ;*
Est-ce assez ? dites-moi ; n'y suis je point encore ?
– Nenni. – M'y voici donc ? – Point du tout. – M'y voilà.
– Vous n'en approchez point. La chétive pécore
    S'enfla si bien, qu'elle creva.

                                      La Fontaine.

Exemple d'Anglaise.

Chrétiens, au nom du Tout-Puissant,
Faites-moi l'aumône en passant :
Le malheureux qui la demande
Ne verra point qui la fera ;
Mais Dieu, qui voit tout, le verra :
Je le prîrai qu'il vous le rende.

                       Piron (aveugle) pour un pauvre Aveugle.

Exemple de Ronde.

Sur l'édredon ou sur la dure
En paix si tu veux sommeiller,
Songe, Mortel, qu'une ame pure
Est un excellent Oreiller.

Exemple de Gothique.

Riche ou pauvre, sois honnête Homme ;
Et, si la Mort vient te chercher,
Comme tu dois faire un long somme,
Tâche d'avoir un bon coucher.

                       Armand-Gouffé. (Le Coucher.)

ABRÉVIATIONS

LES PLUS USITÉES.

Il serait quelquefois trop long de mettre certains mots en toutes lettres. L'usage a autorisé les Abréviations que voici.

ABRÉVIATIONS PAR LETTRES.

N. S	Notre Seigneur.	Mlle	Mademoiselle.
J. C.	Jésus-Christ.	V. S.	Votre serviteur.
N. D.	Notre-Dame.	M^e	Maître.
Ps.	Psaume.	M^d	Marchand.
c.à.d.	c'est-à-dire.	Mgr	Monseigneur.
Ex.	Exemple.	Ch.^er	Chevalier.
P. S.	Post-scriptum.	B.^on	Baron.
N.-E.	Nord-Est.	Cte	Comte.
N.-O.	Nord-Ouest.	Mis	Marquis.
S.-E.	Sud-Est.	Ch.^ne	Chanoine.
S.-O.	Sud-Ouest.	S. E.	Son Excellence.
Dép^t	Département.	S. Em.	Son Eminence.
id.	idem.	S. G.	Sa Grace *ou* Sa Grandeur.
ib.	ibidem.		
N.^a	Nota.	S. A.	Son Altesse.
N. B.	Nota béné.	S. A. El.	Son Altesse Electorale.
N°	Numéro.	S.A.Em.	Son Altesse Eminentissime.
Nég^t	Négociant.	S. A. R.	Son Altesse Royale.
& Cie	et Compagnie.	S. A. I.	Son Altesse Impériale.
D.	Docteur.	S. S.	Sa Sainteté, *en parlant du Pape.*
D, ez D.	Docteur ès Droit.		
D. M.	Docteur médecin.	S. S.	Sa Seigneurie, *en parlant d'un Lord.*
M^r	Monsieur.		
MM.	Messieurs.	Le R. P.	Le Révérend Père.
Mme	Madame.	Le S. P.	Le Saint Père.

S. M.	Sa Majesté.	S.M.T.C.	Sa Majesté Très-Chrétienne, *le Roi de France*.
S. H.	Sa Hautesse, *l'Empereur de Turquie*.	LL. EE.	Leurs Excellences.
La P. O.	La Porte Ottomane.	LL.EEm.	Leurs Eminences.
S. M. B.	Sa Majesté Britannique, *le Roi d'Angleterre*.	LL. AA.	Leurs Altesses.
		LL. AA. SS.	Leurs Altesses sérénissimes.
S. M. C.	Sa Majesté Catholique, *le roi d'Espagne*.	LL. AA. RR.	Leurs Altesses Royales.
		LL. AA. II.	Leurs Altesses Impériales.
S. M. P.	Sa Majesté Prussienne.	LL. SS. PP.	Les Saints Pères (de l'Église).
S.M.T.F.	Sa Majesté Très-Fidèle, *le Roi de Portugal*.	etc.	et cætera.

ABRÉVIATIONS PAR SIGNES SPÉCIAUX.

Pour les Monnaies.

- £   Livres tournois.
- ₶   Livres de France.
- ſ   Sous.
- ₰   Deniers.
- ₣   Franc.
- c   Centime.

Pour les Mesures de longueur.

- t   Toise.
- pi   Pied.
- po   Pouces.
- li   Lignes.
- p^t   Point.

Pour le Temps et l'Espace.

- j.   Jour.
- h.   Heure.
- m.   Minute.
- "   Seconde.
- °   Degré.

Pour le Poids.

- ℔   Livre.
- m.   Marc.
- o ou ʒ   Once.
- G ou ʒ   Gros ou Dragme.
- ⊙ ou ϑ   Denier ou Scrupule.
- g   Grain.

PREMIÈRE CLASSE, N° XVII.   (N° 280 bis.)

Signes de Médecine.

♃   Prenez.
ß   Moitié.
ãa de chaque.

Signes de Lithurgie.

℣   Verset.
℟   Répons.

Signes de Prosodie.

‾· Longue. ā ē ī ō ū
˘   Brève. ă ĕ ĭ ŏ ŭ
⌣   Douteuse. ā̆ ē̆ ī̆ ō̆ ū̆

Signes Arithmétiques.

1°   Primò.
2°   Secundò.
1ᵉʳ   Premier.
2°   Deuxième.
p. % Pour cent.
1/2   demi.
2/3   deux tiers.
3/4   trois quarts.
4/5   quatre cinquièmes.
5/6   cinq sixièmes.
7/8   sept huitièmes. etc.

Signes Algébriques.

+   Plus.
−   Moins.
=   Egal à.
×   Multiplié par.
/   Divisé par.
>   Plus grand que.
<   Plus petit que.
√   Radical.
√   Racine quarrée de.
³√   Racine cubique de.

3 *a*   *a* plus *a* plus *a*.
a 2   *a* multiplié par *a*.
a 3   *a* multiplié par *a* multiplié par *a*.

a · *b* : *b* · *a* ⎱ *a* est à *b* comme *b*
a : *b* :: *b* : *a* ⎰ est à *a*.

∴   1 · 2 · 3 · 4 · 5 · etc.
un est à deux comme deux est à trois, comme trois est à quatre, comme quatre est à cinq, etc.

∷   3 : 5 : 7 : 9 : 11 : etc.
3 est à 5 comme 5 est à 7, comme 7 à 9, comme 9 à 11, etc.

PREMIÈRE CLASSE, N° XVIII.   (N° 280 ter.)

Figures Géométriques.

‖	Parallèle.
⊥	Egalité.
⊥	Perpendiculaire.
<	Angle.
△	Triangle.
▭	Rectangle.
⌐	Angle droit.
≚	Angles égaux.
□	Carré.
○	Cercle.
◇	Lozange.

Signes du Zodiaque.

♈	Le Bélier.
♉	Le Taureau.
♊	Les Gémeaux.
♋	L'Ecrevisse.
♌	Le Lion.
♍	La Vierge.
♎	La Balance.
♏	Le Scorpion.
♐	Le Sagittaire.
♑	Le Capricorne.
♒	Le Verseau.
♓	Les Poissons.

Phases de la Lune.

☻	ou P. L. Pleine Lune.
☾	ou D. Q. Dernier Quartier.
●	ou N. L. Nouvelle Lune.
☽	ou P. Q. Premier quartier.

Planètes, etc.

☉	Le Soleil.
☿	Mercure.
♀	Vénus.
⊕	La Terre.
♂	Mars.
♃	Jupiter.
♄	Saturne.
☾	La Lune.
♅	Uranus.
⚳	Cérès.
⚴	Pallas.
⚵	Junon.
⚶	Vesta.
☄	Comète.

Ordres Français.

✳	Saint Louis.
✸	Légion d'honneur.

LECTURE DES CHIFFRES.

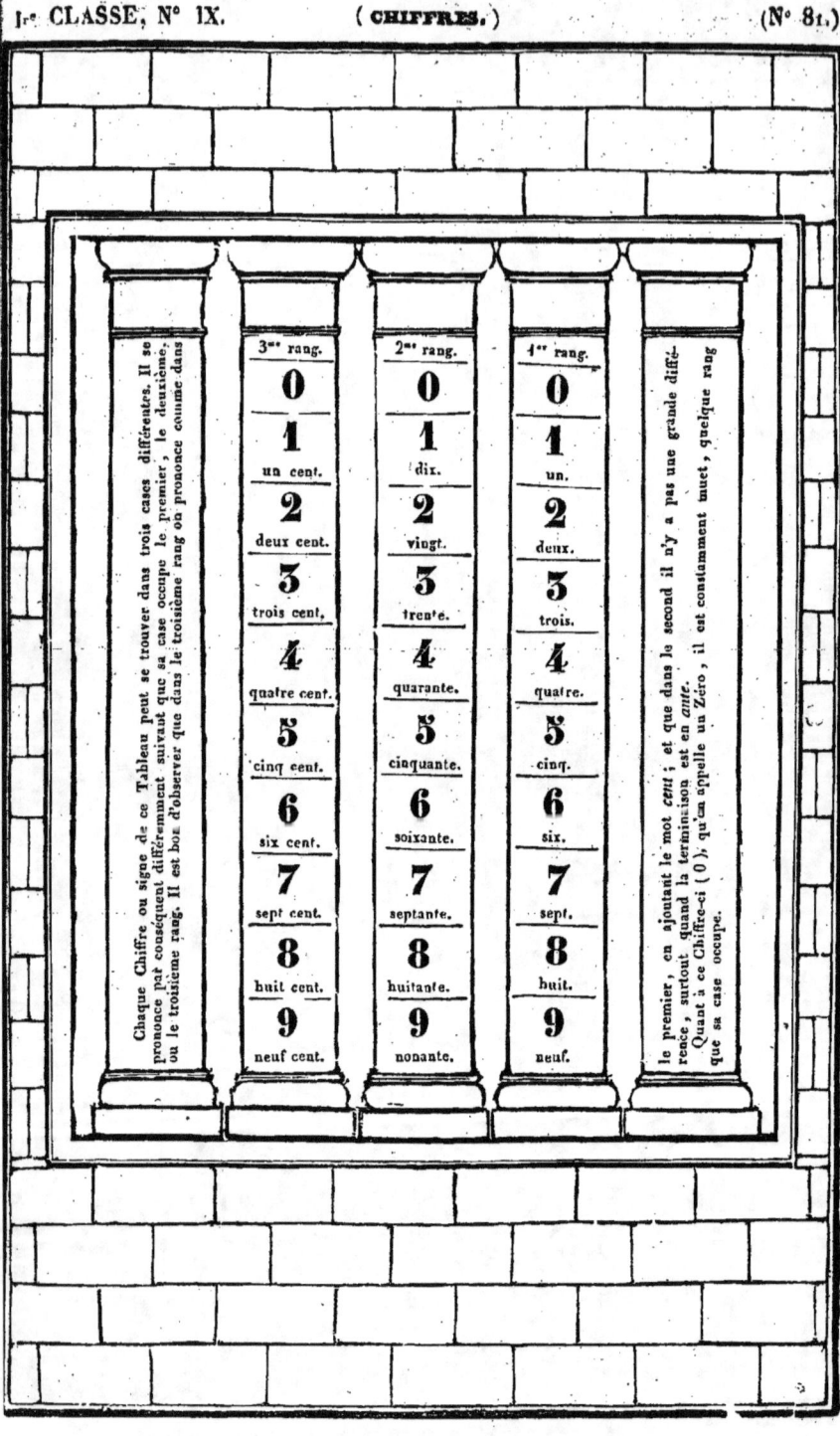

PREMIÈRE CLASSE, N° XX. (N° 282).

Quand il n'y a qu'un seul Chiffre, il se prononce comme s'il était au premier rang du Tableau précédent. On doit donc dire ici : *un*, *deux*, *trois*, etc.	Quand il y a deux chiffres à côté l'un de l'autre, on lit celui de gauche le premier, mais on le prononce comme tenant le second rang. On doit donc dire ici : *dix-un*, *vingt-deux*, *trente-trois*, etc.	Lorsqu'il y a trois chiffres, on lit toujours de gauche à droite, mais en comptant, au contraire, les rangs toujours de droite à gauche. On doit donc dire ici : *un cent*, *dix un*, *deux cent vingt-deux*, etc.
1	1 1	1 1 1
2	2 2	2 2 2
3	3 3	3 3 3
4	4 4	4 4 4
5	5 5	5 5 5
6	6 6	6 6 6
7	7 7	7 7 7
8	8 8	8 8 8
9	9 9	9 9 9
0	0 0	0 0 0

Nota. Pour les expressions que l'usage a consacrées à la place de *un cent*, *dix un*, *septante*, *huitante* et *nonante*, voir au N° ci-après.

PREMIÈRE CLASSE, N° XVII.   (N° 283.)

Lire ici, toujours de gauche à droite, tous les Chiffres d'une même ligne, en prononçant successivement, dans chaque colonne ou tranche, comme s'il n'y en avait pas d'autre, et comptant les rangs des Chiffres de chacune, toujours de droite à gauche. Les tranches se comptent aussi de droite à gauche. La première est donc celle des choses écrites à droite ; la deuxième celle des *mille* ; la troisième celle des *millions* ; la quatrième celle des *milliards* Ces mots doivent se prononcer à mesure que l'on a énoncé les Chiffres de la tranche qui porte leurs noms.

Milliards.	Millions.	Mille.		
0 0	0 0 0	0 0 0	0 0 0	
1 1	1 1 1	1 1 1	1 1 1	Soldats.
2 2	2 2 2	2 2 2	2 2 2	Chaises.
3 3	3 3 3	3 3 3	3 3 3	Etoiles.
4 4	4 4 4	4 4 4	4 4 4	Enfants.
5 5	5 5 5	5 5 5	5 5 5	Francs.
6 6	6 6 6	6 6 6	6 6 6	Sous.
7 7	7 7 7	7 7 7	7 7 7	Livres.
8 8	8 8 8	8 8 8	8 8 8	Hommes.
9 9	9 9 9	9 9 9	9 9 9	Fourmis.

Il faut donc dire ici, à la première ligne, rien ; à la deuxième, dix-un *milliards*, cent dix-un *millions*, cent dix-un *mille*, cent dix-un *soldats* ; à la troisième ligne, vingt-deux *milliards*, deux cent vingt-deux *millions*, deux cent vingt-deux *mille*, deux cent vingt-deux *chaises*, ainsi de suite.

PREMIÈRE CLASSE, N° XVIII.

Quand les Chiffres sont séparés par tranches de trois Chiffres, au moyen de virgules, ces virgules indiquent qu'il faut prononcer à leur place, savoir : quand il n'y en a qu'une, le mot *mille*; quand il y en a deux, les mots *millions* et *mille* ; quand il y en a trois, *milliards*, *millions* et *mille*, etc.

mille——————————
6,789 francs

67,890 sous

678,901 deniers

millions——————————
6,789,012 jours

67,890,123 heures

678,900,987 ans

milliards——————————
5,432,108,765 toises

54,321,021,234 pieds

67,809,986,531 pouces

10,900,009,807 lignes

PREMIÈRE CLASSE, N° XIX.   (N° 285.)

Lorsque les Chiffres ne sont séparés par aucune virgule, et qu'il y en a plus de trois, on doit supposer une virgule après chaque tranche de trois Chiffres, à partir de droite, et lire ensuite de gauche à droite, comme si les virgules étaient écrites.

Groupes de Chiffres sans Virgule.	Mêmes Nombres, avec les Virgules.
1 2	1 2
3 4 5	3 4 5
6 7 8 9	6,7 8 9
9 8 7 6 5	9 8,7 6 5
4 3 2 1 0 1	4 3 2,1 0 1
2 4 5 6 6 7 8	2,4 5 6,6 7 8
9 0 1 2 3 4 5 6	9 0,1 2 3,4 5 6
7 6 5 4 0 0 0 2 1	7 6 5,4 0 0,0 2 1
8 7 5 3 1 0 2 4 6 9	8,7 5 3,1 0 2,4 6 9
1 0 0 0 0 1 0 0 0 0	1,0 0 0,0 1 0,0 0 0
2 0 0 0 0 0 0 0 0 0	2,0 0 0,0 0 0,0 0 0
9 8 9 7 9 6 9 5 9 4	9,8 9 7,9 6 9,5 9 4
5 3 1 2 4 6 8 0 7 9	5,3 1 2,4 6 8,0 7 9
0 0 0 0 0 0 6 2 0 0	6,2 0 0
9 0 0 0 0 0 0 0 0 1	9,0 0 0,0 0 0,0 0 1

EXCEPTIONS.

Les Nombres ou Groupes de Chiffres suivants ont une prononciation particulière et très-vicieuse, mais malheureusement consacrée par un usage général.

11 *se dit* onze, *au lieu de* dix un.
12 douze, *au lieu de* dix deux.
13 treize, *au lieu de* dix trois.
14 quatorze, *au lieu de* dix quatre.
15 quinze, *au lieu de* dix cinq.
16 seize, *au lieu de* dix six.

———

70 soixante et dix, *au lieu de* septante.
71 soixante et onze.
72 soixante-douze.
73 soixante-treize.
74 soixante-quatorze.
75 soixante-quinze.
76 soixante-seize.
77 sixante-dix-sept.
78 soixante-dix-huit.
79 soixante-dix-neuf.
80 quatre-vingt, *au lieu de* huitante.
81 quatre-vingt-un.
82 quatre-vingt-deux.
83 quatre-vingt-trois.
84 quatre-vingt-quatre.
85 quatre-vingt-cinq.
86 quatre-vingt-six.

87 quatre-vingt-sept.
88 quatre-vingt-huit.
89 quatre-vingt-neuf.
90 quatre-vingt-dix, *au lieu de* nonante.
91 quatre-vingt-onze.
92 quatre-vingt-douze.
93 quatre-vingt-treize.
94 quatre-vingt-quatorze.
95 quatre-vingt-quinze.
96 quatre-vingt-seize.
97 quatre-vingt-dix-sept.
98 quatre-vingt-dix-huit.
99 quatre-vingt-dix-neuf.

———

100 cent, *au lieu de* un cent.
1100 onze cent, *au lieu de* un mille un cent.
1200 douze cent, *au lieu de* un mille deux cent.
1300 treize cent.
1400 quatorze cent.
1500 quinze cent.
1600 seize cent.
1700 dix-sept cent.
1800 dix-huit cent.
1900 dix-neuf cent.

PREMIÈRE CLASSE, N° XXI.   (N° 287.)

Les Chiffres précédents nous viennent des Arabes : les suivants étaient en usage chez les Romains ; et quoiqu'on ne s'en serve plus avec raison que dans certains cas spéciaux, il n'en est pas moins très-utile, et par fois même nécessaire de les connaître.

CHIFFRES ROMAINS.

I	V	X	L	C	D	M
un	cinq	dix	cinquante	cent	cinq cents	mille

Nota. Le Chiffre I placé à gauche de ceux-ci : V, X, en diminue la valeur d'autant ; placé à droite, il l'augmente au contraire dans la même proportion. X en fait autant à l'égard de L, C, D, et C à l'égard de M.

FIGURE.	VALEUR.	FIGURE.	VALEUR.
I	1	LXX	70
II	2	LXXX	80
III	3	XC	90
IV	4	C	100
V	5	CC	200
VI	6	CCC	300
VII	7	CD	400
VIII	8	D	500
IX	9	DC	600
X	10	DCC	700
XI	11	DCCC	800
XII	12	CMC	900
XIII	13	M / CIƆ	1000
XIV	14		
XV	15	IICIƆ	2,000
XVI	16	IIICIƆ	3,000
XVII	17	XCIƆ / CCIƆƆ / ƆMC / IMI	10,000
XVIII	18		
XIX	19		
XX	20	CCCIƆƆƆ / CM	100,000
XXX	30		
LX	40	CCM	200,000
L	50	DCCCCM	900,000
LX	60	CCCCIƆƆƆƆ	1,000,000

EXEMPLES DE L'EMPLOI DES CHIFFRES.

3 juillet 1315. — Louis X, Roi de France, affranchit les serfs de ses Domaines.

30 mai 1778. — Mort de Voltaire.

3 juillet suivant. — Mort de Jean-Jacques Rousseau.

Le Thabor, montagne de la Transfiguration, située en Palestine (dans la Turquie d'Asie), a 1849 pieds de hauteur.

Le mont Carmel (en Palestine), d'où Elisée s'élança vers le Ciel, en a 2044.

Le plus haut point qu'ait atteint un Ballon, est, dit-on, de 21160 pieds.

La chûte du Niagara (dans l'Amérique du nord), est de 648 pieds.

Louis XV, arrière petit-fils de Louis le grand, monta sur le trône de France en 1715; et Louis XVI, petit-fils de Louis XV, en 1774.

L'île de Corse avait été réunie à la France en 1769, année de la naissance de Napoléon Bonaparte, qui devint ensuite Consul (en 1799) et Empereur des Français (en 1804).

La Tabellégie a été imprimée en l'an MDCCCXXXVII.

En 1645, après la Bataille de Nordlingue, on grava sur le tombeau du Général Merci l'Épitaphe latine dont voici la traduction : Arrête, voyageur ! tu foules un Héros.

2,477,676 pouces font 206,473 pieds.

6 ans font 2190 jours, ou 52,560 heures.

PETIT VOCABULAIRE
DE LECTURE ÉLÉMENTAIRE,

A FAIRE PARCOURIR AUX ÉLÈVES,

POUR

LES FAMILIARISER AVEC LA LECTURE COURANTE, TOUT EN LEUR RAPPELANT

LES RÈGLES,

et les renvoyant, au besoin,

AUX

TABLEAUX ET EXERCICES PRATIQUES.

PETIT VOCABULAIRE

DE LECTURE ÉLÉMENTAIRE,

RENVOYANT

AUX TABLEAUX ET EXERCICES PRATIQUES.

A

A. L'une des Voyelles simples. (Monophtongue unilittère.) 1. *a* et *à* se prononcent de même. 1. Ils sont tous deux ouverts moyens. L'accent grave ne sert ici qu'à faire distinguer le sens dans lequel cette Lettre est employée, lorsqu'à elle seule elle forme un mot.

ABRÉVIATION. Manière plus courte d'écrire un mot. 279 et s.

ACCENT. Toute modification de la voix parlante, dans la durée ou le ton des syllabes. C'est, autrement dit, l'action du Lecteur, qui, par diverses inflexions de la voix, par un ton plus ou moins élevé, par un parler plus vif ou plus lent, exprime les sentiments dont il est affecté, et les communique à ceux qui l'écoutent. L'Accent est l'ame du discours; il lui donne le sentiment et la vérité. 263, 264.

ACCENT NATIONAL. Manière d'articuler et de prononcer les mots, particulière à chaque nation. *Accent anglais, accent allemand.*

ACCENT PROVINCIAL. Celui particulier à une Province, par opposition à la manière de prononcer de la bonne Société de la Capitale. *Accent gascon, accent normand, accent picard, accent languedocien.* 264.

ACCENT, grammaticalement parlant, se dit d'une petite marque qui se met sur une voyelle pour en indiquer la prononciation. C'est en ce sens qu'on dit qu'il y a trois accents, et même quatre :

1° L'*accent aigu* : celui qui tombe de droite à gauche ; il se place sur un *e*, pour le faire prononcer fermé : *santé*, *charité*. 1.

2° L'*accent grave* : celui qui s'incline, au contraire, de gauche à droite. Il se place sur un *e*, pour le faire prononcer ouvert : *succès*, *accès*. 1. Placé sur un *a* ou sur un *u*, il ne sert pas à en modifier la prononciation, mais seulement à faire distinguer un mot qu'il compose à lui seul, d'un autre mot écrit de même, mais ayant un autre sens.

3° L'*accent circonflexe* : qui s'incline des deux côtés. Il se place sur toutes les voyelles, et les rend longues : *âge*, *tête*, *gîte*, *côte*, *flûte*. *â* et *ê* se prononcent très-ouverts, *ê* surtout ; *ô* se prononce au contraire fermé et les lèvres un peu avancées ; *î* et *û* ne sont modifiés que dans leur durée, et non point dans leur intonation. 121.

4° L'*accent tréma*. (Voir au mot TRÉMA.)

ACCENT PROSODIQUE. Petite marque qui indique si une syllabe est longue, brève, ou douteuse. Longues, $\bar{a}\ \bar{e}\ \bar{\imath}\ \bar{o}\ \bar{u}$; brèves, $\breve{a}\ \breve{e}\ \breve{\imath}\ \breve{o}\ \breve{u}$; douteuses, $\breve{\bar{a}}\ \breve{\bar{e}}\ \breve{\bar{\imath}}\ \breve{\bar{o}}\ \breve{\bar{u}}$. *Nous fûmes*, *je fume*. Cet accent n'est usité que dans les livres qui traitent de la Prosodie. 280 *bis*.

ACCENTUATION. Manière d'accentuer selon les règles, c'est-à-dire de placer comme il faut les accents indiqués soit par la grammaire, soit par la prosodie.

Æ. Voyelle-voyelle mariée, qui se prononce *é*, et qui appartient plus au grec ou au latin qu'au français.

AI. (Monophtongue plurilittère.) Voyelle-voyelle mariée, parce qu'elle a un *i* à droite. Elle se prononce le plus souvent *è*, et quelquefois *é*. C'est à la Grammaire et à l'usage à faire connaître dans quel cas. 81, 93, 94, 101, 113, 115.

AIGU. Elevé. Un son est plus aigu, à mesure que l'on rapproche plus les lèvres l'une de l'autre.

ALPHABET. (de deux mots grecs, *alpha*, a, *béta*, b.) C'est le Tableau de toutes les Lettres d'une Langue, rangées selon l'ordre établi dans cette Langue, pour appliquer cet ordre aux Vocabulaires (qu'on appelle aussi Dictionnaires ou Lexiques), et faciliter ainsi les recherches de Mots. 275.

APPELLATION. Action de nommer les Lettres prises isolément. L'ancienne Appellation *bé*, *cé*, *dé*, *etc*, est plus sonore que la nouvelle, *be*, *ce*, *de*, *etc*; mais celle-ci, quoique plus sourde, est bien plus rationnelle. 275 et s.

APOSTROPHE. Petite marque, en forme de virgule, destinée à indiquer le retranchement qu'on a fait d'une voyelle finale d'un mot, et que l'on met à la place de cette voyelle, au haut de la consonne qui l'aurait précédée. Par exemple, dans *l'amitié*, la petite virgule qui suit la consonne *l*, est une apostrophe qui indique que l'on a retranché la voyelle *a* du mot *la*, afin d'éviter le son désagréable de deux *a* prononcés de suite : *la amitié*. 57, 58 et s.

ARTICULATION. Mouvement combiné des organes de la parole pour donner aux voyelles les modifications indiquées par les consonnes.

ASPIRATION. Action d'attirer l'air extérieur par la bouche.

ASPIRÉ. On dit de la consonne *h* qu'elle est aspirée (quoique muette), lorsqu'elle indique qu'une aspiration plus forte que d'ordinaire doit précéder la syllabe qu'elle commence. 230 et s.

AU. (Monophtongue plurilittère). Voyelle voyelle mariée, parce qu'elle a un *u* à droite. Sa prononciation répond à celle d'un *o* qui serait surmonté d'un accent aigu. 81, 89, 99 et s. 107 et s.

Cette Voyelle-voyelle se rencontre souvent précédée d'un *e* muet ; mais sa prononciation n'en est pour cela modifiée en aucune manière. 91, 99, 107.

B

B. Consonne labiale, nommée *bé* par l'ancienne appellation, et *be* par la nouvelle. 275.

On ne la prononce pas d'ordinaire à la fin des mots qui ne se lient pas au mot qui les suit, si ce n'est dans les noms propres : *Achab*. 198, 233.

B est la faible de *p*. *bécher*, *pécher*. 265.

Devant *b* les Voyelles-consonnes nazales prennent la consonne *m* au lieu de *n* : *ambre*, *ombrage*, *humble*. 154, 166.

BB. Deux *b* ne comptent que pour un, et ne se désunissent jamais. 68, 72.

BL. Consonne-consonne liée, ne comptant que pour une, quoique ni l'une ni l'autre des deux lettres qui la composent ne perdent leur nom. 49 et suiv.

BR. Consonne-consonne liée, ne comptant par conséquent aussi que pour une. 49 et suiv.

BRÈVE. Signe que voici ˘. Placé sur une voyelle, il sert à indiquer qu'elle doit se prononcer dans le moins de temps possible, sans saccade, et au contraire avec douceur. C'est un des trois accents prosodiques. 280 *bis*.

C

C. *Cé*, d'après l'ancienne appellation ; *ce-que* ou *que-ce*, d'après la Tabellégie, parce que cette consonne se trouve tant dans la case de *se* que dans celle de *que*. 275, 17.

Elle est dentale ou sifflante, quand elle se marie dans la case de *se* ; ce qui n'a lieu que lorsqu'il y a un *e* (accentué ou non), ou un *i*, ou bien qu'elle est armée de la cédille : *ceci*, *ça*, *c'est*, 265, 7 et s., 18, 20, 35.

Elle est palatale quand elle se prend dans la case de *que* ; ce qui a lieu, soit devant un *a*, un *o*, ou un *u* : *cabane*, *colère*, *cuve*, 11 et s., 18, 20 33 ; soit en se liant avec une autre consonne : *cr*, *cl*, *créance*, *clémence*, 49 et s. ; soit même quand elle termine une Voyelle-consonne : *ac-tivité*, *bec*, *bouc*, 169 et s ; ou, pour mieux dire, dans tous les cas où elle n'est suivie ni d'un *e* ni d'un *i*.

C, à la fin des mots, se prononce le plus ordinairement. 193, 195, 219.

CAPITALES. Majuscules, c'est-à-dire grandes Lettres appelées Capitales (du latin *caput*, tête), parce qu'on les met en tête des phrases ou des mots les plus saillants de la phrase ; des noms propres, par exemple. 23, 24, 275 et s.

CARACTÈRES. Synonimes de *Lettres*. Figures ou signes tracés sur le papier pour rappeler les sons de voix à émettre. (*Tabl. prél.*)

En imprimerie on appelle Caractère romain celui, par exemple, qui a les lettres faites comme celles de cette phrase-ci.

Cette phrase-ci au contraire est en Italique.

Pour les Caractères dits *Anglaise*, *Ronde*, *Gothique*, voyez 275 et suiv.

CASE. C'est, dans la Tabellégie, un espace marqué par des lignes, dans lequel se placent toutes les lettres ou syllabes homonymes, c'est-à-dire ayant même nom, se prononçant de même.

CC. Deux *c* ne comptent que pour un quand ils sont pris dans la même case (celle de *q*), ce qui n'a lieu que devant un *a*, un *o* ou un *u* : *a-cca-pa-re-ment*, *o-ccu-pé*, 68 et s. Mais devant un *e* ou un *i*, ils se prononcent *ks*, soit ou non qu'on les désunisse; ce qui, du reste, est rationnel, parce que le *c* de gauche étant suivi d'un autre *c*, c'est-à-dire d'une autre lettre qu'un *e* ou un *i*, doit se prendre dans la case de *que*, et que celui de droite étant suivi, au contraire, d'un *e* ou d'un *i*, doit se prendre dans celle de *se* : *ac-cé-der*, *oc-ci-ta-ni-e*. 75, 191.

CÉDILLE. Petite marque qu'on met sous le *c*, pour que cette consonne se marie dans la case de *s*, quoique suivie d'un *a*, d'un *o*, ou d'un *u* : *reçu*. 12, 14, 16.

CH. Cette Consonne-consonne, *que-che* ou *che-que*, occupe deux cases. Elle se prononce ordinairement *ch* devant une voyelle : *bûche*, *chagrin*; si ce n'est dans quelques mots d'origine étrangère, où on la prononce comme *k* : *écho*, *Eucharistie*. 43, 268. Mais liée à un *l* ou à un *r*, elle ne se prend au contraire que dans la case de *k*, jamais dans celle de *ch* : *chronomètre*, *chlamyde*. 49 et s.

CHIFFRES. Signes ou caractères dont on se sert pour indiquer le nombre des choses, d'une manière plus abrégée que par les lettres ordinaires. Voici ces signes et ce qu'ils indiquent. Quand il n'y en a qu'un, ou que le Chiffre occupe le premier rang, en comptant de droite à gauche, bien qu'on lise de gauche à droite, 1 se prononce *un*, 2 *deux*, 3 *trois*, 4 *quatre*,

5 *cinq*, 6 *six*, 7 *sept*, 8 *huit*, 9 *neuf*, o (*rien*). Au deuxième rang, 1 *dix*, 2 *vingt*, 3 *trente*, 4 *quarante*, 5 *cinquante*, 6 *soixante*, 7 *septante* ou *soixante-dix*, 8 *huitante* ou *quatre-vingt*; 9 *nonante* ou *quatre-vingt-dix*, o (*rien*). Au troisième rang, 1 *cent*, 2 *deux cent*, 3 *trois cent*, 4 *quatre cent*, 5 *cinq cent*, 6 *six cent*, 7 *sept cent*, 8 *huit cent*, 9 *neuf cent*, o (*rien*). 281 et suiv.

CIRCONFLEXE. L'accent circonflexe est ainsi appelé de deux mots latins *circùm*, autour, et *flexus*, fléchi; c'est-à-dire, qui fléchit des deux côtés. (voir au mot *accent*.) 121.

CONJOINTE ou *mariée*. Ces deux mots sont employés dans le même sens par la Tabellégie. *Conjoint* vient des deux mots latins *cum*, avec, et *jungere*, joindre; joindre avec. Une Voyelle conjointe est en effet celle qui est jointe à un *u* ou à un *i* placé à sa droite. *ou*, *eu*, *œu*, *au*, *ai*, *ei*, *oi*. 81.

CONSONNE. (Des mots latins *cum*, avec, et *sonare*, sonner). Lettre qui ne sonne dans une case quelconque qu'avec une voyelle. On ne peut en effet prononcer une Consonne seule, qu'en sous-entendant après elle une Voyelle quelle qu'elle soit. C'est *e* que l'on sous-entend ordinairement quand on veut donner un nom à une Consonne, c'est-à-dire la désigner dans la conversation: *d*, *b*, *p*, *q* s'appellent donc *de*, *be*, *pe*, *que*. 17. Cette Appellation du reste est nouvelle; pour l'ancienne, voir au N' 275.

Il est des Consonnes à deux noms : ce sont celles qui se trouvant dans deux cases différentes, prennent le nom de chacune, en sous-entendant toujours pour cela la voyelle *e* dans l'une et l'autre case, quoiqu'en réalité cette voyelle ne puisse s'y trouver écrite, à cause de la règle du n° quatre : *c* (*ce-que*), *g* (*ge-gue*), *s* (*se-ze*), *ch* (*che-ke*). 17.

Les *Consonnes* sont ou faibles ou fortes. Il est remarquable que le même organe qui produit les unes par un mouvement doux, produise les autres par le même mouvement, s'il est plus prononcé. *B* est la faible de *p*; *d* de *t*; *g* de *c*; *j* de *ch*; *v* de *f*, *z* de *s*. 26.

Les *Consonnes* se distinguent encore, suivant que tel ou tel organe concourt à sa formation : en labiales, *b*, *p*, *v*, *f*; en dentales ou sifflantes, *s*, *c* doux, *z* et *ch*; en linguales, *d*, *t*, *n*, *l*, *r*; en palatales, *j*, *g*, *k*, *q* et *ill*; en nazales, *m*, *n*, *gn*; et en gutturales, *g* dur et *h* aspiré. 265.

CONSONNE ordinaire. C'est celle qui n'a qu'une seule lettre : *q*, *m*, *s*, *t*, etc.

CONSONNE-CONSONNE. C'est celle qui est formée de plusieurs Lettres consonnes ne comptant ensemble que pour une : *gn*, *ph*, *cl*, *phl*, etc. 2 *bis*, 17, 50, 66, 76.

CONSONNE-CONSONNE MARIÉE. Celle dont une au moins des lettres qui la constituent change de nom, comme *ph*, *gn*, *ch* (ch) : *phoque*, *agneau*, *chûte*; ainsi que *gh* et *ch* (k), devant un *e* ou un *i* : *Berghem*, *Chersonèse*. 43.

CONSONNE-CONSONNE LIÉE. Celle dont aucune des lettres qui la forment ne perd son nom, comme *pl*, *br* : *emplâtre*, *arbre*; ainsi que *gh* et *ch* (k), placés autre part que devant un *e* ou un *i*. 49 et s.

Il est à observer qu'au milieu des mots une Consonne ne se lie pas à une Consonne autre que *l*, *r* ou *h*. Au commencement des mots on rencontre quelquefois *gn* (gh-n), *ps*, *phth*, *mn* : *gnome*, *mnémonique*, *psora*, *phthisie*; mais c'est rare. 79.

CONSONNE-CONSONNE MARIÉE LIÉE. Celle qui, déjà mariée, s'unit à un *l* ou à un *r*, comme *phl*, *phr*, *chl*, *chr* : *Phryné*, *chronomètre*. 49.

CONSONNES-CONSONNES SIFFLANTES. Celles qui sont précédées d'un *s*, indiquant seulement qu'un léger sifflement doit précéder leur articulation : *squelette*, *apo-strophe*. 77.

CONSONNES DÉSUNIES. Celles qui, quoique semblables, se prennent dans deux cases différentes, comme *cc* et *gg*, devant un *e* ou un *i* : *oc-cire*, *sug-gérer*. 191. Celles aussi qui, quoique se prenant dans une même case, se désunissent pour faire syllabe, l'une à gauche, l'autre à droite; ce qui a lieu principalement dans *am|me*, *em|me*, *i-m|me*, *il|l*, *ir|r*, etc.

au commencement des mots : am|moniac , em|mené . i-m|mortel , il|lyrie , ir|résolu. 190 ; ainsi qu'au milieu de quelques mots plus ou moins exceptionnels : Cin|na , col|loqae. 191.

CONSONNES SŒURS. Deux Consonnes qui, semblables ou faites différemment, se prennent dans une même case et ne comptent que pour une seule, comme *bb*, *pp*, *cq* : *a-bbé*, *a-ppuyé*, *a-cquit*. 68 , 69 et suiv.

En général une Consonne mariée ou liée n'influe en rien sur la prononciation de la syllabe qui précède. Il n'en est pas de même des Consonnes-consonnes sœurs ou Consonnes semblables ; elles changent le son de l'*e* qu'elles peuvent avoir à gauche, tantôt en *è* ouvert moyen (et c'est le plus souvent), tantôt en *é* fermé, tantôt en *a*. (voir la voyelle *e*) 71 et 72.

D

D. Consonne dentale nommée *dé* par l'ancienne appellation, et *de* par la nouvelle. 275.

C'est la faible de *t* : *doigt*, *toit*. 265.

Elle se prononce rarement comme finale, et se change en *t* quand elle doit se lier au mot suivant, mais non pas toutefois lorsque la liaison n'a lieu que par suite d'une élision. *De fond en comble* (*t'en*), *profonde erreur* (*d'erreur*). 198, 209, 241, 246.

DD. Deux *d* qui se suivent immédiatement ne comptent que pour un ; si ce n'est dans peu de mots, tels qu'*ad-dition*, *red-dition*, où ils se désunissent par exception. 69, 190.

DÉSUNIES. Se dit de deux Consonnes semblables qui se détachent dans certains cas, pour faire syllabe, l'une à gauche, l'autre à droite, 190, quoique suivant la règle générale elles dussent ne compter que pour une, et ne faire syllabe qu'à droite. 69. Dans *an|nales*, les Consonnes sont désunies ; elles ne le sont pas dans *a-nnée*.

DENTALES. On appelle Consonnes dentales celles qui se prononcent par un mouvement de la langue vers les dents. Ce sont *s*, *c* doux, *z*, *ch*.

DIÉRÈSE. Quelques Grammairiens donnent ce nom au Tréma.

DIPHTHONGUE. Voyelle-voyelle faisant entendre deux sons en une seule émission de voix (du grec *dis* deux fois, et *phtogos* son). Ces Voyelles-voyelles sont toutes liées, à l'exception cependant de *oi*, seule diphthongue conjointe. 137 et s. 81, 97, 112, 113.

DISCOURS. Paroles suivies sur tel ou tel sujet.

DISJOINTES. Se dit des Voyelles qui, non marquées d'un tréma, ou placées différemment, seraient conjointes. 128, 132.

DISSYLLABIQUE. Qui a deux Syllabes.

DIVISION. Petite marque (-), qui, dans la Méthode, sépare les syllabes d'un mot pour les rendre plus distinctes.

DR. Consonne-consonne liée, ne comptant que pour une, bien que ni le *d* ni le *r* ne changent pas d'articulation. 50 et s.

E

E. Voyelle-voyelle simple (Monophtongue unilittère). On l'appelle *é*.

Il y a deux sortes d'*e* : les *e* accentués, et les *e* non accentués.

Les *e* accentués sont :

1° L'*e* à accent aigu, ou fermé : *é*, *bonté*. 6.

2° L'*e* à accent grave, ou ouvert : *è*, *procès*. 8.

3° L'*e* à accent circonflexe, très-ouvert, et long : *ê*, *fête*. 121.

4° L'*e* tréma, ou accentué de deux points qui le rendent indépendant des autres Voyelles ses voisines : *ë*, *ciguë*.

Les *e* non accentués sont :

1° L'*e* non accentué, fort, se prononçant *eu*, lequel se fait plus sentir dans les monosyllabes *me*, *te*, *se*, *le*, etc., qu'au milieu des polisyllabes : *devoir*, *appelé*, *pelote*. 18, 25, 26.

On rencontre encore l'*e* fort devant deux *ss*, quand la syllabe commence par un *r* : *ressemblance*. Ce n'est que par exception que *ressuscité* fait entendre *ré* au lieu de *re*. 71, 72.

e se prononce encore *eu* devant la consonne *ill*, s'il est lui-même précédé d'un *u*, comme dans *orgueilleux*, *accueilli*. 171.

2° L'*e* non accentué, faible, que l'on rencontre à la fin

des mots de plusieurs syllabes, que l'on prononce aussi *eu*, mais que l'on fait à peine sentir (surtout après une autre voyelle), et qui rend longue la syllabe qui précède : *plume*, *bouteille*, *arrivée*, *vue*. 27, 28.

On rencontre encore l'*e* faible dans la finale *es*, si le mot a plusieurs syllabes : *plumes*, *bonnes*, 209 ; comme aussi dans les finales en *ent*, si le mot peut être précédé de *ils* ou *elles*, en parlant de plusieurs : *ils prient*, *elles cousent*. 214.

3° L'*e* non accentué, muet, qui ne se prononce nullement; ni au milieu des mots, lorsqu'il précède ou qu'il suit une voyelle quelconque avec laquelle il n'a pas à se marier ; ni à la fin des mots, quand il est précédé d'une voyelle mariée avec un *i* : *proie*, *craie*, *dame-jeanne*, *j'étudierai*. 119.

On rencontre encore l'*e* muet dans les finales *es* et *ent*, précédées d'une voyelle mariée avec un *i* : *elles déploient*, *ils filaient*. 214. ainsi qu'après *g* devant *a*, *o*, *u*.

4° L'*e* non accentué, qui se prononce comme s'il était accentué ; savoir :

Comme *é*, devant deux *f* : *effacé*. 71, 72. Devant deux *s*, soit au commencement des mots, comme dans *essaim*, *e-ssouflé*; soit dans les mots où la syllabe qu'il forme commence par un *d* : *dessiné* ; (*dessus* et *dessous* restant cependant exceptés, et faisant entendre *de* au lieu de *dé*). 71, 72.

Dans la voyelle-consonne finale *ez* : *prenez*. 209.

Dans le monosyllabe *et* : *vous et lui*. 209.

Dans la plupart des terminaisons en *er*, quand le mot a plusieurs syllabes : *amener*, *brigadier*, etc. 206.

Il se prononce comme *è* (mais un peu moins ouvert) :

Devant les consonnes *x* et *ill* : *examiné*, *sexe*, *pareille*, *vermeille*. 66, 67.

Devant deux consonnes semblables, autres que *ff*, *mm*, et quelquefois *ss* : *belle*, *cette*, *terre*, *ennemi*, *caresse*. 71.

Devant les consonnes-consonnes sifflantes : *mal-à-peste*. 79.

Dans la plupart des voyelles-consonnes ordinaires, autres que *es*, à la fin des mots de plusieurs syllabes : *mes*, *autel*, *nef*, *mer*, *Alfred*, *muet*, *Jérusalem*, *hymen*. 170, 205 et s.

Dans beaucoup de syllabes nazales en *ien* : *bien*, *tu soutiens*, *il entretient*. 153, 212, 214.

Devant une voyelle à tréma, ce qui est rare. 128.

e se prononce enfin comme *a*, devant deux *m* : *fe-mme*, *appare-mment*. 71, 72.

Souvent dans les Voyelles-consonnes nazales *en* et *em* : *entendre*, *enfance*, *paravent*, *empire* 153, 154, 157, 212, 214.

La Voyelle *e* est une de celles qui se marient quand elles ont un *a* ou un *i* à droite, mais non pas quand elle est accentuée : *obéir*. 81.

EAU. Voyelle-voyelle mariée. Voir à AU.

ECRIRE. Mettre sur le papier les signes qui indiquent ce qu'il faut dire.

EI. (Monophtongue plurilittère.) Voyelle-voyelle mariée, parce qu'elle a un *i* à droite. On la prononce ordinairement *è* : *peine* ; et quelquefois *é* : *teigne*. L'usage, en attendant la Grammaire, est à cet égard la meilleure règle. 81, 95, 113, 115.

ELISION. C'est le changement de l'*e* final faible, en *e* muet, devant une voyelle initiale, laquelle en ce cas se marie, à sa place, avec la consonne précédente, de manière à ce que les deux mots se prononcent en quelque sorte comme s'il n'y en avait qu'un : *peine infinie* (*n'in*). 225 et s.

Le *h* initial non sensible n'empêche pas l'élision : *votre humeur* (*tr'u*). 230, 231.

L'élision de l'*e* faible n'a lieu qu'à la fin des mots de plusieurs syllabes : *promesse oubliée* ; si ce n'est dans les monosyllabes *le* et *ce*, le premier précédé d'un mot terminé en *ez* : *amenez-le ici* (*l'i*) ; le second précédé du mot *est*, pris dans le sens interrogatif : *est-ce à moi*, *s'il vous plaît*, *que ce discours s'adresse* ? 226.

ELISION ORTHOGRAPHIQUE. C'est celle qui dans les livres se trouve toute faite au moyen d'une apostrophe : *l'homme*, *l'adresse*. 226.

EMETTRE. Produire au dehors.

EPELLATION. Action de nommer les Lettres de l'Alphabet et d'en former des Syllabes, en les assemblant les unes avec les autres.

ETYMOLOGIE. (De deux mots grecs *etumos*, vrai, et *logos*, discours, mot). Connaissance des mots anciens d'où dérive un mot nouveau.

EU. (Monophtongue plurilittère). Voyelle-voyelle mariée, à cause de l'*u* qui est à droite. On la prononce à peu près comme *e* non accentué, fort. 81, 85, 99, 109.

Eu est plus ouvert que *eú*.

Cette Voyelle-voyelle prend le son de *u* simple, lorsque (n'étant pas Voyelle-voyelle consonne, comme dans *eux*), elle commence un mot d'une ou de deux syllabes au plus, et que ce mot n'a pas de majuscule en tête : *eu*, *eue*, *eûmes*, *eutes*, *eurent*, *eusse* ; ce qui n'a lieu du reste que dans les mots dérivés du mot *avoir*. 111.

Quant à *eu* après *g*, voyez à cette Consonne.

EUPHONIE. (Du grec *eu* bien, et *phôné*, son) bonne voix. Une prononciation est euphonique quand elle est agréable à l'oreille.

On appelle Lettre euphonique celle qui, ne faisant pas partie des mots, n'est employée que pour adoucir la prononciation.

EXCEPTION. Règle qui s'écarte de la règle ordinaire. 217 et s.

F

F. Consonne labiale, se prononçant *èffe* d'après l'ancienne appellation, et *fe* d'après la nouvelle. 275.

Sauf quelques rares exceptions, le *F* se fait sentir à la fin des mots. 193, 194, 219.

En se liant à un autre mot, il conserve le plus ordinairement son articulation, si ce n'est dans *neuf*, où il prend quelquefois le son du *v* : *dix-neuf écus* (*vé*). 242, 248.

FAIBLE. Une Voyelle faible est celle qui se fait peu entendre. *e* (non accentué et se prononçant *eu*) est faible à la fin des mots de plusieurs syllabes, après une consonne; et très-faible après une voyelle, surtout après une voyelle mariée : *caractère*, *patrie*, *roue*. 28, 119. Pour les Consonnes faibles, voir au mot *Consonne*.

FERMÉ. Qui se prononce la bouche un peu fermée.

FEUILLET. La partie du papier d'un Livre ou d'un Cahier, qui contient deux pages.

FF. Deux *f* ne sonnent que comme un seul, et ne se désunissent jamais. 71, 72.

FINALE. Se dit de la Lettre ou de la Syllabe qui termine un mot. Toute Consonne finale ne se fait pas entendre; il n'y a que *r*, *f*, *l*, *m*, *n*, *c*. 193 à 216. Sauf pourtant plusieurs exceptions. 217 à 224, 234. Sauf aussi les cas où il y a lieu à liaison. 241 et suiv.

Toute Voyelle finale se fait au contraire toujours entendre, si ce n'est *e* (non accentué et se prononçant *eu*), après une Voyelle mariée avec un *i* : *joie*. 119.

FORTE. Une Voyelle forte est celle qui se prononce de manière à la bien faire entendre. *e* (non accentué et se prononçant *eu*), est fort dans les Monosyllabes, ainsi qu'au milieu des Polisyllabes, où cependant il l'est moins. *Je*, *que*, *venu*. 25, 26.

G

G. Consonne Palatale nommée *gé* par l'ancienne Appellation, et *je-gue* par la Tabellégie, parce qu'elle se trouve dans deux cases différentes. Elle se marie en effet dans la case de *je*, avec un *e* accentué ou non, ou un *i*; et dans celle de *gh*, avec un *a*, un *o* ou un *u* : *jugement*. *girafe*, *gant*, *fagot*, *figure*. 275, 19. On la prend aussi dans la case de *gh* devant une consonne avec laquelle elle doit se lier : *gl*, *gr*, *gh*, *gn*, (*gh-n*). *Glaive*, *grosseur*, *Berghem*, *gnome*. 49 et s. 56, 76, 79. Il en est de même de *g* terminant une voyelle-consonne : *ig-nition*; *Agde*. 169 et s.

On trouve souvent *g* suivi d'une voyelle muette. Quelquefois c'est un *u* qui indique que, quoique devant un *e* ou un *i*, on doit prendre le *g* dans la case de *ghe* : *guitarre* , *guerre*. 3 à 10. D'autres fois c'est *e* qui indique que quoique devant un *a*, un *o* ou un *u*, on doit au contraire prendre le *g* dans la case de *je* : *geole*, *envergeure*, *égrugeure*. 11 à 16, 19.

G final ne se prononce pas d'habitude, si ce n'est en se liant, et il prend alors l'articulation du *k* : *sang illustre* (*killustre*). 198, 234, 243, 249.

GEU. Dans la syllabe *geu*, il serait facile de confondre la voyelle *u*, précédée de l'*e* muet, avec la voyelle-voyelle mariée *eu*, si on ne faisait pas attention à la terminaison du mot. Quand cette terminaison est invariable, c'est *u* : *égrugeure*, *gageure* ; mais quand au contraire la terminaison peut varier, c'est *eu* : *logeur*, *logeuse* ; *égrugeur*, *égrugeuse* ; *gageur*, *gageuse*. Dans ce dernier cas, l'*e* appartient à la Voyelle ; dans le premier, il appartient au contraire à la consonne, et c'est là ce qui l'empêche de se marier avec l'*u* qu'il a à droite. 111.

GG. Deux *g* ne comptent que pour un seul, s'ils sont pris tous les deux dans la case de *gue*, c'est-à-dire, s'ils sont suivis d'un *a*, d'un *o*, ou d'un *u*, ou d'une consonne avec laquelle ils se lient : *aggraver*, *agglomérer*. 68 et s. Ils se désunissent devant un *e* ou un *i*, parce que celui de gauche n'étant pas suivi immédiatement d'un *e* ou d'un *i*, doit se prendre dans la case de *gue*, tandis que l'autre se prend dans celle de *je*. *sug|gérer*. 73, 191.

GH (*gue*). Consonne-consonne liée. La muette n'ajoute rien à la prononciation du *g* ; elle empêche seulement qu'on ne le prenne dans la case du *j*, devant un *e* ou un *i* ; *gh* se prononce donc comme *gue* : *Ghilan*, *Berghem*. (Régulateur).

GL. Consonne-consonne liée, ne comptant par conséquent que pour une. Sa prononciation est *ghl*, et non *jle*, parce que le *g* n'étant suivi ni d'un *e*, ni d'un *i*, doit se prendre dans la case de *gue*. Voir d'ailleurs au n.° 49.

GN. Consonne-consonne mariée, quand les lettres qui la composent perdent l'articulation que leur assigne l'Alphabet, comme dans *agneau*|, *ignominie*. 43. Le son que cette Consonne-consonne a alors ne peut pas plus être indiqué dans un Vocabulaire, que celui de *b*, celui de *f*, etc. Il faut l'entendre pour le rendre exactement.

gn est quelquefois Consonne-consonne liée, c'est-à-dire, qu'aucune de ses deux Lettres ne perd l'articulation qui lui est propre ; c'est-à-dire encore qu'on la prononce *ghn*, ce qui a lieu quand elle se trouve au commencement des mots : *gnome*, *gnidie*, *gnavelle*. 76 et s.

gn se désunit par exception dans peu de mots ; *g* y termine par conséquent alors une voyelle-consonne, et *n* devient l'initiale de la Syllabe suivante : *ig|nition*, *inexpug|nable*. 221.

GR est également une Consonne-consonne liée, qui se prononce *ghre*, et non *jre*, par la même raison que *gl*. 49 et s.

GRAMMAIRE. Livre qui contient ce qu'il faut apprendre pour parler sans fautes.

GRAVE. bas.

GUILLEMETS. Signes que voici « ». Ils servent à indiquer que c'est à autrui que l'on emprunte les paroles que l'on cite. 259.

GUTTURALES. Se dit des Consonnes qui se prononcent du gosier.

H

H. Consonne appelée *ache* d'après l'ancienne appellation, et *he*, d'après la nouvelle, c'est-à-dire, comme s'il n'y avait que la Voyelle. 18, 275.

Cette Consonne est en effet toujours muette, quoique devant une Voyelle, si d'ailleurs elle n'est accompagnée d'une autre Consonne. 43, 44, et le Régulateur.

Elle a pourtant quelque influence sur la prononciation de certains mots à la tête desquels elle se trouve, en ce sens qu'elle fait précéder d'une certaine aspiration la première syllabe de ces mots, pour que cette syllabe puisse recevoir une pulsation de voix plus marquée. On appelle alors le *h*, sensible ou aspiré ; et, dans le cas contraire, non sensible ou simplement muet. Le *h* sensible s'oppose à l'élision ; mais le *h* non sensible ne saurait l'empêcher, puisqu'il est comme non écrit et sert plus à l'Orthographe qu'à la Lecture. 230 et suiv.

H, placé après une Consonne, la modifie, si c'est un *p*, un *c*, ou un *l* précédé d'un *i* : *ph* se prononce comme *f*; *phénomène*; *ch* n'a point de son identique : *charitable* ; *ilh* se prononce comme *ill*, quand l'*i* sert en même temps de voyelle à la syllabe précédente : *Gadilhe*, *Milhaud*. 43, 56.

On trouve bien aussi *nh* pour *gn* dans quelques noms propres, mais c'est rare. Il est même à rappeler que quelquefois après *c*, *h* ne sert qu'à faire prendre le *c* dans la case de *k* : *Chersonnèse*, *Eucharistie* ; ce qui, du reste, a toujours lieu devant un *r* ou un *l* : *chronologie*, *chlamyde*. 43, 49, 268.

Gh se prononce toujours *gue* ; et *rh*, *th*, *dh*, etc. se prononcent *r*, *t*, *d*, comme si la muette n'y était pas. 56.

HIATUS. Cacophonie qui résulte du choc de deux Voyelles dont l'une finale, et l'autre initiale. 228, 229.

HOMONYME. (du grec *homos*, semblable, et *onoma*, nom) Mots ou Syllabes ayant les mêmes sons.

Deux mots homonymes sont dits équivoques, lorsqu'ayant un même son, ils désignent des choses différentes, suivant qu'ils sont prononcés longs ou brefs. 266.

I

1. Voyelle simple (Monophtongue unilittère). 1, 9, 18.

i, placé à droite d'un *a*, d'un *o*, ou d'un *e* non accentué, se marie avec lui, de manière à ne faire qu'une syllabe et à indiquer un son nouveau : *ai*, *ei*, *oi*. *Marraine*, *haleine*, *boire*. 81, 99 et s.

i, dans les syllabes nazales *in* et *im*, a le plus ordinairement le son de *e* ouvert moyen : *intérêt*, *impolitesse*. 153, 155. Ce n'est guères que suivi de deux *n* ou de deux *m* désunis, que *i* reprend quelquefois le son qui lui est propre : *i-n|né*, *i-m|mortalité*, *Ci-n|na*. 190, 191.

Pour l'*i* placé devant la Consonne-consonne *ill*, voir à cette Consonne.

INITIALE. On appelle Initiale la première lettre d'un mot.

du latin *initium*, commencement).

INFLEXIONS. Passage d'un ton de voix à un autre. Des Inflexions de voix, ou déplacées, ou peu justes, ou très-peu variées, dérobent au récit toute sa grace. 263, 264.

J

J. Consonne Palatale nommée *ji*, suivant l'ancienne Appellation ; et *je*, suivant la nouvelle. 18, 265, 276. Elle est invariable, bien que quelquefois suivie d'un *e* devant un *a*, un *o*, ou un *u* ; *e*, muet et même nul devant *a* et *o*, mais non point devant *u*, où il concourt à la formation de la Voyelle-voyelle variée *eu*. 38, 85, 86.

On ne trouve cette Consonne ni à la fin des mots, ni même à la fin d'une Voyelle-consonne quelconque. 235. Elle n'est jamais non plus redoublée. 68.

J est la la faible de *ch*. *Jarretière* ; *charretière*. 265.

K

K. Consonne Palatale nommée *ka* par l'ancienne Appellation, *ke* par la nouvelle. 18, 265, 276.

Quand elle termine un mot, ce qui est rare, elle se fait sentir, et est d'ailleurs susceptible de liaison. 195, 235.

KL et **KR**, Consonnes-consonnes liées, ne comptant par conséquent que pour une. Elles s'emploient peu. 50.

L

L. Consonne Linguale. On la nomme *èle*, suivant l'ancienne Appellation ; et *le*, suivant la nouvelle. 18, 265, 276.

C'est une des deux Consonnes (*l* et *r*) avec lesquelles certaines autres consonnes, placées à gauche, se lient de manière à ne compter ensemble que pour une. *fl*, *phl*, *bl*, *cl*, *chl*, *kl*. 49 et suiv.

L final se fait toujours sentir ; si ce n'est dans les mots terminés en *il*, quand cette Consonne est employée pour *ill* (ou deux *ll* dits mouillés). Voir à ILL.

LL. Deux *l* ne comptent le plus souvent que pour un seul.

68 et s. Cependant, au commencement des mots, deux *l*, précédés d'une voyelle, se désunissent pour faire syllabe, l'un à droite, l'autre à gauche. *Al-lusion*, *el-lébore*, *il-luminé*. 190, 191.

LABIALE. On appelle Consonnes Labiales celles qui sont produites par le mouvement des lèvres. 265.

LANGAGE. LANGUE. Manière de parler ; parce que c'est avec la langue que l'on parle. C'est ainsi qu'on dit : la Langue Anglaise, pour dire, la manière de parler en Angleterre ; la Langue Latine, c'est-à-dire, le genre de parler dont on se servait autrefois dans les pays Latins (l'Italie).

LETTRES. Les Lettres sont des signes par lesquels on est convenu d'indiquer les sons de la voix. *Tabl. prél.*

LETTRE-SYLLABE. Lettre qui, quoique seule, suffit pour faire une Syllabe : c'est par conséquent une Voyelle. 1.

LIAISON. C'est l'opération par laquelle la Consonne finale d'un mot, se trouvant en contact avec un autre mot commençant par une Voyelle, va s'unir à cette Voyelle, de manière à ce que les deux mots n'en fassent plus en quelque sorte qu'un seul. Dans les Liaisons, la Voyelle de laquelle se détache la Consonne finale, pour aller s'unir à la Voyelle initiale, conserve le son qu'elle aurait eu, si cette Consonne ne s'en fût pas détachée ; mais la Consonne change quelquefois son articulation. 241 et suiv.

Il y a des Liaisons de rigueur, et des Liaisons de goût. Les premières ont lieu lorsque les deux mots sont immédiatement, nécessairement et inséparablement unis ensemble par le sens ; les autres ne sont régies que par l'usage et l'oreille. 245 et s.

LIÉE. Voir aux mots CONSONNE et VOYELLE.

LINGUALE. Se dit d'une Consonne dont l'articulation dépend principalement du mouvement de la langue. 265.

LIRE. C'est parler ce qui est écrit.

LONGUE. Signe que voici (−) ; lequel, placé sur une Voyelle, indique qu'il faut que la voix s'y appuye un peu plus longtemps que sur les autres syllabes. 280 *bis*.

L et LL mouillés.

ILL. Cette Consonne Palatale, qu'on a coutume de désigner par la dénomination de deux *l* mouillés, peut s'appeler rationnellement *llieu*, en mouillant la Consonne. C'est à peu près le *gl* mouillé des Italiens. Au reste, le son de cette Consonne ne peut être nullement indiqué que par la parole. Il en est de *ill* comme de *gn*, comme du *ch* français, comme de *b*, de *l*, de *j*, etc, qui n'ont pas de sons correspondants. 65, 67.

L'*i* qui précède *ll* est placé là pour indiquer que cette Consonne-consonne n'est point le double *l* ordinaire ; *i* fait donc ici partie intégrante de la Consonne ; il ne se marie donc jamais avec aucune Voyelle, bien qu'il soit à leur droite. *Pa|ille*. 117. Quelquefois cependant il sert en même temps de Voyelle à gauche ; c'est lorsque la Consonne précédente n'en a pas d'autre : *F-ille* ; ou n'a qu'un *u*, si c'est un *g* ou un *q* : *Qu|ille*. 67.

Mais aussi il peut se faire que ce soit la Consonne-consonne *ll*, comme dans *vi|lle*, *tranqui|lle*. Comment le reconnaître ? Comment reconnaître si l'*i* est, ou n'est pas une Voyelle d'emprunt ? C'est à l'étymologie et à l'usage qu'il appartiendra plus tard de résoudre cette difficulté. L'enfant ne peut avoir d'autre guide, pour le moment, que son Précepteur. 72.

Dans la finale *il*, précédée d'une voyelle, *l* est toujours mis pour *ill* : *bétail*, *orgueil*, *orteil*, *fauteuil*. 202. Dans la finale *il*, précédée d'une consonne, *l* remplace quelquefois *ill*. Pour reconnaître dans quel cas, on a recours à un mot composé ou dérivé du mot terminé en *il* ; si ce dérivé contient la consonne ordinaire *l*, le *l* se prononcera dans le mot terminé en *il* : *civil*, parce que *civile*. Si c'est *ill*, on ne prononcera pas le *l* dans le mot ayant cette finale : *fusil*, parce que *fusillade* (*zi-illa*). 201, 202. Dans *il* pour *ill*, la consonne ne se fait sentir que très rarement : *péril*, *mil*, *avril*. 202. Le plus ordinairement l'on ne fait entendre que l'*i* qui va faire diphtongue avec le mot suivant, si celui-ci commence par une voyelle : *portail ouvert* (*ta-iou*). 243, 249.

M

M. Consonne Nazale : *ème* suivant l'ancienne appellation, et *me* suivant la nouvelle. 18, 265, 276.

m, à la fin d'une syllabe, perd ordinairement l'articulation qui lui est propre, pour n'être qu'un pur signe de nazalité, c'est-à-dire pour n'indiquer que le bruit sourd qui précède l'articulation ordinaire. 153 et s.

Au reste, cette Consonne, modifiée ou non, se fait toujours sentir comme finale. 193, 194.

m final conserve, en se liant, l'articulation qui lui est propre, et ne se lie pas quand il est modifié. 243, 250.

MAJUSCULE. Signifie grande Lettre. Une Majuscule est en quelque sorte la grande sœur de la petite Lettre qui porte le même nom, parce qu'elle occupe la même case ou chambre. (*Tabl. prélim.*) 23, 24.

MARIAGE. Le Mariage de droite vaut toujours mieux que celui de gauche.; c'est-à dire qu'une Consonne ne s'unit à la Voyelle de gauche que lorsqu'elle n'en a pas à droite.

MARIÉE. On dit qu'une Voyelle est mariée, lorsqu'ayant uu *u* ou un *i* à sa droite, elle n'indique plus avec lui qu'un seul son de voix, lequel n'a souvent rien de commun avec le son primitif de l'une ni de l'autre Lettre. (*Voir au mot* VOYELLE).

MIXTE. Se dit de la Consonne *x*, parce qu'elle participe dans certains cas des Consonnes ordinaires, et dans d'autres (quoiqu'unilittère, des Consonnes-consonnes. (*Voir à* X).

MM. Deux *m* se prononcent comme s'il n'y en avait qu'un seul, mais non pas dans *am|m*, *em m*, *im|m*, au commencement des mots, syllabes qui se rendent par *an m*, *en m*, *i-m m* : *Am|mon*, *em'manché*, *i-m'mobile*. 68 et s. 189 et s.

MONOPHTONGUE. (du grec *monos*, seul, et *phthoggos*, son) Voyelle n'ayant qu'un seul son.

MOT. Lettres ou Syllabes dont l'ensemble présente une idée, c'est-à-dire, rappelle quelque chose à l'esprit (abstraction faite du jugement qu'on en porte). C'est le plus petit morceau de phrase qu'on puisse faire signifiant quelque chose.

MODIFIÉE. Uune Consonne ou une Voyelle est modifiée quand elle éprouve un changement plus ou moins fort dans le mode de prononciation, c'est-à-dire, lorsqu'elle indique un autre son que celui que l'Alphabet lui assigne dès le principe. Dans *am*, *an*, *m* et *n* sont modifiés, en ce sens qu'on ne fait sentir, au lieu de la consonne, que le bruit sourd qui en précède l'articulation ordinaire.

MOUILLÉE. Se dit de certaines Lettres que l'on prononce en chargeant la langue de plus ou moins de salive; comme *ill* et *gn*. D'autres Consonnes se mouillent aussi; mais la nuance de prononciation qui en résulte n'est pas de nature à pouvoir être indiquée par aucune combinaison de lettres. C'est au Maître, s'il met une certaine élégance dans son intonation, à diriger, par ses exemples, la prononciation de ses Elèves. Comment, par exemple, indiquer autrement la nuance qui sépare la prononciation du *c* dans le mot *cœur*, de celle de *q* dans *vainqueur* ?

MUETTE. Voyelle ou Consonne qui ne se prononce pas, quoiqu'écrite; mais qui a cependant, dans plusieurs cas, une certaine influence sur la prononciation des lettres qui en sont précédées ou suivies. (*voir à chacune d'elles*).

N

N. Consonne Nazale : *ène* suivant l'ancienne Appellation, et *ne* suivant la nouvelle. 18, 265, 276.

n, à la fin d'une Syllabe, perd ordinairement son articulation première, pour devenir un pur signe de nazalité, c'est-à-dire, pour n'indiquer que le bruit sourd qui précède l'articulation ordinaire. 153 et suiv.

Au reste, modifiée ou non, cette Consonne sonne toujours à la fin des mots. 193, 194, 230.

Toutefois elle ne se lie à une Voyelle initiale que lorsque le premier Mot ne peut nullement se séparer du second par rapport au sens. Le *n* reprend dans ce cas l'articulation qui lui est propre, en laissant à la Voyelle précédente le son qu'elle lui avait donné : *en Italie* (*a-ni*). 241, 243, 250.

Pour les modifications que cette Consonne fait subir aux Voyelles de gauche, qui se marient avec elle, voir à chacune de ces Voyelles.

NAZALE. Sont appelées Nazales les Consonnes qui se prononcent, en partie, du nez ; telles que *m*, *n* et *gn*. 265.

NN. Deux *n* ne comptent ordinairement que pour un. 68 et suiv. Ils se désunissent cependant au commencement de beaucoup de mots, dans *ann*, *enn*, *inn* : *an|nales*, *en|nut*, *in|nomé* ; ainsi que dans quelques cas exceptionnels. 189 et s.

NOMBRE. Dans la lecture des *Chiffres*, c'est un chiffre ou une réunion de chiffres indiquant combien il y a de la chose dont on parle. 81 et s.

NUL, NULLE. Il est très-rare qu'une Consonne ou une Voyelle soit réellement nulle, c'est-à-dire sans influence aucune sur la prononciation. Cette expression (nulle) se prend le plus souvent pour *muette*. Dans *cueillir*, par exemple, il y a un *u* dit improprement nul, car bien que muet, il a une double fin, celle de rendre le *c* égal à *k*, et d'empêcher l'*e* de se prononcer ouvert, quoique devant *ill*.

O

o. L'une des Voyelles simples. 1 et suiv.

Il se prononce un peu ouvert : *école*, *omelette* ; mais il devient fermé et long sous l'influence d'un accent circonflexe : *trône*, *rhône*. 121 et s.

OI. Voyelle-voyelle mariée diphtongue. *Diphtongue*, parce qu'elle fait entendre deux sons dans une même syllabe ; *mariée*, parce que les deux sons sont modifiés par le contact de l'*i* de droite. La prononciation de cette Voyelle-voyelle ne peut guère s'indiquer par aucune combinaison de lettres. Ce n'est ni *oè*, ni *ôe*, ni *ouè*, ni *oâ*, ni *oua*, mais plutôt *óà*, l'*ó* fermé, (c'est-à-dire, tenant le milieu entre *o* et *ou*) bref et lié avec autant de douceur que de rapidité à un *a* ouvert moyen. 81, 97, 102, 112, 137 et s.

oi est Monophtongue dans quelques anciens livres, où on

le trouve employé pour *è* ouvert correspondant à *ai*. Cette orthographe a singulièrement vieilli. 113.

ORTHOGRAPHE. Mot venu du grec, qui signifie l'art de mettre, en écrivant les mots, toutes les Lettres qui leur conviennent.

OUVERT. Une Voyelle est ouverte quand on la prononce avec la bouche un tant soit peu plus ouverte que d'ordinaire.

Œ. Voyelle-voyelle mariée ; non pas qu'elle ait un *a* ni un *i* à droite, mais parce que ses deux Lettres se tiennent de manière à indiquer suffisamment qu'elles ne comptent que pour une. 81.

On la prononce *é* le plus ordinairement : *Œdipe*, *Phœdime*, *Philopœmen*, *assa-fœtida*. 115. Toutefois devant la Consonne-consonne mouillée *ill*, on la prononce *eu* : *œillet*. 109, 117.

ŒU. Voyelle-voyelle mariée, qui se prononce toujours *eu*. 81, 88, 101, 109.

P

P. Consonne Labiale, nommée *pé* suivant l'ancienne Appellation, et *pe* suivant la nouvelle. 18, 265, 276.

PAGE. Un des côtés d'un Feuillet.

PALATALES. C'est ainsi qu'on appelle les Consonnes qui sont produites par un mouvement de la langue vers le palais. 265.

PAROLE. Mot parlé, par opposition au mot écrit.

Paroles (*nos*), ce que nous parlons, ce que nous disons.

PARESSEUSES. Surnom qu'on peut donner aux Voyelles à accent circonflexe, à cause de cette espèce de bonnet de nuit qu'elles ont sur la tête, et parce qu'on est en quelque sorte obligé de les traîner en parlant. 121 et s.

PARENTHÈSES. Signes que voici ( ), et qui servent en quelque sorte à enfermer une phrase dans une autre phrase. 259.

PAUSES. Petits silences à observer, soit entre les phrases, soit entre les diverses parties de phrases présentant un sens plus ou moins distinct. Ces Pauses sont quelquefois indiquées par la Ponctuation. 257 et s. 260 et s.

PONCTUATION. Signes de repos plus ou moins marqués, destinés à la respiration, et à la distinction soit des pensées, soit des idées. Les Signes en usage sont : la virgule (,) le point et virgule (;) le point simple (.) les deux points (:) les points suspensifs (.....) le point d'interrogation (?) et le point d'exclamation (!) ; auxquels Signes on peut ajouter les traits d'union et de séparation (-), les parenthèses (), les guillemets (« ») et les astérisques ou renvois (*). 257.

POINT. Le Point simple indique la fin d'une phrase ; deux Points annoncent quelque chose à dire ; les Points suspensifs, l'interruption d'une phrase ; le Point et virgule sépare l'un de l'autre les membres ou parties de phrase qui demandent un certain repos ; le Point d'interrogation et le Point d'admiration indiquent assez par leur nom quel est leur objet. 257 et s.

PRONONCIATION. Action d'émettre les sons de voix, de les parler.

PÉNULTIÈME. Avant-dernière syllabe d'un mot.

PH. Consonne-consonne ; mariée, à cause de l'articulation modifiée du *p*. Elle se prononce exactement comme la Consonne ordinaire *f*, dans la case de laquelle elle se trouve dans le Régulateur.

PL. Consonne-consonne liée, ne comptant que pour une, et conservant néanmoins l'articulation de l'une et de l'autre Lettre. 49 et s. Il en est de même de PR.

PHL. Consonne-consonne ; mariée-liée, à cause de la Consonne mariée *ph* liée à *l*. 49 et s. De même de PHR.

PHRASE. Toute pensée entièrement énoncée, c'est-à-dire parlée de manière à la bien faire comprendre.

PLURILITTÈRE. Qui a plusieurs Lettres.

POLISYLLABE. Mot de plusieurs Syllabes.

PRINCIPES. (Du mot latin *principium*, commencement). Ce qu'il faut apprendre en commençant. *I*[ers] *Principes de Lecture* signifie donc : *Premières Règles à étudier pour apprendre à lire.*

PRIVATIF. Une Syllabe ou une Lettre employée dans un sens privatif, est celle qui, placée en tête d'un Mot, a pour objet de faire prendre ce Mot dans un sens opposé à celui qu'il signifierait sans cela. C'est ainsi que *inégal*, *illégal*, *immobile*, signifient le contraire de *égal*, *légal*, *mobile*.

PROSODIE. Livre qui traite principalement de la *quantité* de temps qu'on doit rester sur chaque Syllabe d'un Mot. Elle apprend donc notamment à distinguer les syllabes longues des brèves. 266.

Q

Q. Consonne Palatale, nommée *qu* par l'ancienne Appellation, et *que* par la nouvelle. 18, 265, 276.

On n'écrit jamais cette Lettre, qu'on ne mette un *u* immédiatement après, si ce n'est dans quelques mots où il est final. *coq*, *cinq*. 18, 169 et s.

q n'est jamais redoublé, mais il est quelquefois précédé du *c* fort, avec lequel il ne compte que pour une seule consonne, parce qu'ils sont tous deux pris dans la même case. 68 et s.

Qua, *que*, *qui* ont le son du latin dans plusieurs mots où l'on doit prononcer *koua*, *kué*, *kui* : *quadragésime*, *équestre*, *quirinal*. 223.

R

R. Consonne Linguale : *erre*, d'après l'ancienne Appellation, et *re*, d'après la nouvelle. 18, 265, 277.

r sonne dans toutes les terminaisons, si ce n'est dans la plupart des finales en *er*, quand le mot a plusieurs syllabes. 193 et s. 206.

r est une des deux consonnes (*r* et *l*) avec lesquelles certaines autres Consonnes qui les précèdent se lient de manière à ne compter que pour une. *pr*, *tr*, *vr*, *fr*, *phr*, *cr*, *chr*, *gr*, *dr*, *br*. 49 et s.

RÈGLE. Ce qui, dans toute chose, apprend à aller droit, c'est-à-dire, à faire ou dire comme il faut. Les Règles ou Principes de Lecture sont donc les choses dont la connaissance est nécessaire pour savoir lire sans faute ; ce qui, du reste, est plus difficile qu'on ne le croit généralement.

RÉGULATEUR. Chose qui aide à faire selon les Règles. C'est, dans la Tabellégie, le petit Tableau à jours qui a, à côté des

Consonnes, une place vide pour les Voyelles qui peuvent avoir à se marier avec elles, et faire ainsi des Syllabes plus ou moins différentes, selon les cases où ces Voyelles viendront se ranger.

RENVOI ou ASTÉRISQUE. Petit Signe (*) qui renvoie ordinairement au bas de la page où se trouve une explication à lire. 259.

REPOS. Les repos à observer entre les Mots sont indiqués, ou par des Signes appelés Signes de Ponctuation, ou par le sens. L'art des Repos se rattache à celui de savoir prendre sa respiration à propos, et à celui de varier avec intelligence et sentiment les inflexions de sa voix. C'est à l'école des bons Orateurs que l'on ne peut ici que renvoyer. 257, 260 et s.

RR. Deux *r* ne comptent que pour un ; 68 ; si ce n'est dans *ir*, au commencement des mots : *ir|raisonnable* ; et sauf encore quelques exceptions qu'il est réservé à l'usage et à la Grammaire de faire connaître. 189 et s.

S

s. Cette Consonne, Dentale ou Sifflante, se nomme, d'après l'ancienne Appellation, *èsse* ; et, d'après la Tabellégie, *se-ze*, parce qu'on la trouve tant dans la case de *ce*, que dans celle de *ze*. 18, 265, 277.

Elle se prononce comme *z*, toutes les fois qu'elle est entre deux Voyelles au milieu d'un mot. 42. Il y a bien quelques exceptions à cette règle, mais elles sont en général plus apparentes que réelles ; car les mots où ces exceptions se rencontrent, ne sont presque tous que des mots composés de deux mots dans lesquels *s* se prononce comme *c*, quand il est censé commencer le second mot, et comme *z* quand il est censé finir le premier : *mono-syllabe*, *trans-action*.

s se prononce encore comme *z* lorsqu'il est final et qu'il se lie au mot suivant, commençant par une voyelle : *amis éprouvés* (*z'é*). 241, 244, 252.

Quand il n'y a pas lieu à liaison, il est un très-grand nombre de mots où on ne fait pas sentir le *s* final ; il en est aussi où on le prononce. L'usage fait connaître ces derniers, qui forment exception à la règle générale. 217.

SENS. Se prend pour la signification d'un mot ou d'une phrase.

SIFFLANTES. On appelle ainsi certaines Consonnes dont l'articulation est précédée d'une espèce de sifflement : *s*, *sp*, *sdr*. 41, 76 et s.

SŒURS. On appelle Consonnes Sœurs deux Consonnes qui, faites ou non la même chose, se prennent néanmoins dans la même case, et par cela seul ne comptent, en règle générale, que pour une. 68 et s.

SON. Tout ce qu'on entend distinctement.

SS. Deux *s* ne se désunissent jamais. C'est par conséquent comme s'il n'y en avait qu'un seul; mais se prononçant toujours fortement, par la raison que ni l'une ni l'autre Lettre ne se trouve placée entre deux Voyelles.

SYLLABE. Sorte de morceau de parole, ou partie de mot formant un son de voix (simple ou composé, peu importe); autrement dit ce que l'on fait entendre à chaque émission de voix, c'est-à-dire, chaque fois qu'en parlant on remue la langue ou les lèvres.

SYNONIMES. Deux Mots sont synonimes quand ils ont à peu près la même signification; comme *rêve* et *songe*.

SYNOPTIQUE. Un Tableau Synoptique est celui qui présente en un seul coup-d'œil des Règles auparavant éparses. 18, 99.

T

T. Consonne Linguale : *té*, d'après l'ancienne Appellation, et *te*, d'après la nouvelle. 18, 265, 277.

t final ne se prononce que rarement. 198, 209, 217, 238. Se lie-t-il ? il conserve alors son articulation. 244, 254.

TERMINAISON. (finale). La dernière Syllabe d'un mot.

TIRET. Trait d'union placé entre des Syllabes, pour indiquer qu'elles appartiennent à un même mot : *a-mu-bi-li-té*. Le

Tiret s'appelle aussi Division. 26 , 259.

TR. Consonne-consonne liée, ne comptant que pour une, quoique fesant entendre la double articulation du *t* et du *r*. 49 et s.

TRAIT D'UNION. Petit trait unissant deux mots de manière à n'en faire pour ainsi dire qu'un seul ; *cerf-volant*, *chef-d'œuvre*. 259.

TRANCHE. (Partie de Nombre ; Nombre tranché). Dans la lecture des nombres écrits en chiffres, chaque groupe de chiffres détaché par une virgule, s'appelle une Tranche. 283 et s.

TRÉMA. Accent composé de deux Points placés sur un *u*, ou sur un *i*, pour indiquer que ni l'*u*, ni l'*i*, ne sont pas susceptibles de se marier, quoiqu'étant à droite d'une Voyelle : *Esaü*, *Isaïe*. 127 et s. Le Tréma se place encore sur un *e*, pour marquer que l'*u* qui le précède n'est pas muet, quoique placé après un *g* : *ciguë*, *arguër*. 130.

TT. Deux *t* ne comptent que pour un seul, et ne se désunissent jamais. 68 et s.

U

u. L'une des Voyelles simples. 1 , 15 , 16.

Un *u*, placé à droite d'un *a*, d'un *o*, ou d'un *e* non accentué, se marie avec lui de manière à ne faire ensemble qu'une seule Syllabe indiquant un son nouveau : *au*, *ou*, *eu* : *autruche*, *oiseau*, *heureux*. 81 , 99 et s.

u, dans les Syllabes Nazales, prend le son de *eu* : *un*, *chacun*, *kumble*. 153.

Dans *um*, *u* prend le son de *o*, si le mot est emprunté du latin ; le *m* conserve alors l'articulation que lui assigne l'Alphabet ; *Muséum*, *pensum* (*o-m*).

Il en est de même pour *un*, mais dans peu de mots : *punch*, *unzaine* ; encore le *n* y reste-t-il modifié.

u est muet dans les pages de Voyelles (autres que celles des *u*) sur lesquelles doit s'appliquer le Tableau à jours. 3 et s.

Cet *u* muet ne se place qu'après *q* ou *g* ; après *q*, à cause de l'usage, et après *g*, pour le faire prendre dans la case de *gh* : *quine*, *guitare*, *guéridon*.

On le trouve aussi après *c*, devant *e* suivi de la consonne *ill*. Il a la double propriété de faire prononcer le *c* fort, et d'empêcher l'*e* de se prononcer ouvert, en lui rendant au contraire le son de *eu* : *orgueilleux*, *recueillir*. 117.

UNILITTÈRE. Qui n'a qu'une seule Lettre.

V

v. Consonne Labiale, qu'on nomme *vé* d'après l'ancienne Appellation, et *ve* d'après la nouvelle. 265.

v est la Consonne faible de *f* : *vaner*, *faner*. 265.

v ne se trouve pas à la fin des mots; il ne termine même aucune Voyelle-Consonne. 169 et s.

VIRGULE. Petite marque ou signe de Ponctuation, servant à faire distinguer l'un de l'autre les sens partiels d'une phrase. 257.

Dans la Lecture des Chiffres, la Virgule les sépare par tranches de trois, de droite à gauche, et indique qu'en lisant les Nombres, de gauche à droite, on doit prononcer à chaque Virgule, savoir : s'il n'y en a qu'une, le mot *mille*; s'il y en a deux, les mots *million* et *mille*; s'il y en a trois, *milliard*, *million* et *mille*. 284, 285.

VOCABULAIRE. Liste, par ordre Alphabétique, des Mots d'une Langue, d'une Science ou d'un Art; de l'Art de la Lecture, par exemple. 289.

VOYELLE. Voix, son de voix. Une Lettre Voyelle est l'effet de l'émission de la voix sans mélange d'articulation; c'est-à-dire, qu'elle indique un son sans le secours d'aucune Consonne; qu'elle parle, quoique seule, tandis que la Consonne ne parle qu'en se mariant. 1 et s.

La Tabellégie range les *Voyelles* en trois grandes divisions : *Voyelles simples*, *Voyelles-voyelles*, et *Voyelles-consonnes*.

1° *Voyelles simples* (Monophtongue unilittère). Une Voyelle simple est celle qui n'a qu'une seule Lettre, et n'indique qu'un seul son. *A*, *é*, *e*, *è*, *i*, *y*, *o*, *u*, sont nos seules Voyelles simples, lesquelles, à l'exception de *é*, *e* et *y*, peuvent être

surmontées de l'accent circonflexe qui les rend alors longues :
â, *ê*, *î*, *ô*, *û*. [1, 121.

2° *Voyelles-voyelles*. Ce sont celles qui sont formées de plusieurs Lettres Voyelles. Elles peuvent être conjointes, disjointes ou liées ;

Voyelle conjointe ou *mariée*. (Monophtongue plurilittère). C'est celle qui, quoique formée de plusieurs Lettres Voyelles, n'indique cependant qu'un seul son. *Ou* , *eu* et *œu*, *au* et *eau*, *ai* et *ei*, sont des Voyelles conjointes (mariées). *Oi* est aussi une Voyelle conjointe, mais non pas une Monophtongue, puisqu'elle fait entendre deux sons dans la même émission de voix. 81.

On dit de ces Voyelles qu'elles sont *mariées*, parce qu'elles remplacent par un son nouveau et unique, leurs deux sons primitifs et individuels.

On reconnaît les Voyelles mariées, à l'*u* ou à l'*i* qui se trouve à droite. 81.

L'accent circonflexe n'empêche pas les Voyelles de se marier ; seulement cette espèce de bonnet de nuit les rend en quelque sorte si paresseuses, qu'on est obligé de les traîner en parlant : *jeûne*, *faîte*, *goûter*, etc. 121 et s.

L'accent grave placé sur l'*u* ne l'en empêche pas non plus : *où*.

Voyelles disjointes. Ce sont celles qui se prononcent séparément ; ce qui a lieu :

1° Quand l'*u* ou l'*i*, au lieu d'être à droite, se trouve à gauche : *Clio*, *huitre*. 131 et s.

2° Quand l'*u* ou l'*i*, quoiqu'étant à droite, se trouve surmonté d'un tréma : *Esaü*, *héroïne*. 127 et s.

3° Quand la Voyelle qui précède est un *é* accentué : *désobéi*, *déité*, *séide*.

Voyelles-voyelles liées. Ce sont celles qui, composées de plusieurs Voyelles, ne comptent que pour une ; mais qui font entendre, quoique dans la même émission de voix, le son des deux Voyelles qui la composent. C'est ce qu'on appelle une

(V)

Diphtongue, c'est-à-dire un double son dans une seule syllabe : *diable*, *miaule*, *muid*, *puits*, *etc.* 137 et s.

3° *Voyelles-consonnes.* On appelle ainsi toute Voyelle (simple, mariée ou liée), fesant corps avec la consonne de droite, ce qui a lieu toutes les fois que cette consonne n'a pas elle-même de voyelle à sa droite : *an*, *ier*, *is*, *ouf*, *eph*, sont des Voyelles-Consonnes. 154.

On divise les Voyelles-Consonnes en Nazales, Ordinaires, et Désunies.

Voyelles-consonnes Nazales. Ce sont celles dont la consonne de droite est un *m* ou un *n* modifié, c'est-à-dire, duquel on ne fait entendre que le bruit sourd qui précède l'articulation ordinaire, et va expirer dans les narines : *an*, *in*, *on*, *un*, *oin*. 154 et s. 164 et s.

Voyelles-consonnes Ordinaires. Celles dont la Consonne de droite ne reçoit aucune modification dans son articulation, qui n'est cependant que commencée et non point achevée, faute de point d'appui à droite : *ar*, *er*, *ir*, *or*, *our*, *oil*. 169 et s. 175 et s.

Voyelles-consonnes Désunies. Celles dont la consonne de droite est suivie d'une autre consonne semblable commençant la syllabe suivante, et de laquelle consonne sa semblable elle s'est détachée, par exception, pour faire syllabe à gauche : *il-lustration*, *em|miellé*, *en-nui*. 189 et s.

X

x. *ixe*, d'après l'ancienne Appellation, et *xe* (*kse*) d'après la nouvelle. 265, 277, 65 et s.

Cette Consonne mixte a plusieurs prononciations. Elle représente :

Tantôt *ks*, après une voyelle autre que *e* non précédé d'une consonne, *axe*, *sexe*, *fixe*, *boxé*, *luxe*. 66.

Tantôt *gz*, après un *e* non précédé d'une consonne autre que la muette : *examen*, *hexamètre* ; ou même quand il est précédé de *i-n* (*i* privatif, et *n* euphonique) : *inexorable* ; comme aussi au commencement des mots : *Xénophon*, *Xavier*. 66.

Tantôt *k* devant *c* se prononçant *s* : *excellent*. 117.

Tantôt *ss*, dans *soixante*, *Alix*, *Aix*, *Bruxelles*, etc. 217.

Tantôt *z*, dans *deuxieme*, *dix-huit*, etc. 217.

Comme finale, *x* ne se prononce guères que lorsqu'il doit se lier, et alors il prend généralement le son de *z*, si ce n'est dans quelques mots, où il conserve la double articulation de *ks*. 198, 217, 239, 256.

On ne doit pas oublier que l'*e* qui précède cette Consonne à deux sons, quoique n'ayant qu'une seule lettre, se prononce ouvert. 66.

Y

Y. (*y grec*). Voyelle mixte, c'est-à-dire, monosyllabique dans certains cas, et disyllabique dans d'autres. Placée entre deux Voyelles, ou au moins après une, elle compte en effet le plus ordinairement pour deux *i*, dont l'un se marie à gauche, et dont l'autre se lie à droite. 1, 10 (*bis*), 18, 144 et s.

Z

z. Consonne Dentale, nommée *zède* par l'ancienne Appellation, et *ze* par la nouvelle. 265, 277, 18.

On ne la prononce pas d'ordinaire à la fin des mots. 198. Mais quoique muette, elle n'est pas entièrement nulle sous le rapport de la prononciation, puisqu'elle rend l'*e* qui la précède, fermé. 205, 209.

z ne se trouve redoublé que dans peu de mots venus de l'italien. 68.

z est la faible de *s* : *zèle*, *selle*. 265.

FIN DU VOCABULAIRE.

www.ingramcontent.com/pod-product-compliance
Lightning Source LLC
Chambersburg PA
CBHW051126230426
43670CB00007B/691